AF329818

EMILE - BAYARD

L'Art de Soigner les Œuvres d'Art

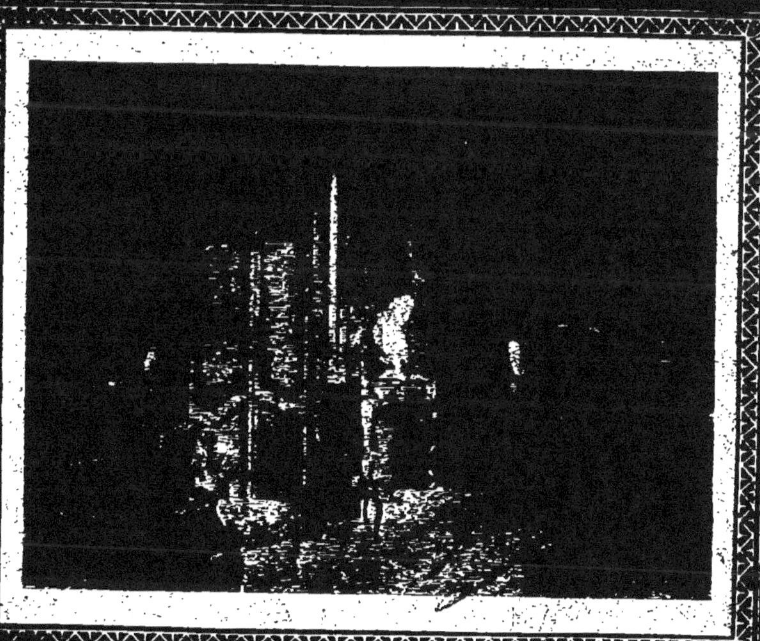

Ernest GRÜND, Editeur, PARIS

L'Art
de soigner
les Œuvres d'Art

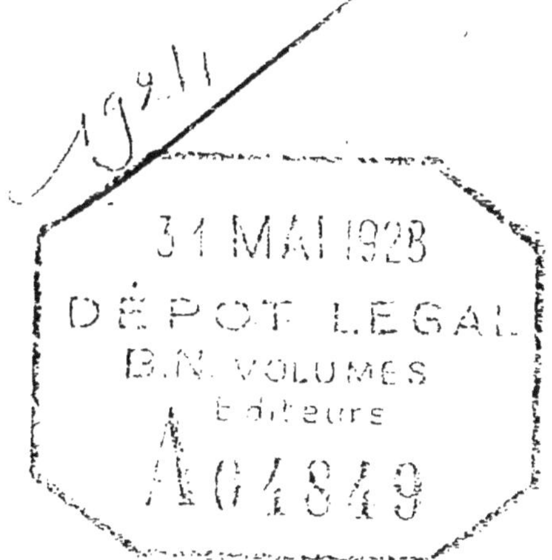

OUVRAGES DU MÊME AUTEUR

GUIDES PRATIQUES
DE L'AMATEUR ET DU COLLECTIONNEUR D'ART

Déjà parus :

L'Art de Reconnaître les Meubles Anciens. (11ᵉ mille.)
L'Art de Reconnaître les Dentelles, Guipures, etc. (8ᵉ mille.)
L'Art de Reconnaître la Céramique. (12ᵉ mille.)
L'Art de Reconnaître les Gravures Anciennes, etc. (9ᵉ mille.)
L'Art de Reconnaître les Tableaux Anciens, etc. (8ᵉ mille.)
L'Art de Reconnaître les Fraudes en Art. (8ᵉ mille.)
L'Art de Reconnaître les Bijoux Anciens. (5ᵉ mille.)
L'Art de Reconnaître la Beauté du Corps Humain. (5ᵉ mille.)
    (Homme, Femme, Enfant.)
L'Art de Reconnaître les Tapisseries Anciennes. (5ᵉ mille.)

* * *

L'Art de Reconnaître les Styles. (100ᵉ mille.)
Le Style Renaissance. (21ᵉ mille.)
Le Style Louis XIII. (33ᵉ mille.)
Le Style Louis XIV (36ᵉ mille.)
Les Styles Régence et Louis XV (35ᵉ mille.)
Le Style Louis XVI. (40ᵉ mille.)
Le Style Empire. (42ᵉ mille.)
Les Styles Flamand et Hollandais. (8ᵉ mille.)
Les Meubles Rustiques régionaux de la France. (10ᵉ mille.)
L'Art appliqué Français d'aujourd'hui. (6ᵉ mille.)
L'Illustration et les Illustrateurs. (13ᵉ mille.) *(épuisé.)*
La Caricature et les Caricaturistes (12ᵉ mille.)
Les Arts de la Femme. (15ᵉ mille.)
Les Arts et leur technique. *(épuisé.)*
L'Histoire de l'Art en Images. *(épuisé.)*
L'Art en Anecdotes.
Les Connaissances essentielles de l'Art.
    Etc...

GUIDES PRATIQUES DE L'AMATEUR ET DU COLLECTIONNEUR D'ART

ÉMILE-BAYARD

INSPECTEUR GÉNÉRAL DE L'ENSEIGNEMENT ARTISTIQUE ET DES MUSÉES
AU MINISTÈRE DES BEAUX-ARTS

L'Art de soigner les Œuvres d'Art

OUVRAGE ILLUSTRÉ DE QUARANTE-HUIT GRAVURES

ERNEST GRÜND

Libraire-Éditeur

PARIS (6ᵉ) — 9, RUE MAZARINE, 9 — PARIS (6ᵉ)

1928

CHAPITRE PREMIER

Sur le beau désordre, effet de l'art. — Les règles générales de l'ordre et du rangement. — Ce que doit être un musée. — Collections et collectionneurs.

Pour réaliser le « beau désordre », effet de l'art, il importe de connaître les lois qui — sans qu'il y paraisse — déterminent ce beau « désordre ».

C'est une ordonnance, très délicate et sensible, qui préside à une mise distinguée, si libre en apparence. Le port aisé d'une toilette, l'élégance vraie où la personnalité s'accuse et se trahit dans son décor adéquat, obéissent ainsi à des règles, soit instinctives, soit raisonnées ou apprises.

Si la distinction, en principe, ne se commande ni ne s'enseigne, on peut toutefois, arriver à corriger un geste disgracieux, et, pareillement, le « chic » désinvolte (par opposition à la correction « bourgeoise » et guindée, à l'ordre rigoureux et banal) risque de s'amender dans l'étude. Cela nous ramène à ce « beau désordre, effet de l'art », résultant de dispositions de goût, de pondération et de mesure dans l'arrangement ; de *composition*, en un mot.

Mais cette composition répond à tout un programme d'où la symétrie rigoureuse est bannie et remplacée par une recherche d'équilibre, de masses, de lignes et de silhouettes agréables.

La symétrie « bourgeoise » vit d'alignements stricts et de « pendants » inflexibles. De cette symétrie conventionnelle dérive, par exemple, la garniture de cheminée qu'une pendule, flanquée de deux candélabres, ou deux vases choisis de même hauteur, invariablement représente. Ce type de l'ordonnance mathématique vaut à une commode, à toute surface plane, cette installation élémentaire et prévue. Il faut, au vulgaire, un ordre basé seulement sur la rectitude, et le propriétaire a été au devant du goût « bourgeois » en édictant un papier dit de salle à manger, de salon, de chambre, etc., répondant à une rosace immuablement vouée, de par son style, au plafond de chacune des pièces dont la destination demeure ainsi inflexible. Inutile d'ajouter que le meuble doré convient essentiellement au salon et le dressoir Henri II, à la salle à manger, comme l'armoire à glace s'impose à toute chambre à coucher « qui se respecte » !

D'autre part, les dispositions architecturales commandent la forme des pièces, l'importance des murs, leurs mouvements et décrochements ; la cheminée, le radiateur, servant de pivot à un arrangement intérieur ou le désaxant, non moins que l'emplacement d'une porte et la hauteur d'un lambris.

Fort heureusement, l'architecture « à loyers » varie ses plans, quand cela ne serait que suivant le caprice des propriétaires (même les pires !) et celui du terrain, et, par ailleurs, on observe curieusement qu'un hasard (voire une erreur) d'architecture sert l'originalité mieux que les calculs souvent les plus subtils.

Avant de quitter l'esprit conservateur, qui, notamment maintient obstinément une cheminée, devenue
aujourd'hui inutile (depuis l'installation du radiateur
de chauffage), au point d'en construire de fausses...
nous citerons au moins un exemple d'architecture en
défaut favorisant une originale disposition d'art, à
l'intérieur.

Il s'agit, tout simplement... d'un escalier oublié
dans un plan ! Et, comme il avait bien fallu permettre le déroulement de cet escalier, il débordait un
instant, sur une pièce voisine — un salon. De telle
sorte qu'en gravissant ses degrés, on était amené à
jeter un coup d'œil sur le salon.

Or, ce décrochement imprévu et fatal, préalablement envisagé eût été une trouvaille ! Car la rampe
entre-aperçue, en fer forgé superbement façonné,
était masquée avec si peu de conviction par une tapisserie de grande beauté, que, derrière celle-ci on
découvrait, dans une lumière joyeuse (dont profitait
agréablement le salon), l'éclair de cuivres et d'étains
accrochés à ravir. En revanche, que de paralysantes
cheminées ! Que d'impitoyables murs de refend où
succombent nos dispositions les plus avisées !

Et, cependant, il faut savoir gré souvent, à ces
impedimenta, d'avoir brusqué nos conventions d'arrangement. Que d'excellentes idées personnelles
naquirent d'une difficulté à surmonter ! Nous en
avons fourni un exemple probant.

Il semble même, que certains murs en pierre
s'opposent spirituellement à l'enfoncement d'un
clou ! On dirait parfois, qu'ils nous déconseillent un

emplacement pour nous inciter à en trouver un autre, plus favorable... N'est-il pas à notre connaissance, des coins d'ombre et des rabattements de portes intelligemment accueillants à nos moins bonnes « choses » ?

La personnalité du décor risque de se dégager ainsi, au grand dam même de la banalité. Pourvu, cependant, que l'on aide aux circonstances par l'étude ; le geste, le goût des êtres, devant affirmer leurs différences, leur variété, dans le lieu où ils s'animent.

La vie de ce lieu n'étant que le reflet d'une intelligence, d'un esprit. Tout comme un livre délaissé marque la page où l'on s'arrêta de le lire, tout comme un coussin conserve l'empreinte du bras qui le foula, tout comme un vêtement quitté garde en ses plis le souvenir du corps qui l'endossa, l'habitat correspond à notre visage, à notre cerveau. Il témoigne de nos préoccupations intimes, de notre caractère, de notre âge, de l'instantanéité de notre pensée ou de sa stabilité, de nos ressources intellectuelles, davantage que matérielles. Le goût, ainsi que nous le développerons plus loin, n'ayant rien de commun avec la fortune ; cette dernière étant aveugle, en principe, et le goût éclairé équilibrant richement les conditions d'acquérir de la beauté.

De la solennité de l'ordonnance fixe à l'animation familière du décor mobile, se jouent nos expressions différentes de pensées, d'occupations et de natures. Nos idées rapides et mouvantes, lentes ou bornées, se trahissent dans nos combinaisons mobilières, de ligne et de couleur.

S'il est bien certain que, par la répétition d'une

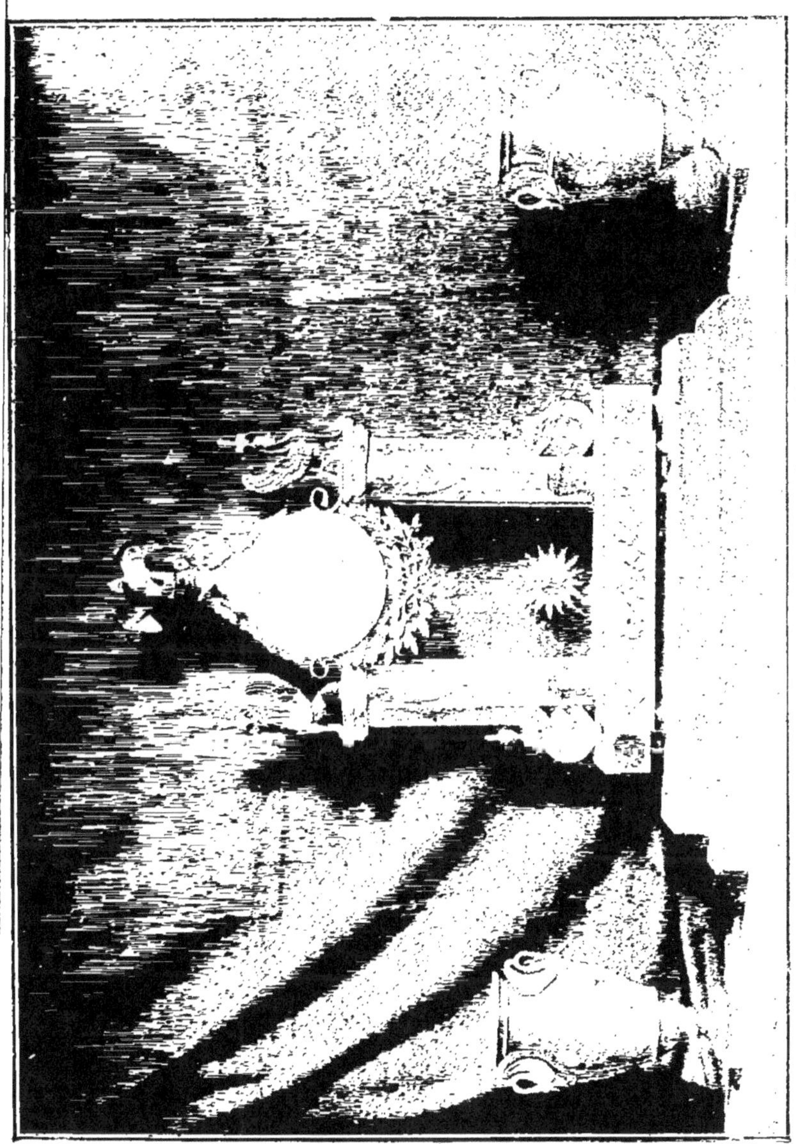

Photo E. C. — Coll. E. Couronneau.

FIG. 1. — *Composition symétrique.* (Voir les observations-critiques page 298).

ligne, d'une forme, d'un ton, on aboutit à une gravité logique, on atteint aussi à la monotonie, à l'ennui. La contradiction visuelle révélant plus d'agrément ; un désordre si l'on veut, mais une initiative vivante.

Par le souvenir qui s'attache à chacun de nos meubles, de nos moindres bibelots non achetés en bloc, non fournis par un quelconque tapissier mais acquis un à un, au gré de la trouvaille, nous vivons doublement leur charme. L'intimité vivante ne se réalise qu'au prix de la beauté inséparable d'une pensée.

Les véritables amateurs nous conteront avec feu en quelle occasion ils firent l'acquisition de tel objet, et ils ont oublié combien il leur coûta. L'objet embaume encore le coin ravissant d'où on l'emporta. Telle aiguière de cuivre garde en son reflet rutilant un peu de ce soleil oriental où elle attisa le désir ; telle neigeuse porcelaine rappelle un clair sourire ; telle « folie » coûteuse s'amende dans un coup de jeunesse enthousiaste. Et, toutes ces emplettes parlent aux yeux comme au cœur ; elles sympathisent entre elles pour créer cette ambiance amicale et intellectuelle que la banalité de l'ameublement complet, émanant du fournisseur, ignore.

Un bibelot acheté, c'est un bibelot que l'on « sauve » ; c'est le bibelot qui manquait à telle encoignure ; c'est le bibelot qui *devait vous appartenir* tant il manquait à votre joie ! En raison de quoi notre intimité palpite et se fait accueillante à autrui comme si nous accueillions nous-mêmes.

Notre vision, d'ailleurs, rejoint physiquement dans le trouble attachant, notre émotion morale.

« L'impression que nous ressentons en face de l'architecture, écrit H. Havard, et, du reste également en face des spectacles naturels, en contemplant ce que nous appelons une horizontalité ou une verticalité, est le plus souvent provoquée par un grand nombre de lignes verticales ou de lignes horizontales, qui s'étendent parallèlement ou sont groupées sur un même faisceau. Ces lignes, par leur répétition, augmentent dans une proportion considérable l'impression par nous ressentie. C'est pourquoi les architectes du Moyen âge, voulant accroître l'effet produit par les lignes verticales de leurs églises, les ont multipliées à l'infini, alors qu'ils morcelaient avec acharnement les lignes horizontales... »

Mais c'est là le triomphe placide de l'architecture monumentale, et, si l'on doit retenir le contraste de la ligne horizontale — enclosant les sentiments dans le calme, la quiétude — et de la ligne verticale — exaltant librement la pensée vers le ciel, on ne peut pratiquement l'adapter à l'aménagement du logis qui, cependant, dirigera constructivement la disposition de nos meubles en inspirant leur ligne et leur forme, soit par analogie, soit par contradiction. Nous concéderons, en principe, davantage de virilité et de résistance à la ligne droite, plus de charme et de souplesse à la ligne courbe, en réservant à la ligne brisée l'aubaine du caprice spirituel.

La ligne brisée, aussi bien, répond à cette atmosphère familiale que les petits coins et recoins créent avec l'approbation des décrochements de l'architecture, et, celle-ci, maîtresse de la ligne droite, au xviie siècle, avec ses vastes salles d'apparat, se reposera de la rigidité dans la ligne courbe du xviiie siècle, créateur des petits appartements.

Puis, après le capharnaüm du pastiche, au xixe siècle, notre décor moderne, esclave de la mode jusqu'à ce qu'il ait rejoint un style dans son passé, a trouvé, en le ciment armé de ses édifices, la sèche nudité cubique qui accueille l'ameublement avec sympathie dans l'hostilité. Un ameublement, d'ailleurs, retournant au primitif, pour innover.

Mais il s'agit bien ici du meuble en vogue de nos jours, aux recherches si intéressantes et si logiques duquel nous sommes tout acquis! Nous devons cependant, avant de retourner à la ligne brisée qui chante le mouvement et la vie, reviser le passé en sa géométrie respective.

D'ailleurs, faute de pouvoir réassortir complètement les styles monarchiques, dispersés par les temps, on les a échantillonnés, et, voici que leur magnifique disparate nous ramène à la communion des lignes, à leurs soubresauts et saccades, à la rupture enfin d'une rigidité, qu'elle soit horizontale ou verticale.

C'est l'atmosphère d'aménité, de chaleur, dans laquelle nous aimons à vivre commodément; c'est l'image des appartements que nous visons ici, particulièrement, non point exclusivement modernes, plutôt éclectiquement conservateurs, mais abdiquant toute banalité dans l'ordonnance des pièces, répudiant, pour ainsi dire, le meuble attendu à une place prévue.

Abandonnons donc, au seuil de notre étude, les platitudes de l'ordre dans le « convenu », et revenons au « beau désordre ».

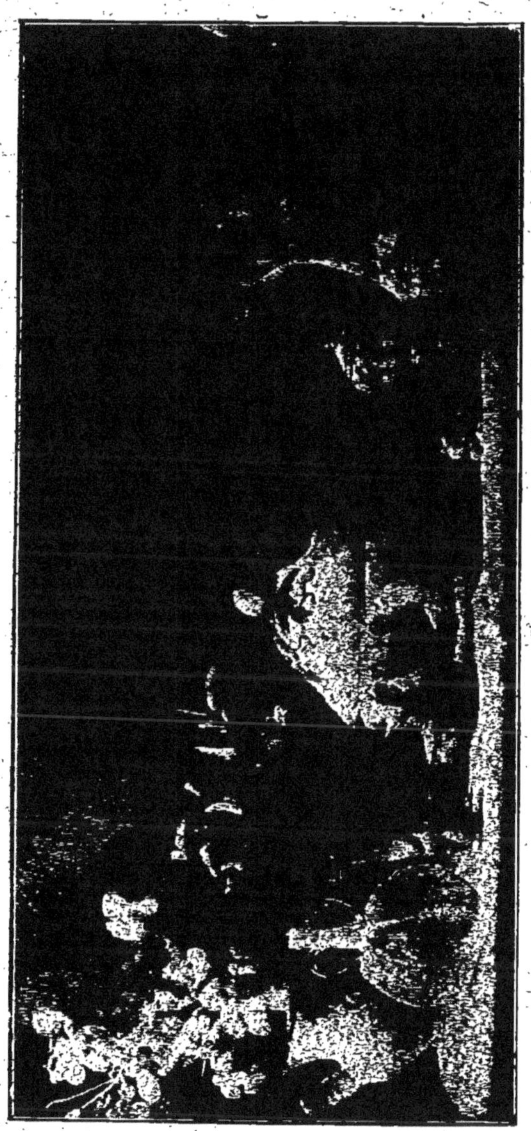

Photo E. Couronneau. — Coll. E.-B.

FIG. 2. — Composition par balancement.

Celui-ci s'affranchit totalement des ordonnances impitoyables, de cette symétrie, du « pendant », qui se mirent avec tant de complaisance dans un parquet comparativement trop brillant.

Le « beau désordre » s'appuie sur la couleur, la ligne, la forme, le volume des objets, sur les masses bien équilibrées qu'ils présentent, harmonisées avec les matières différentes qui les composent. Une ligne droite, hémisphérique ou ovoïde, une encoignure, un décrochement, autant de prétextes à une récréation visuelle différente, à des suggestions variées, de disposition, d'arrangement et de contraste.

Alors que, musicalement, la gamme représente toutes les notes, il appartient au compositeur de choisir parmi ces notes, pour ordonner une mélodie. La gamme constitue le classement imperturbable des sons; la mélodie représente leur « désordre » spirituel, le résultat d'un ordre visant à charmer l'ouïe. Mais, davantage encore répond à l'idée du « beau désordre », la fugue. La fugue, dont les variétés d'expression établies sur un thème principal — qu'elles devancent, suivent ou rejoignent alternativement — représente, en vérité, l'ordre musical supérieur dans une confusion savante.

Si l'écrivain choisit parmi les mots, selon leur valeur, leur sonorité et leur couleur, des mots longs ou courts au gré de l'harmonie de la phrase, de la force des idées et de leur contraste, suivant l'image à évoquer, la banalité littéraire réside en le contraire de cette sélection expressive. Elle aligne des mots correctement (peut-être ?), mais ne les ordonne point; elle ignore la puissance de l'*effet*. L'effet qui, dans un tableau, s'applique à détacher le sujet principal ou à distiller la beauté, à la faveur d'un clair-obscur comme Rembrandt, ou d'un brouillard argenté, comme Corot. L'effet qui, au théâtre, doit choisir son heure à travers l'art des préparations, pour éclater; l'effet qui, dans une phrase, jaillit d'une subtilité euphonique, ou — chez l'orateur — d'une modulation habile.

Ces **exemples** somptueux, d'ordre imaginatif et général, nous ramènent prosaïquement à l'art de ranger et de présenter avec goût, les tableaux, meubles, bibelots, etc., pour séduire plus efficacement le regard.

Les musées, les collections, l'ameublement, tout ordre en général, doit donc s'inspirer moins du rangement que du groupement esthétique. La propreté matérielle étant sans intérêt lorsque l'effet n'est point servi à souhait, ni le but de paraître ou d'instruire, bellement servi.

Que la propreté matérielle surtout, n'induise pas à la sotte insouciance des patines vénérables.

Les moisissures, les toiles d'araignées, qui parent un vieux flacon, accompagnent magistralement le nectar qu'il contient, et l'on ne saurait repasser les plis d'un drapeau, ni rapiécer sa loque sacrée.

Il est des cuivres dont il ne faudrait ranimer l'éclat qu'avec la plus grande circonspection, et, récurer un étain du passé comme une vulgaire casserole, constitue un sacrilège !

Sans dépasser les bornes du respect dû aux bibelots par le nettoyage, tout au moins peut-on refréner les excès de la propreté « maladive ».

Nous avons connaissance de certain coup de torchon sur un pastel... pour en essuyer la poussière !

D'aucuns brosseraient bien des pêches, afin d'en ôter la fleur! Et d'autres astiqueraient volontiers une pomme, jusqu'à ce qu'elle brille comme un soleil!

* * *

Revenons maintenant au principe de l'ordre.

Tout d'abord on ne confondra point ordre avec rangement et propreté. Que de musées sont parfaitement entretenus et rangés, qui ignorent totalement l'ordre! L'ordre, c'est-à-dire le souci d'un classement, soit d'idées, soit d'enseignement, par époques, styles, etc.

En prenant pour exemple l'ordre au musée, nous envisagerons du même coup, l'ordre chez soi, dans la collection particulière.

Le musée, premièrement, ne saurait être un cimetière, un receptacle de vieilleries sans nom, un conservatoire du délabrement pour le plaisir. Il importe que la qualité d'art en impose ou absolve; il faut que l'objet conservé ne sollicite point la pitié vénérable du visiteur, sans profit pour l'idéal de ce dernier.

« Des critiques autorisés n'ont-ils pas crié à la profanation, voilà quelques années, parce qu'un architecte faisait laver les vitraux de la cathédrale de Chartres, obscurcis par quelques siècles de poussière? « Il faut supposer sans doute, dit fort bien M. Ch. Lalo, que leurs auteurs les avaient destinés à être vus sales? C'est pourtant ce qu'on appelle le respect de l'antiquité... »

C'est hélas! bien souvent le culte du vermoulu et des toiles d'araignée qui l'emporte sur la valeur

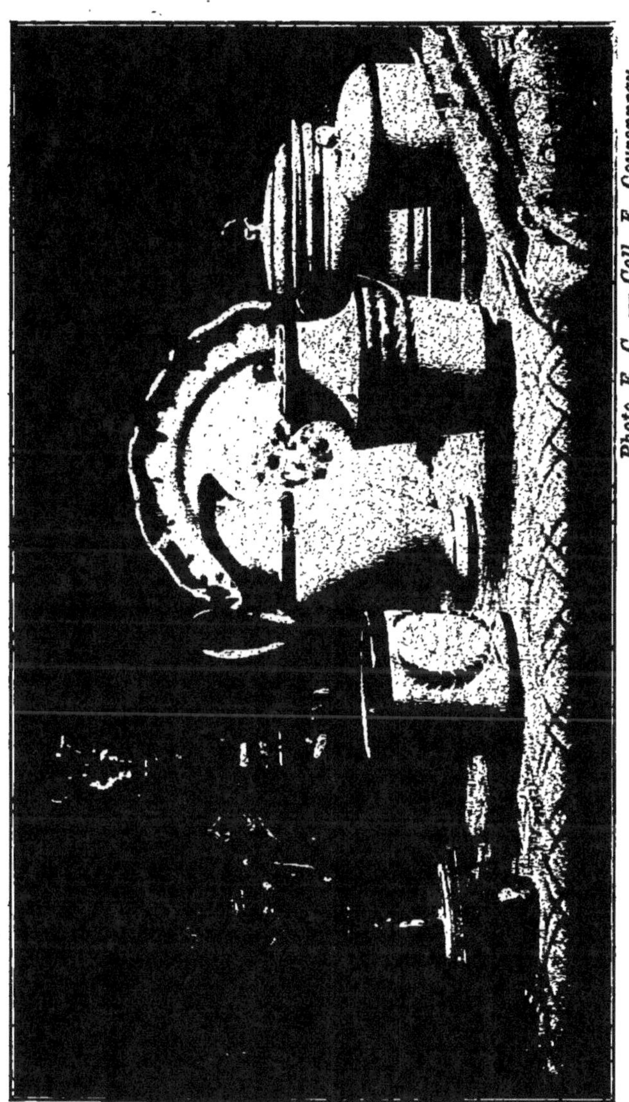

Photo E. C. — Coll. E. Couronneau.

FIG. 3. — *Composition par balancement.*

esthétique, chez tant de... ramasseurs, mais encore, dans l'exemple précédent, les critiques n'étaient-ils pas fondés à redouter, autant qu'une ardeur inexpérimentée apportée au nettoyage en question, l'emploi d'acides néfastes à la fragilité des couleurs de ces vitraux séculaires?

Nous savons que l'amour de la symétrie contredit déplorablement l'art de ranger, et qu'un alignement, aussi intransigeant que strictement « militaire », n'est que chaos.

Le musée « vivant » s'impose ainsi au conservateur, en restituant l'esprit du passé, non dans ses épaves, mais dans son atmosphère. Le musée n'est ni un bric-à-brac, ni un capharnaüm; trop de morceaux de la « vraie Croix » ou de grenouilles empaillées, servent prétentieusement d'embryon à de prétendues collections. Le musée « vivant » représentera le salon, l'appartement de jadis (fig. 14 à 19), comme si ses aîtres venaient d'en prendre congé, à l'instant. Au lieu d'entasser commodes sur commodes, chaises sur chaises, il réalisera des intimités où, comme dans la vie, des tableaux, des statuettes, des pièces céramiques, des bronzes, des tapis, etc., communieront dans un même style, autant que possible. Certes, cette distribution d'ensembles suppose des richesses dont ne disposent guère que les grands musées, mais encore peut-on se contenter d'amorces susceptibles de donner une idée d'un tout. L'ordre dans l'étude des styles constituera un intérêt capital pour que l'œil se familiarise avec leur conception particulière.

S'il s'agit de réunir seulement des tableaux (faute de meubles et d'objets, si favorables au repos de la vision), ne point négliger (toujours dans la mesure du possible) de grouper ceux-ci, par écoles.

Le musée doit être, avant tout, un enseignement, et, pour éviter un enseignement morne, en matière de céramique, entre autres, nous sommes pour un intelligent groupement — dans un vaisselier, sur un buffet — et contre la vitrine où s'empilent, à satiété et sans rapport avec leur utilité, faïences et porcelaines...

Que ce dernier dispositif convienne à un musée essentiellement céramique, cela se conçoit, mais encore ne faudrait-il point béatifier cet étalage fastidieux, au nom de l'habitude prise. Que ne peut-on « mettre en service » les belles pièces de Rouen, de Moustiers, de Nevers, sur des tables, des vaisseliers (fig. 48) et des dressoirs comme on était accoutumé de les voir autrefois ! Hélas ! il en est de même des papillons, fixés les uns contre les autres, tout comme des timbres-poste, au fond d'une boîte.

Cependant, les lépidoptères, de même que les autres insectes, réclament des soins de conservation qui motivent l'herméticité, tandis que nos glorieuses céramiques usuelles sont immobilisées comme des minéraux, comme des débris archéologiques !

D'ailleurs, dans notre définition du « bibelot » s'accusera la malencontreuse manie de reléguer sur des étagères, nos vivants et radieux ustensiles d'hier côte à côte avec d'inutiles pièces dites « de vitrine ».

Qu'est-ce, à proprement parler, qu'un « bibelot » ? C'est un objet *ayant noblement servi*, dont la grâce ou la beauté s'est conservée ou transmise à travers les âges, d'accord avec le caractère de cette grâce ou de cette beauté. « ... C'est par sélection qu'une salière peut devenir l'hôtesse d'un musée, formule spirituellement M. Georges Auriol, mais, premièrement, elle doit contenir du sel. Et, quel que soit le raffinement qui aura présidé à sa fabrication, elle ne sera digne du musée, même un siècle après sa naissance, que si elle a fidèlement (et gauloisement) rempli son rôle de *salière*... »

Voici donc éliminés, d'un seul coup, ces vases... sans fond, purement *décoratifs* (!), ces pots tenant à peine sur leur base et incapables de contenir de l'eau, ces coupes où l'on ne saurait boire, ces sièges où l'on ne peut prendre place, ces multiples inutilités, enfin, plus ou moins coûteuses, qui jouent à l'art chez tant de gens du monde mal renseignés. La porcelaine de Saxe semble avoir contribué à cet égarement, lorsqu'elle quitte les destinations pratiques pour aboutir à tant de joliesses décoratives, d'une matière et d'une grâce charmantes, certes, mais tellement mal prodiguées, souvent !

L'échelle de la statue à la statuette, se conçoit, mais la statuette diminuée, abêtie par l'abondance de couleurs et d'or, sème bien des écueils sur la voie du bon goût ! La gourde en *porcelaine* offerte en pleine guerre (1914) au général Joffre, dépasse l'entendement de la matière judicieusement adaptée au but. Voilà le bibelot dans toute son erreur !

Après cette exécution, nous indiquerons encore quelques directives que l'expérience nous a suggérées, relativement au musée logiquement conçu. Il va de soi que le collectionneur est envisagé parallèlement ici, au conservateur

Tout d'abord, le musée de province (nous ne nous

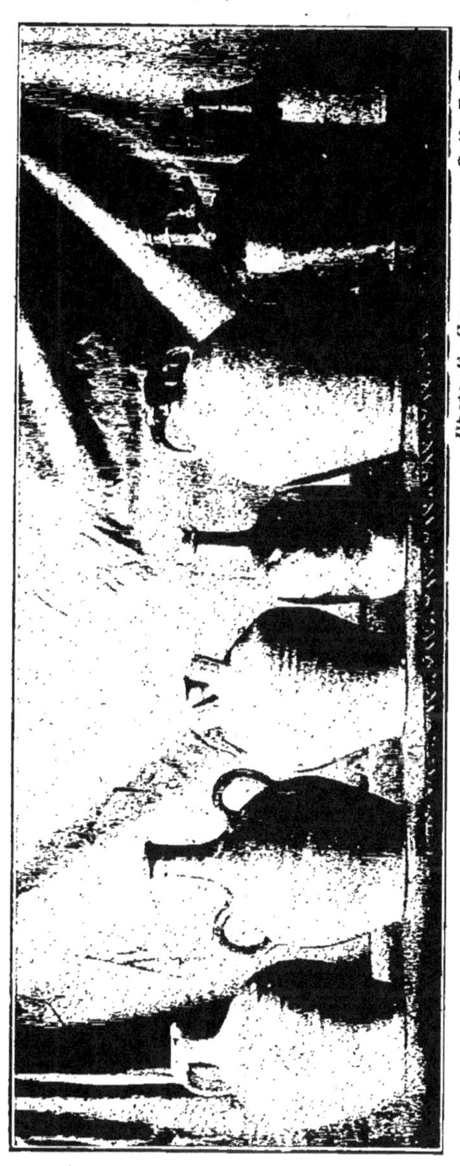

Photo E. Couronneau. — Coll. E.-B.

FIG. 4. — *Grès anciens du Berry.*

occuperons que de celui-là) ne tendra pas à rivaliser avec le Louvre, Cluny et autres magnifiques reposoirs de nos trésors nationaux. En dehors des grands musées, d'ailleurs, les collections réduites ou dépourvues, ne sauraient viser qu'au moyen de fortune des amorces dont nous avons parlé plus haut, à moins que d'intelligents groupements encore, n'arrivent à illusionner quand même. L'art d'accommoder ce dont on dispose... pourvu que d'innommables « bouche-trous » ne viennent pas, au nom de la symétrie, décourager les meilleures bonnes volontés...

Un autre péril est celui de la fausse attribution. Que de prétendus Boucher étiquetés de l'école de ce maître, sinon du maître lui-même ! Pourquoi ne point s'abstenir plutôt que risquer de tromper ? Mais la vanité s'en mêle, et la grenouille veut se faire aussi grosse que le bœuf..., extrémité à laquelle remédieraient seuls un régionalisme, une décentralisation bien entendus.

Après avoir enregistré le soin pris par l'Angleterre (et les États-Unis) pour ajouter aux richesses de leurs musées grâce à des prêts, achats et legs négociés dans la ville même (Liverpool, Birmingham, Glasgow, etc.), M. Émile Humblot conclut que « le musée provincial dans ce pays, n'est plus le frère mineur d'un grand musée métropolitain ; que le British Museum ou la National Gallery n'écrasent pas de leur amoncellement de merveilles les musées des petites villes. »

« De même, poursuit le distingué président du Groupe de l'Art au Sénat, outre-Atlantique, le Metropolitan Museum de New-York ne centralise point toutes les œuvres d'art de haut prix qui entrent sur

le territoire américain, en provenance de la vieille
Europe. On trouve des chefs-d'œuvre à Chicago, à
Boston, même dans les plus modestes cités. L'idée
de centralisation n'a pas sévi, aux États-Unis, dans
le domaine artistique... »

Mais nous ne touchons ici, au Musée (toujours
inséparable, dans notre idée, de la collection privée)
que pour mieux étreindre notre objet. C'est ainsi
qu'avant de poursuivre, nous ferons remarquer, sans
doute utilement, qu'en Allemagne, « Berlin n'a pas
fait la glane des merveilles » (comme Paris et les
plus grandes villes de la France), que l'Italie, point
davantage, ne mesure au touriste le regard de ses
chefs-d'œuvre, que l'Espagne, encore, « éparpille
ses richesses picturales jusque dans ses bourgades »,
et qu'enfin, en Belgique, en Hollande, en Suède,
notamment, les musées provinciaux sont à la fois
remarquablement pourvus d'art régional et d'art
national.

Bref, en nous en tenant au présent et pour en
terminer avec le petit musée de province, nous estimons que celui-ci devra s'affirmer, plus essentiellement, le gardien jaloux de son art local ou régional.
Il s'efforcera, en conséquence, de disputer à l'antiquaire les souvenirs chers à son propre passé. Il
s'attachera à béatifier tout particulièrement des
artistes éminents de son sol, avec des industries
d'art de jadis (et d'aujourd'hui) qui contribuèrent à
sa renommée. Nulle part ailleurs qu'au musée local
et régional, l'art d'une province ne devrait être mieux
représenté. L'iconographie de ses voies et maisons
anciennes conservant précieusement la mémoire des
disparitions pittoresques, enregistrant la grâce d'un

pignon, la majesté d'une pierre, la pensée ancestrale. Où juger plus logiquement encore, d'un ameublement rustique, par exemple, que dans l'atmosphère
du terroir ?

Et le touriste ne serait-il point surpris s'il ne trouvait
à se renseigner, tout particulièrement, à Nevers, sur
la faïence célèbre de cette ville, à Rouen, pareillement, de même qu'il fut charmé sans en être étonné,
d'approfondir à Saint-Quentin les chefs-d'œuvre de
La Tour, enfant du pays, ou ceux de Paul Renouard,
à Blois ?

Ces dernières considérations nous remettent dans
la voie de l'ordre. Déblayons encore le terrain,
néanmoins, avant que d'y atteindre résolument. Car,
avant de conseiller le collectionneur sur les soins
d'aspect et de présentation à donner à ce qu'il garde
précieusement, encore faut-il écarter l'ivraie du bon
grain, en matière de collection... et de collectionneurs
Sans parler du conservateur tant épris des œuvres
ou chefs-d'œuvre confiés à sa vigilance, qu'il en arrive,
parfois, à considérer son musée comme sa propriété,
jusqu'à le défendre... contre le public, nous voici face
à face avec l'avare interdisant la vue de ses trésors.

Double obstacle ; mais encore la porte du conservateur-fonctionnaire consent-elle à s'entre-bâiller,
tandis que l'huis hermétique d'Harpagon déconcerte
totalement.

En nous bornant à ce dernier état d'âme (car le
règlement se charge de l'autre), relevant d'un maniaque — dont il n'est point défendu, d'ailleurs, de suspecter le goût, — que de belles collections, cependant,
demeurent de par sa faute, sinon interdites, du moins
fermées à l'amateur !

Mais l'espèce la plus haïssable de collectionneur s'avère encore celle de l'antiquaire déguisé. Celui qui tient boutique sous les dehors du connaisseur distingué. Sans compter qu'il existe des collectionneurs de n'importe quoi, de niaiseries sans nom, qui n'ont aucune noble excuse par conséquent, et se classent parmi les pires et les plus négligeables détraqués. Nous ne pouvons ainsi énumérer leurs piteuses spécialités qui échappent, d'ailleurs, à la qualité de ce qui nous intéresse présentement.

« Le goût des collections, estime M. Ch. Lalo, est le luxe de la propriété : car la possession exclusive est une de ces conditions... Il (le goût) n'est pas toujours apparenté directement à l'art : on peut collectionner des échantillons de minéralogie, des autographes ou de vieux timbres-poste à peu près en dehors de toute considération esthétique. Mais la manie de la collection envahit surtout l'art... La valeur par excellence, c'est la rareté ; elle va de pair avec la beauté, elle y supplée même... La Bruyère a dépeint les plaisirs de cet amateur d'estampes qui en a découvert une, pas très belle, mais si rare... »

Il y a, ainsi, à distinguer entre le collectionneur (?) surtout préoccupé d'entasser, de raréfier à son profit la matière qu'il convoite (jusqu'à l'idéal de son épuisement !), et l'autre, dont les éliminations savantes aboutissent à un choix plus soucieux de la qualité que du nombre. Le premier se targuant d'acheter toujours à bas prix, le second, amoureux de la pure beauté et la coursant, prêt, au besoin, à tous les sacrifices pécuniaires.

Malgré qu'en principe, le bon marché n'apporte qu'une garantie précaire — la bonne affaire ne rési-

dant point, nécessairement non plus, en l'achat oné-
reux — la balance penche toutefois, plus logiquement, du côté de la satisfaction de jouir d'une riche
collection fort coûteusement rassemblée, que du côté
de l'orgueil de posséder une collection inestimable
acquise... pour presque rien.

Nous savons un de ces derniers amateurs (?) dont
l'incompétence acquit naïvement, pour des sommes
ridiculement basses, des tableaux signés de noms
célèbres ! Naturellement, les signatures de ces toiles
étaient fausses.

En art, il faut être connaisseur, et seuls les réels
connaisseurs sont susceptibles de faire de bonnes
affaires.

Aussi bien le monde des collectionneurs d'art se
décompose en dignes et compétents amateurs, en
vaniteux ignares — dont la galerie, réunie par
des soins mercenaires, s'équilibre richement avec
quelque écurie de courses, pour paraître, seulement, — d'avares maniaques plaçant leur fortune
en tous bibelots ; de brocanteurs déguisés, enfin.

Dans tout collectionneur, hélas ! il est bien rare
qu'un maniaque ne sommeille, à moins encore qu'un
mercanti ne veille ardemment. Le sort d'une collection est lié — en dehors du geste généreux et désin-
téressé — le plus souvent à une pensée de lucre et à
la satisfaction d'une rancune, soit qu'on la liquide,
de son vivant, « pour faire de l'argent », soit qu'on
la lègue à l'État ou à une ville, pour « jouer un bon
tour » à des héritiers...

Nous passerons enfin, rapidement, sur le riche
collectionneur (et nous ne croirons jamais que des
marchands firent de même) demandant asile pour

quelque temps à un musée pour y faire coter ses « merveilles », et nous tairons le jeu de coquins auquel se complaisent, à l'envi, clients et antiquaires, dans le but de se « rouler » réciproquement.

Au reste, nous nous sommes occupé, par ailleurs (1), de ces adversaires irréductibles...

La passion, qui mène jusqu'au crime, excuse tous égarements. La noblesse de l'idéal seule départagera en beauté, les amants sincères.

Après cet exposé général, nos personnages étant situés au sommet de notre étude matérielle, nous nous efforcerons de voler le plus bas possible afin de renseigner pratiquement le lecteur.

---

(1) *L'art de reconnaître les Fraudes* ; même auteur, même éditeur.

CHAPITRE II

Des diverses dispositions pratiques d'ordre et d'arrangement. — Des couleurs et de leur loi, vis-à-vis d'une harmonie d'ensemble.

Récapitulons, premièrement, les divers modes de ranger, en admettant que l'ordre a présidé à ce rangement. Ordre par styles, écoles, etc., dans un but d'enseignement ou de renseignement synoptique.

Ranger *symétriquement* (fig. 1) signifie l'adoption d'un motif central, flanqué à droite et à gauche de deux autres motifs, soit plus importants que le motif central, soit moindres. Des variations peuvent se jouer sur ce moyen de symétrie en doublant, triplant, quintuplant, etc., le nombre des motifs disposés à droite et à gauche du motif central ou fléau de la balance.

On range symétriquement sur une seule ligne droite ou sur plusieurs lignes, selon la largeur du plan dont on dispose, mais alors l'ordonnance *en quinconces* est plus satisfaisante à l'œil, encore que la disposition *par balancement* (fig. 2 et 3) l'emporte.

Pour revenir à la disposition symétrique, étant donné que le motif central sert de pivot aux motifs latéraux, on peut encore centrer, par un motif domi-

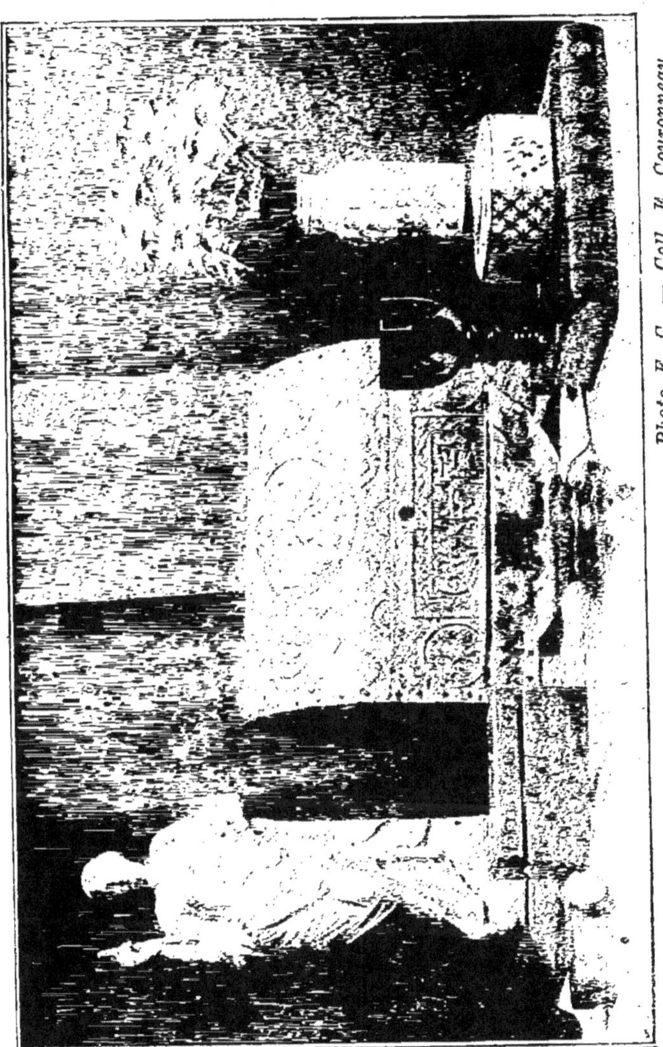

Photo E. C. — Coll. E. Couronneau.

FIG. 5. — *Bibelots disposés sur une commode.*

nant, chacune des ailes, de manière à réaliser encore davantage de variété. Plus la ligne est mouvementée en sa symétrie, plus elle s'avère harmonieuse. De telle sorte qu'après avoir multiplié les décrochements dans plusieurs lignes parallèles, dont on s'efforce ainsi de contrarier la rectitude (alternances, quinconces, etc.), on peut aussi exprimer des parties hautes et des parties basses, opposées.

D'où symétrie par hauteur, largeur, profondeur ou espaces, etc. A force de rompre avec la symétrie par ordre de taille ou par respect de l'alignement (fig. 4), on touche à la disposition *par balancement* (fig. de 5 à 13), la plus artistique, parce qu'elle sent moins l'apprêté.

Barberot, après avoir distingué le goût des premiers peintres pour la symétrie, l'impute à une sorte d'ingénuité pieuse et de respect pour les sujets sacrés: « car il y a dans la symétrie quelque chose de sacramentel et de religieux, parce qu'elle répond à un sentiment d'immobilité, de recueillement et de silence... »

Il est de fait que la composition symétrique, s'équilibrant à la façon d'un poids dans une balance, vient tout d'abord à la conception primaire, parce que l'équilibre correspond à la loi du corps humain, dont le machinisme s'ordonne généralement deux par deux, des organes de la marche à ceux de la préhension, de ceux de la vision à ceux de l'audition.

Et, sans doute, en dehors de tout autre sentiment, on ne serait point éloigné de croire que l'arrangement symétrique correspond à un rite d'immobilité, lorsque, chez les peintres contemporains ceux-là — et il en est de fameux — il ne résulte pas d'un manque d'imagination...

La symétrie des bras et des jambes, entre autres, demande à être « dérangée » au point de vue de l'art. Le hanchement compose esthétiquement la ligne du torse sur les jambes qui, lorsqu'elles *portent* ensemble, donnent au corps une allure stupide. Les bras ballants, encore, sont une erreur de beauté.

W. Bouguereau rappelait que les vieux maîtres italiens avaient obvié à la monotonie niaise d'une main aux doigts écartés, en soudant l'index et l'annulaire de cette main.

Si trois figures, à gauche d'une composition, répondent — dans un même sujet — à deux figures à droite, il y a balancement, mais on compte aussi *deux* tableaux, c'est-à-dire deux sujets séparables : 1° les trois figures, 2° les deux figures. Ce défaut de composition (dans une représentation d'intention homogène) ne saurait être corrigé que par un point de liaison entre les trois figures (de gauche) et les deux figures (de droite); soit qu'une cinquième figure couchée, par exemple, soit qu'un accident du paysage, buisson ou terrain, ou qu'un meuble, morde sur les trois figures et les deux, afin de les solidariser en un seul et même tableau.

Grâce à l'effet (de lumière ou d'ombre), on peut aussi lier deux tableaux (fâcheux sur une même composition), et, les grands portraitistes ont le plus souvent observé la théorie suivante pour obtenir le maximum de relief : le visage du modèle se détachant sur le fond, soit en clair sur du sombre, soit en sombre sur du clair.

Plus fréquemment, ces contrastes sont cumulés; c'est-à-dire que, par exemple, un profil lumineux ressortira sur la partie sombre d'un fond (dégradé), tandis que le derrière de la tête, sombre sur la partie claire du même fond, viendra, de la sorte, en avant.

Autrefois, un visage devait se présenter plutôt de profil ou de trois quarts que rigoureusement de face. On estimait qu'un visage vu de face, étalait sans grâce la parité des deux yeux, des deux oreilles, des deux narines, des deux commissures des lèvres, des deux joues, des deux courbes du maxillaire, etc. Dans la suite, pour varier et par originalité, on insista, au contraire, sur le caractère de cette symétrie, en recherchant, même, la difficulté d'un fond clair sur lequel le portrait se détache simplement en valeur.

Les peintres primitifs, ignorants des jeux subtils de l'ombre autant que de la science de la perspective, n'avaient ils point tiré auparavant, de la symétrie d'un visage en pleine lumière, des effets de pureté délicieux ?

Pour revenir à nos jours, la ressource des divers ports de tête, des profils perdus, etc., vient s'ajouter aux divers modes de composition d'un portrait.

Au surplus, en vertu de l'effet dispensé, de l'ombre et du clair-obscur, du jour frisant, de la lumière tombant d'en haut ou d'en bas, un visage, même vu de face, noie plus ou moins avantageusement sa symétrie.

Corot avait horreur du paysage violemment éclairé; il l'égalait à la photographie, qui, ne choisissant pas dans la Nature, exprime jusqu'au moindre détail, alors que l'aube et le crépuscule composent la Nature dans des enveloppes abstractives, distillant sa beauté, l'exaltant et la ménageant. Ainsi procéde-

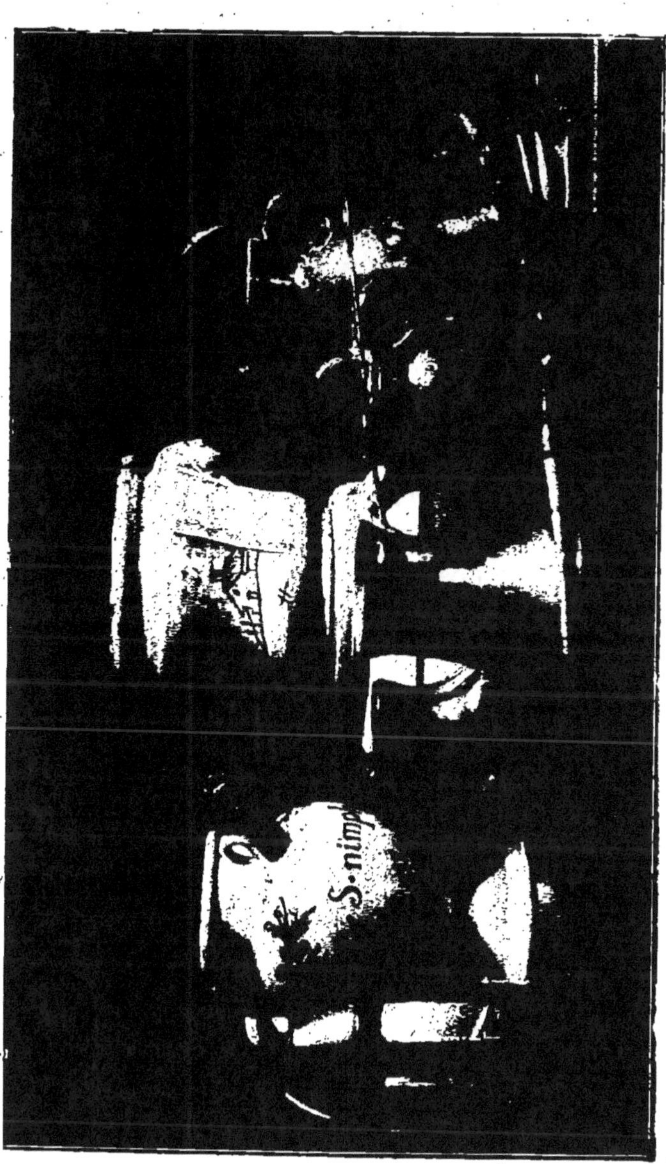

Photo E. C. — Coll. E. Couronneau.

Fig. 6. — Coin de vitrine.

rons-nous à l'égard de nos bibelots qu'il faut aussi célébrer dans une qualité de lumière à chercher, suivant non seulement leur forme mais encore selon leur sentiment.

Avant d'aborder la disposition *par balancement*, supérieure, bannissons le rangement « en flûte de Pan » dont le résultat n'est plaisant, en tout cas, que lorsque les objets ainsi distribués, s'y prêtent sans en souffrir. Généralement, les effets « géométriques » sont redoutables, nous n'en prendrons pour exemple, que les motifs de panoplie, déconcertants par l'ingéniosité même qui les accommoda.

La décoration militaire s'est fait une spécialité de ces obus présentés par ordre de taille, de ces pyramides de grenades, de ces panoplies sacrifiant la gloire — ou ses armes — à l'impitoyable alignement. On demeure « ébloui » par des soleils, étoiles et autres satellites en acier, inexorables d'astiquage, mais, au résumé, on n'y voit goutte à travers...

Non moins détestable — ou contradictoire — le remplissage en bouche-trou, en matière de rangement : petits bouquets et nœuds de rubans inutiles et risibles, tout autant que des bruyères fleuries alternant avec des souliers de chasse, à la devanture d'un cordonnier !...

L'encombrement diffuse l'intérêt, et le superflu annihilerait plutôt l'intérêt en le faisant sombrer dans le ridicule.

Il faut de l'espace entre chaque objet pour le repos de l'œil, et c'est à cette rigoureuse mise en valeur qu'il faut viser. Plus on présentera, isolément ou en petit nombre, des objets, plus on servira leur prix. Mais ne point confondre cependant, l'isolement de choix, dans une ambiance, avec la solitude non accompagnée d'un obélisque de Louqsor, sur notre admirable place de la Concorde, à Paris !

Jamais le but de symétrie — exemple la décoration militaire ci-dessus notée — ne devra s'exercer au détriment des objets présentés.

« La symétrie complète dans le décor et la composition est certainement la pire ennemie de l'art gothique », observe judicieusement M. Georges Gromort, à qui nous emprunterons encore la phrase suivante où nous goûterons une heureuse image de la symétrie assouplie. « ... La composition qui se développe autour d'un atrium n'a pourtant gardé, de la symétrie, que ce qui est la régularité intelligente : c'est ainsi que notre corps, qui est symétrique, ne cesse pas de l'être parce que nous ne répétons pas, du bras gauche, le geste que nous faisons du bras droit. »

Pour ranger par balancement ou volumes (le meilleur moyen, répétons-le), on disposera tout d'abord les objets sur deux, trois, quatre lignes, etc. droites, en ayant soin de les varier, entre eux, de hauteur, de largeur, de profondeur, de dimension, enfin. Une forme carrée s'opposant à une forme ronde, intercalée, elle-même, d'un carré, d'un ovale ; une incurvation se diversifiant d'un renflement. Ensuite — et c'est là le point délicat et captivant — on s'attachera à rompre, petit à petit, la rectitude des lignes parallèles entre elles, en réalisant des décrochements, des avancements, des retraits, etc. En un mot, on cherchera des balancements, par tâtonnement. On composera ainsi, comme sur un échiquier dont on déplace les jetons. On en avancera un pour en reculer un autre, on en groupera deux au bénéfice d'un espace, etc. On cherchera, en un mot, des dispositions harmonieuses, des clartés opposées à des ombres, des masses, enfin, s'équilibrant non seulement avec des matières différentes, mais s'accordant avec des contrastes de couleurs.

La tâche de l'ordre général s'augmente, ainsi, de la préoccupation d'égayer un grès sombre par le brillant d'un cuivre, du souci d'exalter le décor orangé d'une faïence par le bleu turquoise d'un émail.

Le moelleux d'un velours, les plis délicieusement cassés d'un satin peuvent encore s'opposer subtilement à la rigidité d'un étain dont la matité, encore, sourira à proximité d'un ivoire poli.

Grâce au rangement par volumes sur une surface plane, la symétrie, assouplie, prend un air de fête (fig. 2) où l'œil se divertit au mieux. En dehors de l'effet réussi, point de règle ; d'où une variété d'essence artistique et personnelle, dont la difficulté, en somme, est résolue plus ou moins rapidement, pourvu que l'on ait quelque goût et de la patience.

On pourrait s'entraîner à ce mode de balancement de la forme, de la couleur et des masses, en confectionnant force bouquets (1). Feuillages ténus, grêles ; graminées se combinant avec des fleurs éclatantes ou bien tendres de tons, par groupements dosés suivant la grosseur ou la forme des pétales, du sphérique au conique, de l'élancé au massif.

----

(1) Au Japon, la composition d'un bouquet se flatte d'une signification poétique. Les fleurs, chez les Nippons, au-delà même du langage simpliste que l'on aime à leur prêter, partout ailleurs, embaument donc, au surplus, d'une pensée, d'une signification idéales.

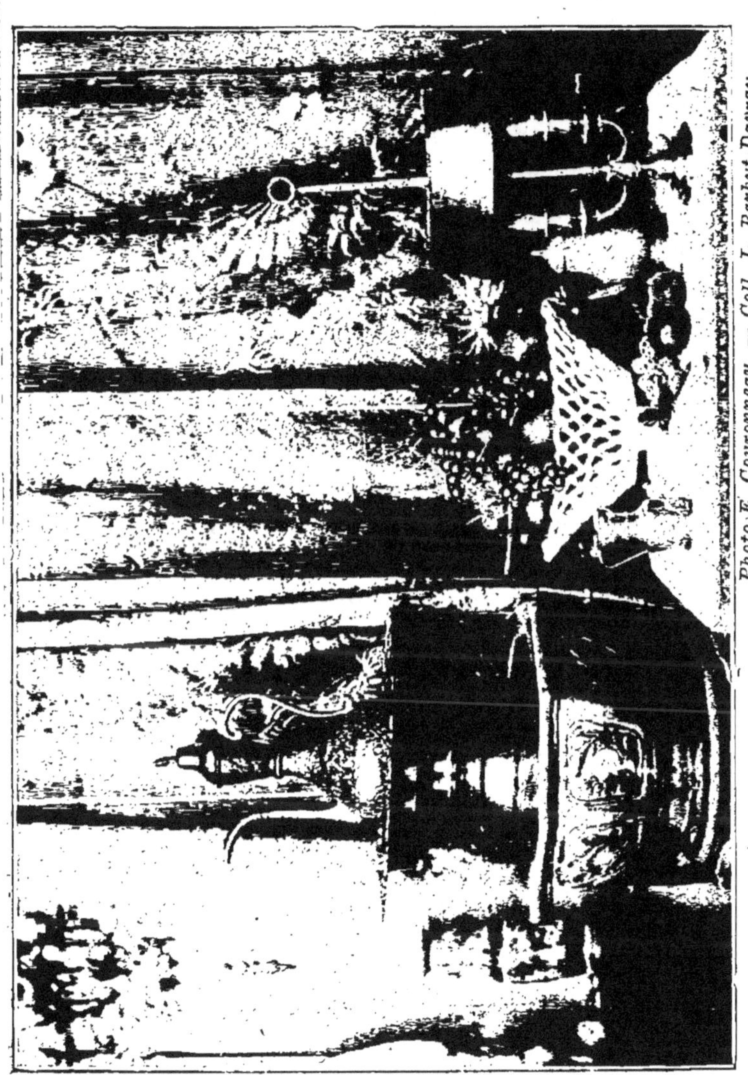

Fig. 7. — Coin d'une salle à manger.

Deux fleurs ne répondant point à deux fleurs, mais trois à une, deux à cinq ; leur volume s'équilibrant, enfin, plutôt selon la nature, c'est-à-dire l'esprit réel, que visant à une rectitude géométrique. Le bouquet de la Saint-Fiacre, rond comme une pomme qu'un jet d'eau contrarierait en son plein milieu, le bouquet « fatal » du jardinier, enfin, (qui affecte aussi, très volontiers, la forme rigide d'un suppositoire...), offert sans désintéressement au maître, à l'occasion de la fête corporative, consacre l'image déplaisante de l'arrangement redoutable. Que l'on observe souvent, aussi, nos divers étalages parisiens, dont le goût est justement réputé. Étalages de fleurs, d'une beauté égalant leur parfum ; étalages des grands magasins de nouveautés, où, verticalement et horizontalement, les diverses matières, flottantes ou rigides, se mêlent avec grâce, par contraste de masses, oppositions de valeurs et juxtapositions avantageuses. Point de symétrie, toujours des balancements. A moins que des répétitions voulues, des lignes, des couleurs à dessein heurtées, ne violent spirituellement toute convention de voir. Mais c'est là de l'art supérieur, inattendu autant que déconcertant pour les règles, ressortissant plutôt à la mode, par sa cocasserie, par son indiscipline.

A tout prendre, néanmoins, l'audace, la soif du nouveau, s'affranchissent avec raison de la plate symétrie, malgré que, si l'on y regarde bien, c'est encore le système des volumes qui mène le train d'un désordre seulement en apparence.

Nous avons parlé de la vertu des lignes dans l'architecture, et l'on s'en souviendra, dans une certaine mesure, à propos de la disposition des objets.

Toujours la verticalité sera-t-elle rompue avantageusement, de même que l'horizontalité, au bénéfice de la non-monotonie.

On essaiera prudemment les lignes courbes, dans le sens vertical : la verticalité accompagnant plutôt un support rigide. Les lignes courbes appuieront des lignes droites, mais jamais elles ne rejoindront dans la symétrie d'un arc, par exemple, l'extrémité des objets alignés.

L'alignement par en haut n'est pas moins détestable horizontalement, et l'on pourra aussi méditer profitablement sur l'aspect optique des lignes montantes et descendantes.

Les lignes montantes sont gaies, et les lignes descendantes sont tristes. L'exemple du visage humain ne nous contredira pas et, pour briser une ligne, encore faut-il la briser dans l'esprit de ce que l'on assemble, en harmonie avec la pièce à animer ou à rendre grave.

En tout cas, jamais l'ordre de taille (fig. 4) ne devra prévaloir (nous avons proscrit la flûte de Pan) et, quelle que soit la disposition choisie, on respectera toujours les lois de l'aplomb et de la symétrie relative. Toute figuration géométrique régulière est déplaisante à l'œil, et, pour faire paraître une pièce plus haute, rien de tel qu'une décoration verticale, tandis qu'une décoration horizontale l'écrase. Nous verrons plus loin une illusion parallèle concernant la dimension et les couleurs.

On ne perdra point de vue, dans l'arrangement, les trois dimensions qui régissent l'objet : la hauteur, la largeur et la profondeur. Le jeu de ces dimensions entre elles rétablit la symétrie dans le balancement, trompe la ligne, grâce à la distribution variée de la lumière et de l'ombre. Là le mystère de l'ombre; là la franchise de la lumière, et les demi-teintes ajoutent aux nuances de la palette. Nous passons sur tant d'autres artifices comme celui qui consiste, notamment, à varier deux panneaux également carrés, au moyen de deux arrangements différents, l'un horizontal, l'autre vertical.

En ce qui regarde la couleur, la règle même des couleurs « complémentaires » a subi de nos jours de violentes entorses. Entorses piquantes et savoureuses souvent, qui ne devront point, cependant, nous faire perdre de vue la découverte scientifique de Chevreul, ne serait-ce que pour savoir en secouer le joug. Aux couleurs nuancées, aux gammes doucement harmonisées et chantantes d'hier ont succédé des violences et acidités de tons, des frénésies de couleurs qui eussent consterné nos mères! De telle sorte que, sous l'empire de l'originalité propre à nos jours, la théorie des couleurs complémentaires n'apporte, en vérité, qu'une contribution préliminaire aux connaissances du néophyte, à l'égal de la symétrie stricte et scrupuleuse. Toutefois, une base d'enseignement ne nuit point, quand cela ne serait que pour sortir des sentiers battus en prénant le contrepied de cette base.

C'est d'ailleurs à cette base d'enseignement scientifique que l'on doit l'essor initial des meilleures hardiesses de couleur et leur indication pratique la plus avantageuse, après l'exemple supérieur de la Nature, toujours différente autant qu'inégalable en la variété de ses associations harmonieuses.

D'autre part, le rangement par couleurs est étroitement soudé au rangement par formes et dimensions, et nous rentrons encore dans notre sujet en donnant la parole à Chevreul.

Si l'on fixe pendant quelques instants un carré *rouge* placé sur du papier blanc, on ne tarde pas à le voir bordé d'une bande de *vert faible*. Et si, après, on continue longtemps à fixer ce carré rouge et que l'on porte les yeux sur un nouveau fond blanc placé à quelque distance, on aperçoit sur celui-ci un carré de même dimension que le *rouge*, mais d'un *vert faible*.

L'œil, donc, qui vient d'éprouver la sensation du *rouge*, apprécie d'une façon particulière les objets colorés qui lui sont offerts et leur superpose une teinte verte. Réciproquement, s'il a fixé d'abord du vert, il superposera une teinte rouge.

Ces deux couleurs sont dites *complémentaires* l'une de l'autre.

Voici le tableau précis des couleurs complémentaires :

VERT AZUR, *complément :* ROUGE.

VIOLET,   —   JAUNE *légèrement verdâtre.*

BLEU,   —   ORANGÉ.

INDIGO,   —   JAUNE *légèrement orangé.*

L'exemple suivant expliquera, ensuite, les *contrastes simultanés*. Si l'on regarde à la fois (simultanément) deux bandes de papier ou d'étoffe différemment colorés et placés l'un à côté de l'autre, on reconnaît, dans les tons et les nuances, des modifications qui seront plus ou moins sensibles suivant la délicatesse de l'œil qui les appréciera et selon la nature même des couleurs.

Toutes les modifications dépendent de cette loi due à Chevreul : que l'œil, étant impressionné simultanément par deux couleurs qui se touchent, les voit les plus dissemblables possible.

Mais développons encore plus clairement cette loi, dont le lecteur devra profiter surtout lorsqu'il s'agira d'étoffes à grouper, de fonds à choisir, etc.

Le peintre admet, dans la pratique, trois couleurs « simples » : le *rouge*, le *jaune* et le *bleu*, avec lesquelles il compose les autres, c'est-à-dire qu'il obtient sur sa palette : l'orangé, en mêlant du jaune et du rouge; du vert avec le jaune et le bleu, le violet et l'indigo avec du bleu et du rouge en différentes proportions.

Pour deux bandes juxtaposées maintenant, l'une verte, l'autre violette, résultat : le vert perd de son bleu et paraît plus jaune; le violet perd de son bleu et paraît plus rouge.

L'orangé et le vert étant juxtaposés, on observe que l'orangé paraît plus rouge et le vert plus bleu, chacune de ces couleurs perdant de son jaune.

D'autre part, le rouge et le violet étant juxtaposés donnent : un violet perdant de son rouge, tandis que le rouge prendra du jaune pour accroître sa dissemblance avec le violet.

Juxtaposons encore l'orangé et le rouge : l'orangé devient alors plus jaune et le rouge prend du bleu complémentaire de l'orangé; de même pour le violet foncé et le bleu, le violet perd du bleu et paraît plus rouge et le bleu prend du jaune complémentaire du violet.

Quelques applications pratiques appuieront maintenant ces remarques.

Lorsque le tapissier assortit des étoffes aux bois
des diverses essences dont il fabrique ses meubles,
il se trompera s'il emploie des étoffes d'un rouge
jaune, telles qu'écarlate, couleur du feu, nacarat,
avec l'acajou. Car la couleur rouge et brillante de ce
bois, totalement éteinte alors, prendra l'aspect du
noyer...

Si l'on tenait essentiellement à cette couleur cra-
moisie, même sur l'acajou, on pourrait atténuer
l'effet de cet assortiment fâcheux au moyen d'une
large bordure, verte ou noire, placée dans les parties
où le cramoisi et l'acajou sont en contact, ou bien
avec un galon de soie jaune ou un galon d'or fixé
avec des clous dorés.

Les dessins noirs imprimés sur des fonds rouges
apparaissent verts parce que la couleur verte, complémentaire du fond, s'ajoute au noir, et, de même,
le noir imprimé sur des étoffes vertes perd toute sa
vigueur... Aujourd'hui, où s'étalent sur les murs des
affiches roses, verdâtres et orangées, il n'est pas in-
différent de savoir que pour que les caractères d'imprimerie soient le plus visibles possible sur le papier
de couleur, la règle ordonne que la couleur du fond
soit complémentaire de celle de l'encre : sur un papier jaune, par exemple, une encre verte s'imposera.

Effets à ne pas oublier lorsque nous placerons et
rangerons des tableaux ou des dessins, le ton général
ou la marge de ceux-ci devant être observés, afin
qu'ils s'exaltent entre eux plutôt que de se nuire.

En poursuivant l'accord optique des couleurs, nous
remarquerons que l'aspect d'un jardin perd de son

charme lorsque la vue n'est frappée que par du bleu ou par du blanc, à moins encore qu'un jaune répandu à profusion ne l'éblouisse ou qu'une couleur présente des nuances voisines, mais différentes. Le jaune pâle, par exemple, associé au jaune brillant.

Si l'on place, en revanche, des fleurs bleues à côté de fleurs orangées, des fleurs violettes à proximité de fleurs jaunes, et si l'on entoure les rouges et les roses de verdure ou de fleurs blanches, le résultat d'exaltation est des plus favorable.

Lorsque l'on aborde le vêtement, la loi des contrastes simultanés ne rend pas moins de services.

Ainsi, les voiles noirs portés sur des chapeaux verts paraissent rougeâtres; de même, le rosé sur la chair fait pâlir sensiblement celle-ci. Aussi cette couleur sied-elle généralement mieux aux personnes brunes qu'aux blondes.

Remarques à retenir encore, pour le choix des tapisseries d'une pièce. Une tenture rouge pâlira le teint des visages, tandis qu'une tenture verte le rehaussera. De la couleur plus ou moins foncée choisie pour peindre une paroi dépendra sa dimension plus ou moins grande, plus ou moins éloignée de nous.

De Théophile Gautier cette description de l'appartement de Mme de Girardin : « Il était tendu de damas vert d'eau, dont le ton glauque comme celui d'une grotte de néréide, ne pouvait être supporté que par un teint de blonde irréprochable; elle avait choisi cette nuance sans méchanceté, mais les brunes égarées dans cette caverne verte y paraissaient jaunes comme des coings ou enluminées comme des fusées... ».

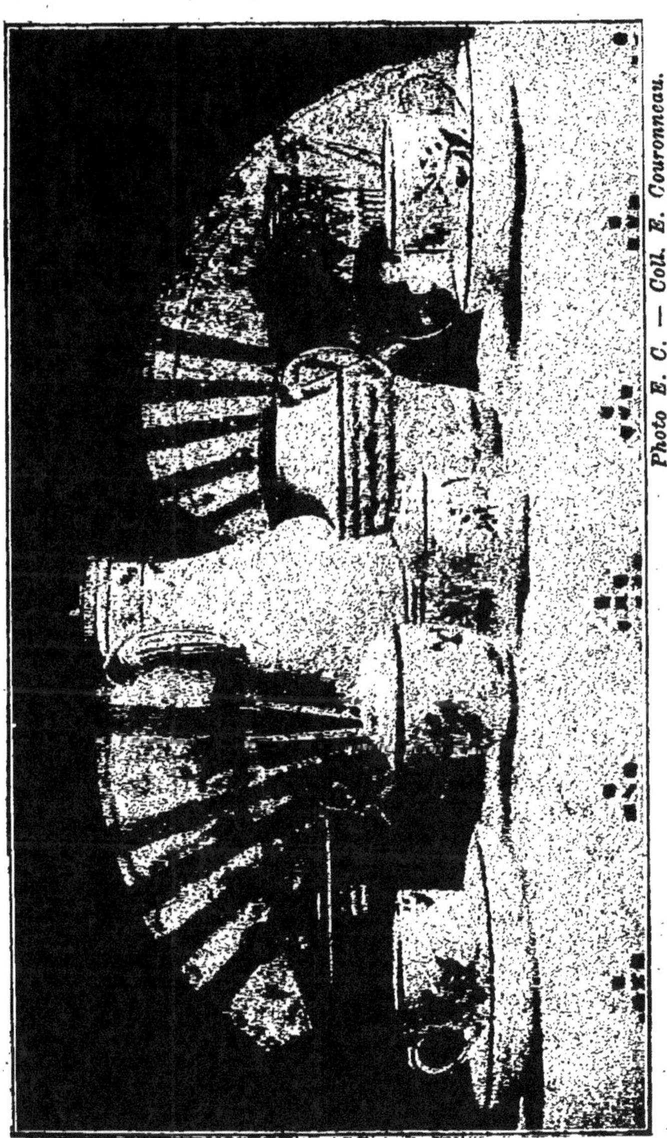

Photo E. C. — Coll. E. Couronneau.

Fig. 8. — *Bibelots disposés sur une cheminée.*

M. Léandre Vaillat, à qui nous empruntons cette citation (*La Cité Renaissante*), observe qu'en revanche, plus avisée, la Païva, très brune, avait fait tendre son hôtel d'un damas cramoisi.

On a démontré, au reste, qu'une tenture blanche glacée (ou qu'un papier blanc verni) était particulièrement propice à l'éclairage d'une pièce ; une tenture blanche venant ensuite, puis une gris clair, une jaune clair, une bleue et une gris blanc. Alors que le rouge clair donnerait moins de lumière que les précédentes couleurs, avec le vert et le bleu foncé.

Il importe, d'autre part, de se méfier des reflets susceptibles d'anéantir l'action des contrastes en produisant l'effet de beauté tout opposé. Ainsi, un rideau vert bien éclairé projette autour de lui sa couleur très dominante, et il éteint le rouge de la couleur complémentaire à tel point que la teinte verte seule apparaît.

Observons encore, complémentairement, que l'ombre de la lumière orangée d'une bougie apparaît bleue ; que si l'on met du vert sur du rouge, à quantité et à intensité égales, les deux couleurs se détruisent mutuellement, un gris seul demeurant, et, pareillement encore, si l'on mêle du bleu et de l'orangé, du violet et du jaune, et même les trois couleurs primaires : jaune, rouge et bleu, à pareille dose. Les innombrables couleurs dites *rabattues* ou mieux, *rompues*, résultant enfin du mélange inégal de deux couleurs complémentaires. D'avoir corrigé leur couleur initiale et éteint sa virulence, les tons rompus gardent une distinction et un charme particuliers, mais non à la mode de nos jours.

Gœthe a accusé la valeur morale des couleurs, soit

qu'elles excitent des sensations, éveillent des émotions, des idées reposantes ou tourmentantes; soit qu'elles provoquent la tristesse ou la gaîté, et, pratiquement, on ne devra point méconnaître l'importance des diverses couleurs sur le caractère et la vision de l'individu.

Des tentures à gros ramages incitant à l'hallucination; des dessins modelés « bombant » une surface plane sur laquelle vacillent les tableaux; des rayures verticales et des petits carreaux troublant la vue jusqu'à donner l'impression de l'ivresse... Des couleurs trop violentes imprimant excessivement la rétine et dénaturant l'aspect optique des choses d'alentour.

Mais il y a mieux — et ici nous reprenons l'accusation de Gœthe. On a remarqué récemment que, dans les ateliers d'un fabricant de produits photographiques où l'émulsion des plaques photographiques se faisait, naturellement, à la lumière rouge, les ouvriers et les ouvrières étaient devenus, sous l'influence des radiations de cette couleur, tellement irritables, que la discorde bientôt fut au camp des travailleurs. On ne put rétablir la paix dans l'atelier qu'en substituant la lumière violette à l'autre...

C'est un fait que la lumière rouge exalte! Elle exalte les plantes, les animaux. L'espèce bovine, particulièrement le taureau, s'affole à la vue du rouge. On pêche les grenouilles avec des chiffons rouges et, d'après des expériences faites par Camille Flammarion, les vers à soie eux-mêmes sont attirés par les radiations rouges... Comme on demandait à un aveugle-né s'il se faisait une idée de la couleur rouge, il répondit que c'était là le son de la trompette. Il est bien évident alors, qu'un rapport naturel entre les sens existe, puisque la violence d'une couleur sur la rétine équivaut, sur l'ouïe, instinctivement, à l'éclat intense d'une sonorité.

Il nous souvient, d'ailleurs, d'avoir entendu Ch. Gounod évoquer l'effet orchestral que lui suggéraient les tonalités d'un tableau de W. Bouguéreau qu'il examinait dans son atelier. A la place des verts du paysage, l'auteur de *Faust* entendait la douceur des instruments à cordes; telle draperie aux tons aigus lui révélait la sonorité des cuivres, comme des harpes semblaient vibrer tristement dans les gris et les bleus limpides.

Bref, si voir gris rend triste, si voir vert repose (la vue, tout au moins), si voir en bleu incite à la gaîté, voir rouge (rire jaune n'est déjà point agréable !) s'avère redoutable. La monotonie d'un beau ciel bleu portant à l'âme non moins qu'un ciel gris persistant; de toute couleur ressassée, enfin, — à moins qu'il ne s'agisse d'une harmonie à dessein monocorde, — résultant une lassitude.

Mais nous n'aborderons point la pathologie des couleurs et nous en tiendrons là, dans les anomalies, visuelles et sensuelles, de la couleur, dont les accords réguliers sont déjà fort délicats. Et, après l'étude effleurée du contraste et du rapport des harmonies entre elles, de leur projection avantageuse ou annihilante, nous reviendrons au rythme logique et banal, afin de garder contre les mariages de tons, de prime abord incohérents. Ce n'est qu'après l'examen de la règle que nous envisagerons l'exception.

Le scrupule initial du goût, en matière de couleurs, s'avère dans la prudence. La gamme douce des tons doit déjà, discrètement, dominer l'audace des rouges,

des violets, des jaunes, etc., vifs, très difficiles à
exalter heureusement entre eux.

Si l'on veut ensuite convertir les couleurs primaires à plus de délicatesse, on adoptera, par exemple, les modulations suivantes :

*Le rouge tirera plutôt sur le rose rubis que sur le
jaune;*
*Le jaune plutôt sur le marron, le bis ou le rose que
sur le rouge;*
Le bleu plutôt sur le vert que sur le jaune;
Le vert plutôt sur le bleu.
Le rose plutôt sur le violet.

La ressource d'associer deux mêmes couleurs,
l'une légèrement plus pâle que l'autre, un marron
avec un jaune paille, un grenat avec un rose, un
bleu marin avec un bleu clair, un vert foncé avec un
vert tendre, tend encore la perche au novice, le ton
sur ton ne laissant jamais que d'être harmonieux.

Reste la richesse des couleurs violemment heurtées, qui, au goût du jour, tendent à charmer notre
œil — tout autant que la musique moderne, notre
oreille — avec des dissonances non seulement cu-
rieuses, mais saisissantes. De par l'originalité même
de leur accouplement, ces couleurs dépassent logiquement l'ordonnance-type. Leur outrance qui séduit.
leur aigreur qui « amuse », leur virulence agres-
sive, leur contraste imprévu; autant de sensations
visuelles et nerveuses que l'on ne saurait édicter.
Pourtant, nous tâcherons de donner une base à cette
palette inédite, réfractaire aux lois consacrées par
hier, certes, mais à tout prendre, aussi attractives

que celles auxquelles les rythmes d'antan nous avaient habitués.

En procédant par ordre, voici quelques harmonies de couleurs — fort sages à côté de celles que prône la mode actuelle, mais qui, rassurons-nous, auront leur tour de convention « rococo » — à enseigner au néophyte :

Le rose ou le bleu tendre avec le gris ou le jaune clair ;
Le mauve et le rose ; le mauve et le jaune ;
Le bleu turquoise avec l'orangé ;
Le violet et le vieux rose ;
Le bleu et le rose pâle ;
Le vert d'eau et le noir ;
Le gris et le vert ; le gris et le jaune ;
Le bleu de ciel et le violet tendre ;
Le violet et le jaune ;
Le rouge rubis et le gris de fer ;
Le blanc et l'orangé ; le noir et l'orangé ;
Le mauve, le gris, le rose et l'argent ;
etc., etc.

Nous n'avons point la prétention, en donnant ces quelques nuances assorties, de barrer le champ aux recherches personnelles. Nous ne les citons qu'à titre d'indication. Que l'on nous tolère leur qualificatif de guide-âne. Les harmonies de la Nature, ses conseils éternels, aussi mouvants que le ciel, demeurent impassibles vis-à-vis de la mode de voir et d'admirer. La Nature distribue des sensations ; l'art les capte et les fixe à son gré, toujours différemment. La mode peut être belle ou laide, suivant son caprice ; la

Nature, elle, reste toujours admirable. C'est notre suggestion la plus sincère et la plus sûre, au delà de toutes les lois.

Nous parlerons, maintenant, après la régularité des tons précédents, des irrégularités savoureuses dont notre temps se grise. Il s'agit ici de couleurs dissonantes à dessein, non point de fausses notes, mais d'altérations souvent somptueuses et toujours captivantes, malgré qu'inaccessibles, souvent, au premier abord. Tout est affaire d'éducation, tant visuelle que musicale. La Mode, enfin, est souveraine et inexorable. Sous le gracieux XVIIIe siècle, les robes de *soupirs étouffés* s'ornaient de *regrets superflus* ou de rubans en *attentions marquées.* C'était l'heure des tons d'âme. Le XIXe siècle, plus réaliste, s'en tint, sinon aux tendresses précédentes, du moins aux teintes passées. Il importait au XXe de brusquer ces fadaises, et il n'y manqua pas, avec un rare bonheur et suivant la loi éternelle des contrastes.

Mais comment déterminer les fondements de cette éclatante fanfare moderne ? Par une simple constatation peut-être : l'outrance du diapason des couleurs précédentes, le viol de leur timidité dans une union spirituellement discordante.

Et, de fait, en associant les quelques harmonies de couleur énumérées plus haut, avec ces couleurs mêmes, exacerbées, il semble que l'on touche déjà à une expression de la palette actuelle. Ce sont maintenant des tons crus, à exaspérer entre eux, — non plus des tons à concilier — du forcené au serein. Le bleu de France opposé au bleu tendre, le blanc au noir ; tout un hurlement de qualité, arraché aux couleurs primaires subtilement dérivées et déchaînées, émouvantes par la puissance et la violence de leur choc.

Si l'on s'exerce à chercher, sur un piano, des sons curieusement associés ou dissonants à souhait, on aura, du même coup, rencontré les couleurs correspondantes. Cette symphonie, auditive et visuelle à la fois, tourmentée et sensible, marque la particularité d'aujourd'hui.

Toutefois, pour revenir à nos conseils pratiques, ces tons virulents à la mode ne concernent point la garniture de nos vitrines d'objets anciens. Il faut à ces derniers une présentation douce, au contraire, effacée, afin qu'ils brillent dans toute leur importance. Seuls, les bibelots modernes ont à se débrouiller avec leurs fonds adéquats.

Pour les tons neutres sur lesquels se détachent le plus en valeur les pièces anciennes, se reporter à ceux que nous signalons plus loin à propos de l'accrochage des tableaux.

D'autres soucis, d'ailleurs, nous viendront lorsque nous parlerons de cette dernière opération. Alors qu'un cadre suffit à la parure d'un tableau, le cadre concentrant l'intérêt et l'effet du tableau, tout à l'entour de ce dernier, doit être sacrifié, tandis que des bijoux, par exemple, reposeront plus flatteusement sur des tissus riches, la toilette qu'ils doivent décorer étant à l'avenant.

Les matières précieuses s'avantagent toujours d'un rayonnement (reflets, réfraction, etc.), parce qu'elles vivent dans la lumière environnante, contrairement au tableau, à la statue, en qui une pensée propre est enclose ; pensée qu'il importe seulement de présenter dans toute sa signification et sa force.

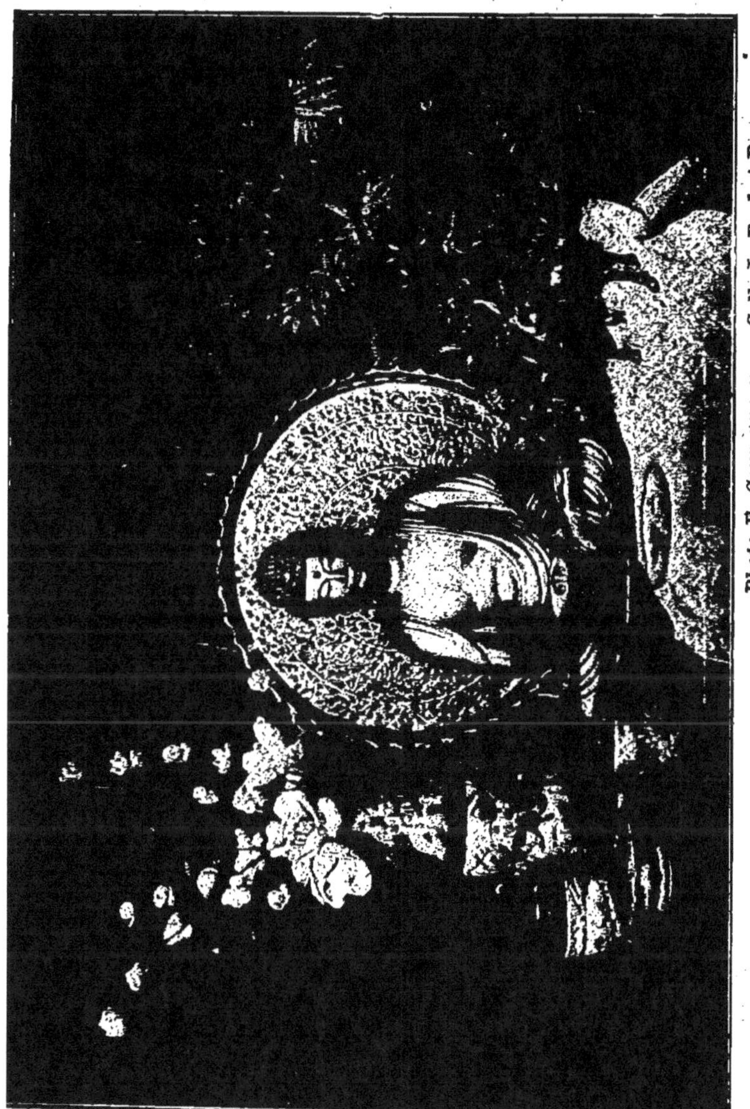

Photo E. Couronneau. — Coll. L. Barbut-Davray.

Fig. 9. — Coin d'un atelier d'artiste.

Mais, à chaque ordonnance d'œuvres d'art, un choix différent d'aspect et de rangement que nous envisagerons progressivement. Les bibelots, en général, se font valoir entre eux ; les bijoux et les matières précieuses plutôt isolément ; les tableaux, les sculptures préférant l'entourage des meubles, des bibelots, sur lesquels la vue se repose de les voir, conformément à l'intimité à laquelle ils doivent participer.

La symétrie rigoureuse, encore, en certains cas, bien qu'elle manque de vie, ne messied point à regarder, lorsqu'elle est brusquée par le contraste d'un spirituel désordre. « L'ennui naquit un jour de l'uniformité », et, l'ordre obtenu par des pendants, peut avoir son charme, voire sa nécessité. Tout dépend, enfin, des circonstances, et il faut laisser au goût des latitudes. En jetant, d'ailleurs, un dernier regard sur le bouquet symbolique dont nous avons parlé précédemment, nous goûterons, au gré des fleurs choisies, des diversités d'accord infinies, qui nous apporteront non des excuses pour des erreurs commises (que l'on condamnerait unanimement), mais le bénéfice des circonstances atténuantes en cas de recherches, sinon parfaitement concluantes, du moins intéressantes et discutables.

La Nature se compose parfaitement et, seuls, les hommes y apportent leur note discordante. Mais l'anecdote de Corot, répondant à un de ses élèves, fâché de la présence d'un vilain mur dans un beau paysage : « Un mur ? Je ne vois pas le mur... », fait justice de ce que les yeux prosaïques enregistrent photographiquement.

On n'arrange point la Nature, on la dérange, et

seules réclament nos soins esthétiques les choses dont nous la meublons, pour charmer notre regard ou amuser notre geste, pour répondre à nos besoins ou à nos futilités.

L'inextricable forêt vierge représente le désordre dans sa magnificence naturelle, tandis que, assujetties à figurer des lettres dans un massif, les plantes et les fleurs offrent le spectacle d'un ordre contrefait. En vérité, le nom d'un propriétaire (ou d'une villa) écrit en majuscules vivantes — à moins qu'il ne s'agisse d'une réclame : « L'hiver à Cannes ! » — est stupéfiant...

Les fleurs dans un champ, nées au hasard de leur graine et juxtaposées au gré du vent, sont toujours harmonieuses. Elles cessent souvent de l'être, dans un massif composé par certains jardiniers. Du moins pourraient-elles être parfois mieux assorties, car la Nature, encore, dispose de trésors d'indulgence.

La simplicité naturelle, hélas ! ne sera-t-elle pas autant violée dans nos intérieurs, par certains tapissiers ?...

Nous laisserons à d'autres le soin de s'attendrir sur des feuillages rasés, simulant des maçonneries verdoyantes (1), sur des ifs sortant comme de chez le coiffeur, confectionnés en boules ou en suppositoires ; sur des parcs taillés « aux enfants d'Édouard ! » Les vastes allées d'arbres, enfin, dont le faîte fut excessivement émondé pour accompagner la raideur

______

(1) La maçonnerie verdoyante correspond à l'idée d'un prolongement de l'architecture qu'un Le Nôtre objectiva. Cette idée — de par sa volonté de composition — mérite pourtant qu'on la défende.

d'une perspective, les massifs et plates-bandes, soumis au joug de la géométrie, sont les exemples d'un
ordre discutable.

Sans doute notre vénération du siècle de Louis XIV,
où tout — y compris les arbres — devait plier devant
Sa Majesté, a-t-elle quelque peu faussé la conception
d'une nature libre telle que nous la concevons, mais
encore le roi Soleil avait Le Nôtre !

Ce sont là nos jardins à la française auxquels
s'oppose le jardin anglais, avec sa végétation conservée naturelle ; un arrangement par contrastes de
formes et de couleurs régissant encore, pourtant, son
indépendance, avec une disposition par rang de taille
reléguant les sujets les plus grands dans le lointain...

On avouera qu'entre ces deux mensonges naturels,
il y a place pour le délicieux « jardin de curé », et,
en définitive, la solennité du parc où se promenait
Mme de Maintenon est adéquate au modèle, tout
autant que le jardin où un Reynolds rêva, tout
autant que le « coin » touffu et délicieusement affranchi où quelque abbé Pellegrin pria.

La mode qui, aujourd'hui, procède par masse de
couleurs violemment contrastantes, a procédé non
moins tyranniquement que le xviie siècle, à l'égard
de ses parterres fleuris. Hier on cherchait des douceurs de tons, des mélanges conformes, presque, à
la vérité des champs. L'art moderne s'oppose ici
catégoriquement à ceux qui le précédèrent, même en
matière florale.

Après la tendresse d'une palette, sa virulence ;
après la fadeur mélodique, l'abstraction dissonante ;
après la valse émolliente, le « jazz » trépidant.

C'est le jeu des générations, pour le plus grand

agrément de l'art et des sensations renouvelées. Il
n'empêche que le coquelicot se retrouve sempiter-
nellement avec le bluet dans les blés, plus logiquement harmonisé, sans doute, puisque la Réalité
immuable en décida ainsi.

Consultons donc toujours, néanmoins, pour
l'arrangement artificiel qui nous incombe, les données naturelles, en concédant à la mode ses lubies
(vis-à-vis même de notre physique transformé !) mais
en respectant les indications impassibles des paysages de la vie. La silhouette d'un horizon, d'un
nuage, comporte tout un exemple de lignes, d'effets
et de formes. Il faut savoir regarder. Vinci parle
d'un vieux mur lézardé où il lut des compositions
extraordinaires, et, sans être le divin Léonard, les
rides d'un vieux mur, la dentelle d'un arbre ou la
crête d'un mont, évoquent souvent des figures et des
scènes impressionnantes qui ne relèvent nullement
de l'hallucination. Ce ne peut être que d'un faisceau
d'idées que jaillit la lumière; et notre but est de
contraindre à voir, de faire plutôt jaillir la lumière
que d'en fixer les rayons.

CHAPITRE III

Comment on encadre et présente favorablement un tableau, un dessin, une gravure. — Conseils et recettes pratiques.

Nous examinerons, maintenant, les subtilités de l'encadrement.

Si le talent domine l'œuvre, l'art de faire valoir ce talent n'est pas moindre, et il y a des nuances à observer, des règles même, soit dans la disposition de l'œuvre, soit dans son exposition.

Tout d'abord il faut encadrer un tableau, une gravure d'époque, dans une bordure de style adéquat. Une esquisse de Fragonard ne saurait être enchâssée autrement que dans l'ornementation propre au xviiie siècle, de même que cela serait un non-sens de ne point situer un David dans un décor à palmettes.

Cependant, si, entraîné par le souci excessif d'analogie, entre le cadre et son contenu, on bordait un Edouard Detaille — ou toute autre scène militaire — avec des attributs de guerre, le ridicule serait atteint ! Comment imaginer, d'ailleurs, sans sourire, d'autres « exagérations » de ce genre, non moins blessantes pour le goût : une moulure Louis XIII, par exemple, courant gravement autour d'une peinture moderne !...

La mesure est dans tout, quand cela ne serait que la nécessité discutable (?) d'encadrer des œuvres dont la valeur ne s'impose pas...

Un tableau, un dessin, une gravure, se doivent d'être d'abord décoratifs. Un visage n'est point toujours décoratif, donc certains portraits ne sont que des images relevant plutôt de la photographie qui exprime platement la ressemblance. Un tableau doit orner avant de garnir ; sa signification essentielle sera frappante sur le mur où il saillira. Il émouvra davantage par le sentiment que par le sujet ; il délectera à la fois, grâce à la grandeur de sa technique et à la force de son expression. Un bon tableau ne vit point de paroles, c'est-à-dire qu'il porte en soi, entièrement, son éloquence ; il ne suit point la mode et respecte la tradition — située entre les deux écueils de l'académisme et du snobisme — qui fit ses preuves dans le chef-d'œuvre, non point opprimante mais stimulante et tutélaire.

Un tableau agressif offense son but qui est de flatter l'esprit et de l'embellir. Une gravure de Rembrandt exulte d'effet et d'émotion, de métier savant au service d'un sujet compréhensible, choisi et parfaitement composé. Sa tâche est sonore.

Une photographie, un chromo, s'effacent sur le mur ; ils ne le réveillent pas parce qu'ils ne sont point décoratifs. Le choix d'un tableau s'accordera ainsi, autant avec notre goût et notre sincérité, qu'avec notre intérieur, pour le sujet, le sentiment et la couleur. Au tableau n'appartient point le rôle de trouer le mur, à la façon d'une fenêtre — le vitrail s'en charge — non plus qu'à la manière d'une sombre excavation. Bien entendu, la clarté des tableaux modernes marche de pair avec les tentures et meubles modernes, et l'on redoutera l'originalité excessive de ces derniers, qui contraindrait les tableaux à entrer dans la danse démente pour être à l'unisson.

Mais la démence est parfois tout un programme d'originalité mal digérée... et nous en arriverons aux divers moyens d'encadrement.

On peut encadrer une œuvre d'art, tableau, dessin ou gravure, soit « par similitude », soit « par contraste ».

« ... Une scène rustique, notamment (estime J. Adeline), peut fort bien s'accommoder de deux cadres : l'un très simple, l'autre très riche. Le premier s'harmonisera mieux que le second ; évidemment, l'œuvre présentée de la sorte, aura plus d'unité, mais le second rehaussera la valeur du tableau ; l'œuvre ainsi entourée, réchauffée par la chaleur des dorures, paraîtra un objet précieux. Cela est si vrai que les toiles de Millet, les célèbres, bien entendu, celles qui se couvrent d'or et de diamants après avoir été modestement encadrées, jouissent surtout de bordures d'un luxe excessif... C'est là reconnaître le prestige du décor riche, propre à tout chef-d'œuvre, de quelque style qu'il se réclame, malgré que des cadres très modestes s'avèrent parfaitement agréables, à cause du rôle moins solennel, plus discret, qu'ils jouent dans l'aspect général.

L'important est de savoir flatter l'œuvre encadrée (fig. 14 à 19), soit en ne diminuant pas une vaste toile par une bordure mesquine, soit en ne noyant pas une petite toile dans une marge exagérée. Mais, encadrer

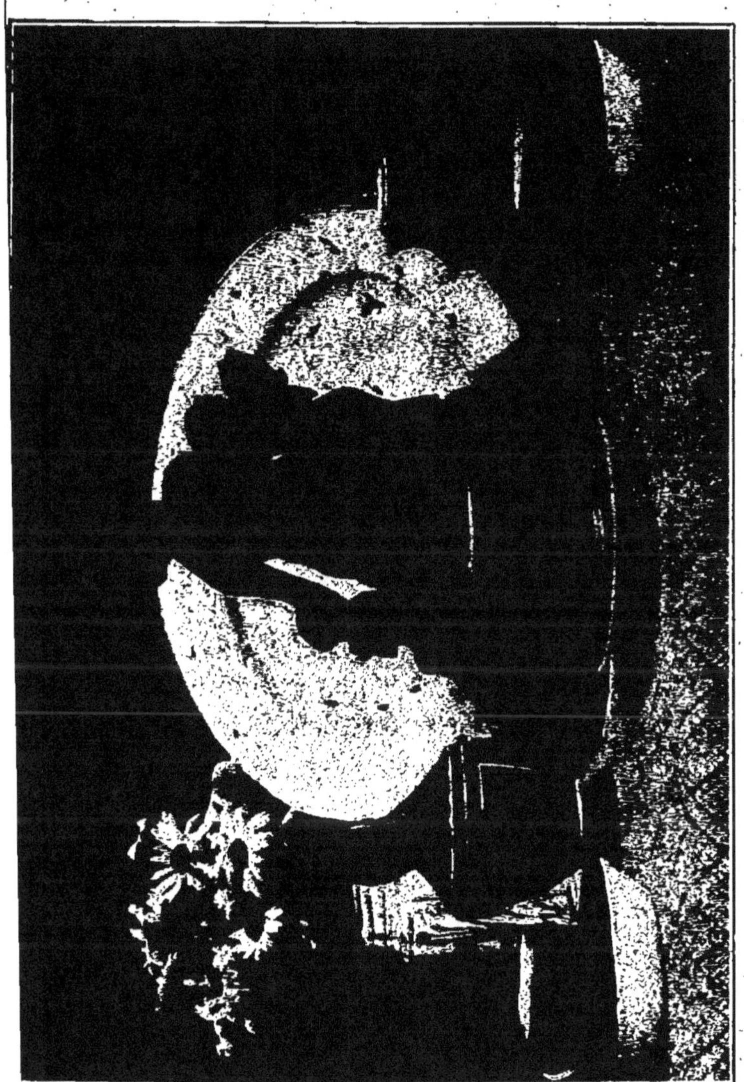

Photo E. C. — Coll. E. Couronneau.

Fig. 10. — Bibelots disposés sur une table.

richement, en raison du prix élevé qu'il coûta, n'ajoute rien à la valeur d'un tableau mauvais. L'effet de l'œuvre à encadrer, clair ou sombre, doit encore être calculé. Une bordure sombre donnant ou ajoutant de la sévérité, comme un cadre clair illumine et égaie.

Autre observation : on est accoutumé de border de clair un tableau sombre et, réciproquement, un tableau sombre, de clair. Mais cette éternelle loi des contrastes se heurte souvent à la mode dont les lubies sont, un instant, souveraines. Or, il faut reconnaître que les cadres blancs qu'elle prône encore aujourd'hui, cernent la peinture claire d'harmonieuse façon. L'usage de la vitre, encore, malgré ses inconvénients, apporte souvent un fini, une préciosité, salutaires à des œuvres à qui ces vertus manquent ; sans préjudice de la valeur qu'il leur confère, d'être ainsi défendues...

Mais hélas ! la vitre fait miroir ; tous les reflets d'alentour s'y jouent, et vous n'apercevez guère dans le tableau ainsi accommodé, que votre propre physionomie, anxieuse de voir...

Le prétexte de la vitre *défensive* nous console, il est vrai (indépendamment de la préservation de la poussière), et nous sommes accoutumés à la tolérer, quoique plus indispensable, sur le pastel et le fusain que sur la peinture à l'huile, qui peut, elle, s'en passer. Avec la vitrine, à la fois flatteuse et protectrice, la vision particulièrement sollicitée n'est guère mieux favorisée, pour peu que son emplacement manque de discrétion ; la vitrine aux parois et plateaux de verre, vivant de toutes les réfractions, transparences et irisations inhérentes à sa matière.

En général, une scène fantaisiste réclamera un cadre en rapport, de même qu'un sujet grave. De crainte cette fois, des antithèses. C'est là l'encadrement dit « par similitude », tandis que les autres sont dits « par contraste ».

En un mot, par similitude on entend l'accommodement mesuré, soit au caractère du sujet traité, soit à sa prétention d'exécution et à sa valeur. Il ne s'agit point de tomber ici dans l'erreur que nous avons signalée plus haut, du tableau militaire guerrièrement serti. Une pochade ne mérite point, en vérité, le sort réservé à une œuvre terminée, et la moindre production d'un amateur ne vaut pas les honneurs réservés à un tableau de maître.

Pourtant, encadrée par similitude, l'œuvre ne se présente point avantagée, tandis qu'encadrée richement elle augmente d'attrait. Voilà un exemple des bénéfices de l'encadrement « par contraste ». Il est vrai que le connaisseur pestera contre le miroir aux alouettes d'un cadre surdoré si le tableau le désenchante, alors qu'une belle esquisse resplendira au sein du plus modeste des cadres !

Rien n'ajoute à la désillusion d'une œuvre comme la magnificence exagérée qui l'entoure. Il y a des cadres plats, d'autres en saillie qui renfoncent le tableau ; il en est d'autres, au contraire, qui mettent le tableau comme en relief sur la bordure ; autant d'effets à approuver, selon le résultat. Sans compter que deux moulures pareilles diffèrent selon la façon dont elles sont éclairées, au point que nous avons vu des peintres « tricher » pour que l'œil du spectateur ne soit pas choqué de cette anomalie. Mais, en ce qui nous concerne ici, nous ne pouvons que subir la lumière, à moins de combattre son inexorabilité par le choix d'un emplacement de plein jour ou d'ombre tamisée.

En matière de moulures, si l'on prétendait codifier les modes d'encadrement, on pourrait dire qu'un cadre creux augmente la perspective d'un paysage, d'une marine, d'un intérieur, et qu'un cadre en pente vers l'extérieur, convient à tous sujets destinés à figurer au premier plan : bas-reliefs en bronze, marbre ou faïence. Les surfaces concaves, encore, s'accommodent parfaitement de ce dernier cadre (démodé aujourd'hui) pour les plats, assiettes, etc., ainsi que les peintures pourvues déjà d'un cadre peint à l'entour du motif. Quant au cadre plat, il accompagnera particulièrement les dessins, aquarelles, pastels, etc., déjà munis ou susceptibles de l'être, d'un passe-partout. Les natures mortes peintes à l'huile, d'autre part, sont souvent avantagées par un cadre plat, c'est-à-dire non mouluré.

Au surplus, pour rompre la régularité du cadre courant, on inventa des cadres fantaisistes, aux coins de bambous superposés (la mode en a passé...) adoucissant les angles extérieurs, ou bien on demanda à des baguettes blanches cannelées d'accrocher la lumière au passage pour accentuer, de la sorte, le profil légèrement convexe de la moulure.

Nos temps, enfin, revenus au bois naturel par économie — lorsque celle-ci n'imposa pas des dorures chimiques ou des cartonnages estampés — ont donné le change avec une sculpture sobre, à la splendeur quasi-inabordable des cadres d'antan, dorés à la feuille.

Bois d'acajou, d'ébène, et de nouvelles essences

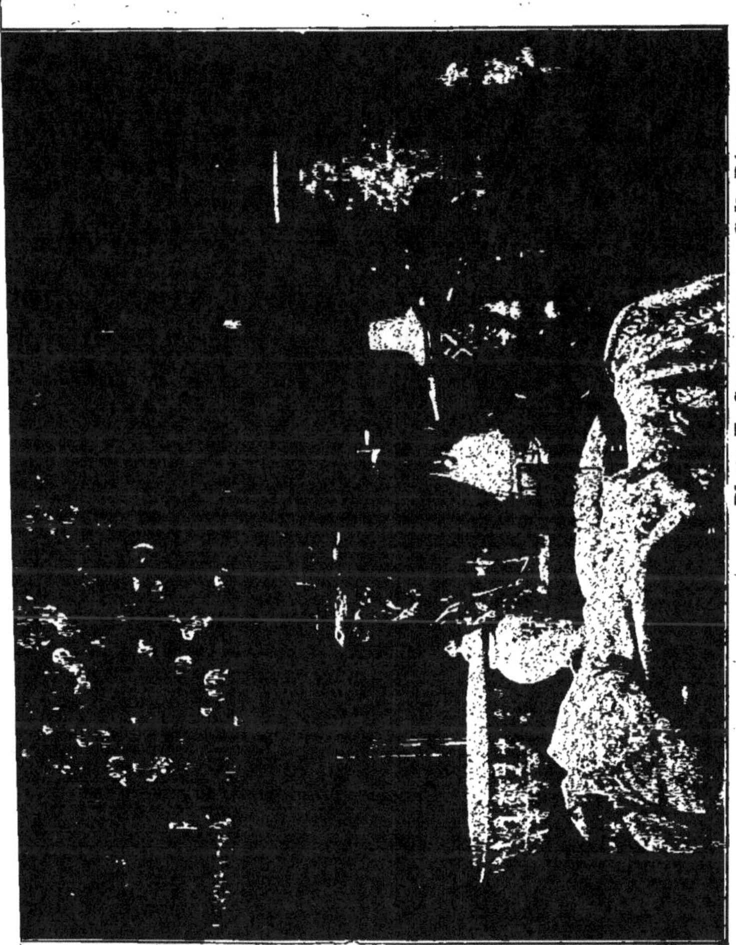

Photo E. Couronneau. — Coll. Régereau.

Fig. 11. — *Coin d'un atelier d'artiste.*

coloniales, suggèrent encore, à nos artistes, avec le chêne, le noyer, etc., de nos pays, la bordure de leurs œuvres, et, quant aux règles de l'encadrement, il n'apparaît pas que les temps aient altéré leur logique.

On devra donc ne point s'en éloigner, et l'on méditera particulièrement sur la sincérité des bois et leur sobriété si séduisantes, en rapport avec un prix relativement peu élevé.

Nous en arrivons aux marges à choisir pour la présentation des dessins ou des gravures.

« La marge claire, dit Adeline, a pour but de faire ressortir les vigueurs du dessin ou de la gravure. La marge bleue remplit le même rôle, mais cette dernière, destinée aux croquis ou aux esquisses, a pour rôle de mettre en valeur les vigueurs aussi bien que les clairs de la pièce encadrée. Ainsi, une marge teintée qui lutte avec les demi-teintes de l'original donne un aspect très mou au dessin, tandis qu'une marge claire, au contraire, accuse l'intensité du ton de l'œuvre.

Un dessin très petit, de préférence, peut supporter une marge égale à ses dimensions, triple et même quadruple, mais c'est là l'extrême limite. En général, l'encadreur laisse une marge égale en haut et sur les côtés d'un dessin (ou d'une gravure), et compte pour le bas, un tiers environ en plus. »

Nous ajouterons que, le plus souvent, les dimensions d'un dessin ne sont pas calculées mathématiquement, en raison de l'importance de la marge. Il y a là une question d'optique à régler par soi-même, une intelligence à trouver l'effet convenable qui ne vaut que par sa désinvolture réussie.

Autre question d'optique, celle-ci défavorable à la marge et relative à deux sujets semblables encadrés avec ou sans marge. Le sujet dépourvu de marge apparaîtra, à l'œil, plus grand que l'autre, surtout si la marge en question est teintée pour faire mieux ressortir les blancs du sujet.

D'aucuns ont résolu la question de la marge en la remplaçant par un simple filet, mais c'est là supprimer désavantageusement la référence des rapports de tons, et cela ne concerne pas une gravure, par exemple, dont la marge naturelle est une preuve de conservation intégrale avant d'être un accompagnement esthétique et logique. Nous savons, au reste, qu'une gravure dépourvue de marge est une gravure mutilée dont la valeur ainsi, est très diminuée.

Nota bene. — Les estampes encadrées gagnent à n'être point exposées sur une saillie, et pour ne pas endommager les papiers de tenture, mieux vaut les accrocher — suspendues par des cordons ou des rubans assortis — à des clous à crochet fixés près de la corniche du plafond, ou bien à des patères; des tringles ou des bandes de bois ayant été assurées avant la pose de la tenture.

Le verre qui recouvrira une gravure (du xviiie siècle, notamment) ne contreviendra pas à son but préservateur s'il est verdâtre, légèrement irisé — ainsi que le veut la vérité même — car il ne déplaît pas d'admirer une œuvre dans son atmosphère initiale, joliment désuète sous son voile d'origine.

Si une marge avantage toujours une œuvre, si elle accuse son importance et confère un relief flatteur au moindre croquis, tout dépend, encore, du choix et du goût de cette marge.

Il serait ainsi déplacé de donner un entourage rouge à un dessin mortuaire (non plus qu'une bordure dorée au même genre de dessin, puisqu'un filet gris, noir ou d'argent s'impose), à un Christ au tombeau; même aberration si une marge funèbre venait attrister une composition joyeuse ou écraser un dessin léger.

En principe, une marge doit trancher sur la couleur du dessin si elle veut avantager ce dernier, suivant son but essentiel ; elle sera toujours plus large en bas qu'en haut, la marge du haut étant aussi plus large que celles des côtés pour une raison d'optique dont nous parlerons plus loin.

Marges à *biseau* (très seyantes autour du dessin qu'elles enfoncent délicatement) ; marges *grenues* (accrochant la lumière agréablement, pour le contraste avec le papier lisse du dessin) ; marges grises, rosées, bleutées, etc., dont le choix dépend du motif à faire ressortir.

Notons, enfin, que pour qu'un sujet se présente bien dans son cadre, il faut qu'il se *balance* harmonieusement dans celui-ci. C'est la masse d'un sujet, non ses limites extrêmes, de droite et de gauche, de bas en haut, qui assignent les limites du cadre. Trop de ciel ou point assez, dans un paysage; trop de terrain ou point suffisamment, nuisent tout autant à l'œil. Il importe de trouver la mesure de l'effet. Donner de l'air à un sujet, ne signifie point le noyer, et, un sujet étriqué dans son cadre, fait triste mine...

* *
*

Nous allons maintenant parler de l'art d'exposer.

On a constaté judicieusement que la perspective d'un tableau ne peut être convenablement envisagée

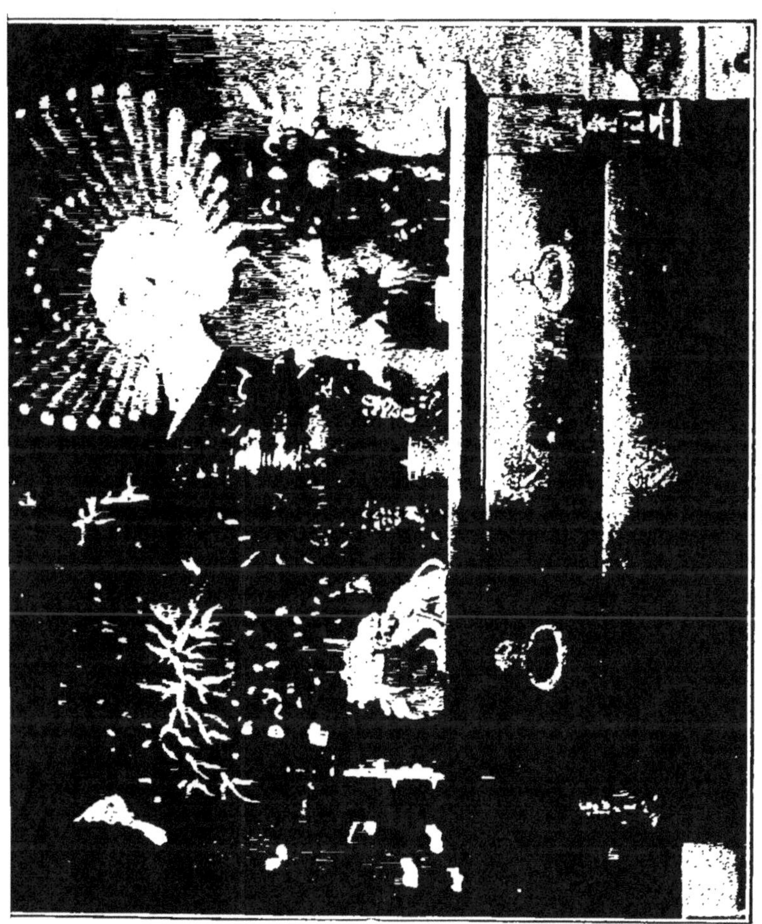

Photo E. Couronneau. — Coll. L. Barbut-Davray.

Fig. 12. — *Coin d'un atelier d'artiste.*

par le spectateur si elle ne se trouve pas placée dans le rayon perspectif du peintre. Et, le meilleur parti serait d'isoler le tableau sur un panneau.

Pourtant, à ce mode solitaire d'accrochage s'opposent les rigueurs d'un emplacement généralement mesuré, et nous nous rabattrons sur des considérations plus pratiques. Au point de vue de l'application sur un mur, il faut éviter, notamment, que deux toiles de même tonalité ne s'affadissent mutuellement et, aussi, juxtaposées, une toile' claire et une sombre lutteraient malencontreusement.

Le rêve pour un peintre de nu, sera de voir son *Eve* placée entre deux paysages, à moins encore que cette *Eve*, supposée de tonalité claire, ne figure au mur, flanquée de deux toiles sombres ; sans oublier qu'une bonne peinture se fait toujours valoir par deux « repoussoirs » placés sur chacun de ses côtés. Dispositions à observer lorsqu'il s'agit de réserver une place d'honneur, qui permettrait, du même coup, l'accrochage de toiles médiocres, dont la vue ainsi, serait en grande partie annihilée.

Les peintures ou les cadres clairs illumineront à souhait les tentures sombres et les coins les moins bien éclairés. On notera utilement : 1° que tout tableau illisible — si vénérable soit-il — faillit à son nom ; 2° que tout ce qui est vieux n'est point fatalement admirable ; 3° qu'un tableau trop haut accroché jusqu'à le dérober à une vue normale — jouant seulement ainsi un rôle dans la symétrie — constitue une lourde erreur ; 4° qu'une tache noire non motivée par l'intérêt « visible » d'un tableau, fait au surplus l'effet d'une dent gâtée dans une jolie bouche, de même qu'une tache blanche, non balancée, accuse un vide déplaisant.

On n'ignore point que si, placé dans un appartement sombre, une fenêtre s'ouvre brusquement devant soi, le paysage, le lointain ainsi entrevus, prennent une importance exceptionnelle ainsi qu'une rare intensité, les tonalités claires étant exaltées par le premier plan sombre.

Il en est de même d'un paysage aperçu sous l'arcade d'une porte, d'une perspective de rue encadrée par la voûte d'un portail. Ces premiers plans, baignés d'ombre, accusent la luminosité des fonds. L'art d'exposer s'est inspiré de cette dernière révélation. On la réalise, dans les grandes galeries, en disposant une sorte de faux plafond opaque, qui projette son ombre sur le spectateur, tandis que la lumière, limitée par les bords de ce plafond, frappe directement le tableau.

Reste le subterfuge — un peu théâtral — du tableau seul éclairé, dans une salle entièrement obscure, et le peintre hongrois Munkacsy, en 1886, mit le comble à l'art scénique, en faisant exécuter le *Requiem* de Mozart, par un orchestre dissimulé derrière sa grande toile intitulée : *Mozart mourant... se faisant chanter sa messe de Requiem.*

En dehors du tableau... à musique, on pourrait citer, enfin, dans un ordre d'idéal moins solennel... et aussi peu pratique, l'emploi de décorations réelles formant repoussoir, au premier plan, à un tableau exposé dans un emplacement spécial. Mais c'est là toucher au trompe-l'œil et tomber dans le panorama.

La question des « jours » ou intervalles à ménager harmonieusement entre les tableaux pour les placer en beauté, nous amène à parler des moyens d'atteindre à la vision la plus esthétique.

Tout d'abord on observera que les gravures ou les dessins mêlés aux tableaux, diversifient l'agrément de les voir, et, qu'au surplus, les œuvres étant destinées logiquement à être vues, ne doivent point échapper, dans la folic des hauteurs, à l'investigation visuelle.

Non moins à réprouver sera l'entassement devant quoi le regard demeure confondu, et les épines (ou cloisons volantes) sur lesquelles des œuvres sont accrochées souvent faute de place, comme à un porte-manteau, seront seulement tolérables.

Après examen de la qualité de la cloison et de la lumière favorable, on procèdera seulement à l'arrangement, par panneaux, des toiles, gravures ou dessins, dont on dispose.

L'examen de la cloison est impérieux. Celle-ci doit être parfaitement sèche ou ne révéler aucune trace d'humidité.

En cas d'humidité, en dehors des isolants et enduits connus (et d'ailleurs souvent peu efficaces), on aura recours à un cloisonnage en bois. Entre ce cloisonnage et le mur, on laissera un espace permettant la circulation de l'air.

Retenir ce dernier conseil qui nous incitera à ne point plaquer littéralement des tableaux contre le mur. Tableaux et murs souffrant de ne point respirer, s'altérant au contact trop étroit de l'un et de l'autre.

A ce sujet, on devra envisager souvent la protection de la toile du tableau lui-même, ou du panneau de bois. Soit que l'on appose au verso de cette toile une autre toile ; soit que l'on enduise de peinture le verso du panneau ainsi que chacune de ses tranches.

La vérification du châssis, dont la pression à la longue, risquerait de marquer la toile d'un second cadre désastreux, à l'intérieur, ne sera pas négligée, non plus que l'extérieur du châssis, dont les rebords coupants pourraient avoir raison de la toile, du côté où elle est clouée, si l'on ne les garnissait de petites lames de bois arrondi.

Pour revenir au mode d'accrochage, celui sur tringles est supérieur à tous autres, tant à cause de la facilité de pouvoir descendre et vérifier l'état des tableaux qu'en raison de leur respiration indispensable.

Si l'on se bornait au simple clouage, on aurait soin de tamponner l'endroit du mur destiné à recevoir le clou ou la vis, au cas surtout d'une lourde charge. Employer de préférence des clous à crochet en fer forgé. Ils tiennent mieux que les autres et s'enlèvent aussi plus facilement lorsqu'ils ont été fortement enfoncés. Leur force sera naturellement calculée selon le poids du tableau à soutenir, et on les enfoncera en frappant sur leur coude, de manière à faire se redresser légèrement le crochet, de haut en bas. Si l'on mouille un clou destiné à pénétrer dans un mur en plâtre, on assure sa solidité, et l'on peut aussi l'enduire de colle seccotine qui, en séchant dans le plâtre, renforcera son adhérence.

Toutefois, les clous abîment le mur, et mieux vaut les disposer, ainsi que nous l'avons dit, sur des traverses de bois de peu d'épaisseur, destinées, au surplus, à éloigner légèrement les tableaux de la paroi pour les raisons précédemment données.

En dehors de l'emploi de la tringle, supérieure pour l'accrochage, l'indication des autres moyens de suspension retardera encore cette opération.

Adopterons-nous le système du piton tout bonnement vissé au milieu, en haut et au dos du cadre que l'on agrafe ensuite dans le clou à crochet planté dans le mur (ou dans une plate-bande de bois), ou bien la suspension au moyen de cordons fixés latéralement sur le cadre? Nous optons pour cette seconde manière (à défaut, toujours, de la tringle) qui joint à l'avantage de ménager les boiseries, celui de mettre à même de varier les inclinaisons favorables à la vue du tableau.

Lorsque l'on fixe un tableau au mur, directement, du piton au clou à crochet, on a tendance généralement à se contenter d'une obliquité relative, due à la longueur plus ou moins approximative de la vis et à l'enfoncement, à plus ou moins de profondeur, du clou suspenseur. D'où une visibilité du tableau plutôt hasardeuse, tandis que les cordons permettent toutes manipulations avantageuses, non seulement en lâchant de la corde, mais en soulevant le cadre à sa base.

En revanche, ce dernier mode d'accrochage exige davantage de surveillance que l'autre, beaucoup plus résistant.

Attention à la corde employée ! Les cordons dits de tirage ou à rideaux sont redoutables, parce que leur enveloppe de couleur dissimule non seulement la qualité de la corde, mais son usure. Or, sous l'action de la trépidation et autres phénomènes de désagrégation, une brusque rupture est à prévoir (surtout avec le fil de fer !) que seule la surveillance fréquente écartera. Le fil fouet, la corde dite *manille* (coco) ou le *cordeau* (chanvre), sont particulièrement conseillés, plutôt choisis trop gros que le contraire.

Quant aux couleurs à choisir pour les draperies ou les tentures murales, elles seront neutres. Le vert, le bleu, le rouge, le jaune, s'éteignent dans des gris, des marrons, des mauves, des grenats. Peintures à la colle et à l'huile, moins seyantes cependant, que les toiles peintes (la vulgaire toile d'emballage ayant son prix), à leur tour détrônées par des tissus riches, unis, au miroitement discret, soit tendus, soit en draperie.

Sans compter que le blanc et le gris clair reçoivent les cadres dorés avec faveur, et que la douceur aux pieds, d'un tapis, accompagne singulièrement la joie de voir, en répondant, sinon en ajoutant, au luxe des œuvres admirées. Pourvu que ce tapis renonce à tous ramages et qu'il se compose de tons sourds.

Toutes les considérations précédentes ayant été soigneusement envisagées, nous nous dirigerons vers l'emplacement sain de notre choix et vers la lumière favorable où nous désirons accrocher nos tableaux, gravures ou dessins. Ceux-ci préalablement disposés contre le mur, obliquement, par ordre de dimension et dos à dos. (Pour préserver les cadres entre eux, des bouchons de papier ou d'étoffe seront efficacement intercalés).

Le meilleur jour est celui du Nord, pour sa fixité supérieure, et, quand à l'ordonnance de notre accrochage, nous allons nous en occuper présentement, par panneaux.

Deux moyens pour réussir dans cette tâche, vite et bien. Le premier consiste à disposer, par terre et à pied d'œuvre, chaque pièce, et, lorsque l'arrangement en a été résolu, sur le sol, face au panneau à décorer, il n'y a plus qu'à procéder à l'accrochage.

Le second moyen, plus mathématique que le premier, réside en le croquis d'un plan très arrêté des dimensions du panneau ainsi que des pièces qui y figureront. Là, aucune surprise dans l'accrochage ; mais encore, les deux moyens *cumulés*, c'est-à-dire la disposition préalable par terre, face au panneau et ensuite le relevé mathématique des dimensions, offrent-ils une meilleure garantie. Car l'exactitude d'un calcul ne saurait résoudre la beauté d'un aspect, et il ne suffit pas que deux toiles soient d'égale mesure pour qu'elles se fassent agréablement vis-à-vis. Nous l'avons précédemment démontré.

Dans tout accrochage, au reste, il y a l'esprit que l'on y met, et, par exemple, nous savons des toiles d'intimité, des pages de sentiment, fort à l'aise dans une pénombre bien choisie, et, en revanche, que de toiles d'un fini savoureux violées par un faux jour !

Que penser, aussi, d'une peinture plafonnante plaquée verticalement contre le mur ! Ne suffit-il pas que des toiles non plafonnantes ornent parfois... le plafond ? Nous avons vu des œuvres de Clouet ou dignes de ce maître, couronner des corniches plutôt que de figurer sur la cimaise, dont, impérativement, leur préciosité se réclamait !

D'aucuns, encore, ne craignirent-ils pas d'apposer sur des tapisseries des Flandres — chefs-d'œuvre de textilité — des peintures à l'huile certainement indignes de ce qu'elles cachaient ? Et puis, souvent, pour le bon ordre d'un panneau, l'inclinaison d'un tableau suspendu par des cordons, était le même

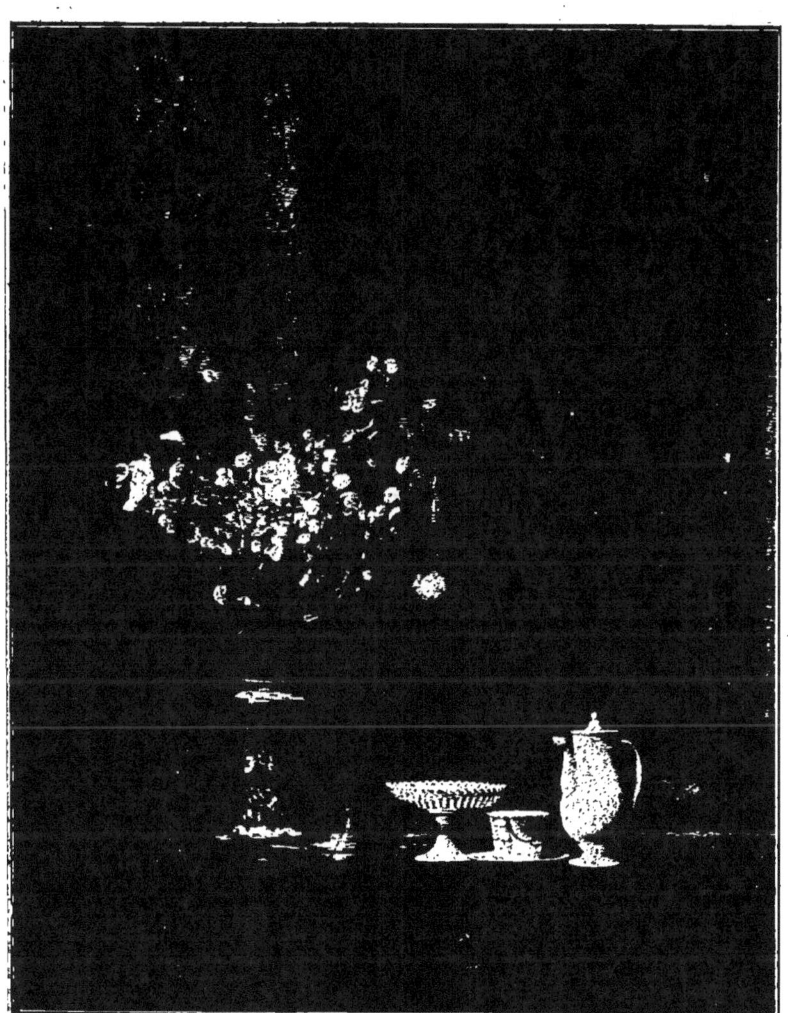

Photo E. Couronneau. — Coll. Régereau.

FIG. 13. — *Coin d'un atelier d'artiste.*

pour deux, quatre ou six œuvres, recevant pourtant la lumière différemment ! De telle sorte qu'il fallait se livrer à tout une gymnastique pour tâcher de les voir !

On ne saurait trop répéter que la symétrie ne donne jamais le change à un accrochage distingué, et qu'une présentation seulement commandée par la symétrie, est sans excuse.

De même que certains tableaux, encore, sont voués à telle destination précise (plafond, dessus de porte, trumeau, etc.), à laquelle on doit s'efforcer de répondre, un tapis, une mosaïque, exécutés en vue de parer le sol, ne sauraient logiquement se dresser contre un mur.

Laissons, en revanche, la tenture et les étoffes en draperie se charger des chutes et des verticalités auxquelles elles prétendent. (Les draperies suspendues par des gros anneaux sont à retenir pour une présentation de choix des tableaux).

Ne contrevenons jamais à la signification essentielle d'un meuble, d'un objet, etc.

Convertir en berceau un pétrin rustique (1), représente une hérésie non moins flagrante que la transfiguration d'une table de nuit normande.,. en bibliothèque, que celle d'un lit breton en dressoir ou en devant de cheminée, que l'adaptation d'une toile de chevalet à un paravent !

Pareillement, une chaise à porteurs métamorphosée en vitrine à bibelots, souffre dans son immobilité contrariée. La mode, ici, commet des méfaits que le

----

(1) Voir *L'Art appliqué français d'aujourd'hui :* même auteur, même éditeur.

raisonnement se refuse à suivre, et, de même la convention, qui condamne une nature morte à figurer exclusivement dans une salle à manger. Sans préjudice de la sottise, en mal d'imagination, qui place un lapin... en céramique, dans... un massif de géraniums ! Nous avons vu cela...

Nota bene. — Si les œuvres planes (peintures, dessins, etc.) demandent à profiter de la lumière (point trop crue, parce qu'elle accuse des duretés et condamne des délicatesses, au surplus la lumière — et surtout le soleil — risquent de faire craqueler les peintures à l'huile, d'altérer leur vernis, et « mangent » certaines couleurs d'aquarelle, de pastel, etc.) ; si les œuvres planes, donc, se réclament d'être vues comme elles le méritent, à chacun des degrés de leur sensibilité, de leur puissance et de leur genre, la sculpture offre des exigences encore plus inflexibles.

Une sculpture mal éclairée, toute expression en relief ou en bas relief, quelle qu'en soit la dimension, abdique non seulement ses qualités, mais encore sa raison d'être.

C'est l'ombre et la lumière qui traduisent les modelés dans la statuaire, tandis que les peintures sont modelées *à plat*. D'où cette loi rigoureuse de l'effet accusé, en matière sculpturale, que les reflets ou la lumière diffuse desservent autant que la pleine lumière.

Cherchons donc, en la faisant tourner sur sa base, l'effet d'une statue, et surtout ne la reléguons jamais dans l'ombre ! N'oublions pas qu'une lumière tombant d'en haut lui est particulièrement flatteuse, en certains cas.

Sachons exploiter les contrastes d'un bronze vigoureux avec des douceurs claires, et la fraîcheur d'un marbre blanc avec des coins obscurs. Des meubles trompant la monotonie de tant de beautés à contempler dans le même ordre plastique, des cadres ovales s'opposant à des cadres carrés, des fortes moulures à de gracieuses baguettes, deux buffets s'intercalant d'une armoire ou d'un fauteuil, etc.

Mais attention ! ne confondons pas disparité avec contraste, ni désordre artistique avec chaos, et cela nous amène à réprouver tant de massives curiosités archéologiques (belles dans leur genre, mais point à leur place), qui écrasent de toute leur majesté rudimentaire et spéciale, de précieuses ciselures, par exemple, de fragiles porcelaines...

Les pierres vénérables réclament, avec le jour du dehors, les intempéries qui, tour à tour dorent leurs rudes surfaces ou bien les veloutent de mousse.

Les chefs-d'œuvre de l'archéologie sont voués au jardin, aux cours et abris en plein air, au rez-de-chaussée ; jamais ils ne doivent monter au premier étage de par leur pesanteur, d'abord, de par leur ancienne destination, ensuite.

Mais nous reviendrons sur chacun de ces conseils et les développerons, au fur et à mesure des matières séparément envisagées.

*
* *

Comme rien n'oblige (au contraire !) à exposer un mauvais tableau (que le grenier guette d'autorité), l'excuse d'un mauvais tableau égaré dans les hau-

teurs (nous y revenons), se justifie d'autant moins
que les tableaux, quels qu'ils soient et par principe,
demandent non seulement à être entretenus, (caressés
au plumeau et non essuyés au chiffon qui les raye en
écrasant la poussière sur le vernis), mais à être surveillés. Le travail de la pâte des couleurs et du vernis
sous l'action des variations atmosphériques, de la
chaleur artificielle, etc, motivant, en principe, notre
vigilance journalière.

Quant à l'exposition, elle aura lieu plutôt dans une
lumière tamisée ; un éclairage brutal ne valant rien
et les reflets étant à éviter.

Le choix de la lumière artificielle nous préoccupera
d'autre part. Autrefois, nos appareils d'éclairage
projetaient une douce lumière dorée dont se félici-
taient les tableaux ; aujourd'hui, l'électricité, avec
son impitoyable crudité, réclame d'être sérieusement
voilée. Des plafonniers s'indiquent alors, avec des
plafonds lumineux qui amendent les ondes blafardes,
dispersent la clarté pour qu'elle n'engendre point
d'ombres. Cette dernière raison commande d'accrocher lustres et candélabres à une certaine hauteur
et ceux-ci, surtout, devront ignorer les irrationnelles
bougies... en porcelaine, coiffées d'une ampoule
électrique simulant la flamme de jadis ! User plutôt
d'ampoules en verre dépoli ou jaunâtre.

Pour revenir à la lumière diurne, nous avons préco
nisé initialement un jour venant du Nord, pour sa stabilité préférable, et nous réclamons des rideaux aux
fenêtres, avec une aération satisfaisante (le système
d'aération automatique Knapen entre autres, donne
des résultats excellents). Des rideaux, ainsi qu'un
vélum, intervenant, sur la partie vitrée du plafond,

à la fois contre les rayons du soleil, la lumière trop crue et les infiltrations d'eau, pluie ou vapeur condensée.

A ce propos, nous avons eu l'occasion de vérifier des dégâts survenus à des peintures marouflées dans l'escalier d'un hôtel de ville conduisant à une salle des fêtes. Par suite de l'élévation de la température due à l'agglomération inusitée du public, lors des fêtes données, ces peintures transpiraient littéralement, et il fallut nettoyer les coulées de vapeur condensée qui avaient entraîné des poussières.

Accident à méditer aussi, naturellement, en dehors de la salle publique, de même que le lecteur voudra bien étendre à sa galerie, à son salon, les observations visant le musée dont l'exemple supérieur suggestionne plus généralement notre pensée.

Observation importante : l'alignement de deux ou plusieurs tableaux de dimension différente, s'obtient non par la régularité, en haut, mais par celle d'en bas.

La question chauffage intervient enfin, nous oserons dire brûlante.

Si, à défaut d'une chaleur continue, une chaleur intermittente est susceptible de provoquer un chaud et froid, souvent mortel aux tableaux, une flambée de temps à autre (en hiver naturellement), toutes fenêtres ouvertes, combat néanmoins, efficacement, l'humidité (1).

Mais hélas ! du calorifère au chauffage central (ce

____

(1) Voir page 292 les moyens d'obvier à l'humidité des objets.

dernier préférable, cependant), surtout celui à eau chaude, s'avèrent des inconvénients divers et plutôt irréductibles : tableaux roussis, craquelés, salis, non moins que les murs. Sous l'empire de la température haute ou basse, les vernis, les couleurs, se détériorent. Nous n'avons point retrouvé les secrets des primitifs, toujours jeunes à travers les siècles, et la plupart de nos tableaux modernes semblent condamnés à mourir dans la fleur de l'âge, victimes aussi de leur mauvaise technique.

Craignons encore, la lampe fumeuse, toutes les vapeurs (ajoutées à celles du calorifère) et autres émanations sulfureuses (gaz d'éclairage, fosses d'aisance, suie), surtout hostiles aux couleurs à base de plomb, de cuivre et de bismuth.

Un baromètre (pour la température) et un hygromètre (pour l'humidité), devront être préposés, dans les salles de peintures, de dessins ou de gravures, à l'enregistrement des variations atmosphériques. Malheureusement, aucun appareil scientifique ne prévient contre les altérations chimiques ; mais notre œil veillera.

On a dit que les maladies humaines dépendaient davantage de notre mauvais tempérament que des causes extérieures qui agissent sur nous, mais encore l'hygiène a pour objet de conserver l'organisme humain comme celui des choses. Or, maladies et hygiène s'entendent, dans notre travail, au point de vue des soins attentifs à donner à de la beauté, tout au moins celle dont nous sommes capables et que nous méritons, de par notre compétence.

Si Platon considérait que la santé est le plus grand des biens, la beauté tenant le second rang et la richesse le troisième, nous estimons ici, pareillement, que la beauté d'une œuvre ne se solidarise avec la richesse qu'à la condition d'une santé technique et robuste.

Sur ce, nous aborderons le traitement du « corps » de notre objet, en indiquant, au fur et à mesure, des remèdes pratiques.

* * *

Contre l'humidité des murs. On a utilement préconisé un enduit composé d'une partie de paraffine et de deux ou trois parties d'huile de goudron de houille. On fait fondre ces produits, et, après refroidissement, comme ils constituent une matière épaisse, on restitue la fluidité à cette dernière en la mettant au bain-marie.

Pour nettoyer les cadres dorés. On les frotte doucement et patiemment avec de la vieille bière, jusqu'à ce que la dorure soit bien sèche. On peut aussi les frictionner avec une brosse douce chargée du mélange suivant : 2 ou 3 blancs d'œufs battus dans une cuillerée à bouche d'eau de Javel.

Voir (page 187), le nettoyage de la dorure qui concerne l'ameublement, et, de même, à propos des cadres dorés, la page 188.

Pour gratter la peinture ancienne sur le bois. On l'amollit en appliquant dessus, à chaud ou à froid, de la soude (1 kilogr.) et de la chaux vive (125 gram.), dissoutes et bien mélangées dans 5 litres d'eau chaude. Laisser séjourner cette application environ vingt minutes et, lorsque la vieille peinture est grattée, laver soigneusement avec de l'eau vinaigrée qui pro-

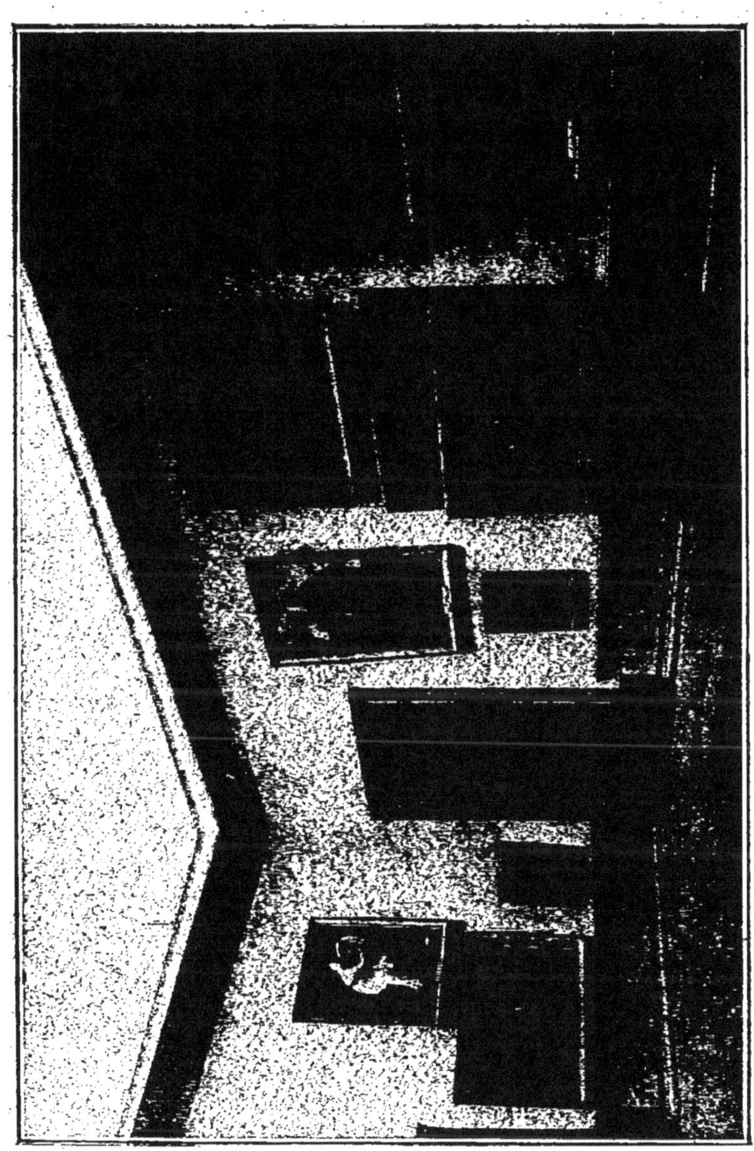

FIG. 14. — *Une salle de Peinture du musée de Rouen.*

tégera à la fois le bois et la peinture nouvelle dont on le revêtira.

Aussi bien le lecteur, au cours de notre travail, rencontrera d'autres recettes intéressantes qu'il est difficile de centraliser ici, d'autant qu'elles s'étendent à des soins multiples, à la fois divers et connexes.

CHAPITRE IV

Comment on soigne les dessins et les gravures. Conseils et recettes pratiques.

Avant de *restaurer*, il importe de *conserver*. Au cours de nos précédents conseils relatifs à la présentation esthétique, nous avons indiqué, déjà — dans les grandes lignes — les soins à donner aux œuvres d'art ainsi qu'aux locaux qui les abritaient, nous continuerons en nous occupant des dessins et des gravures.

L'art de soigner les dessins et les gravures (de même que les tableaux... et les sculptures !) se méfiera tout d'abord — nous le répéterons — de l'humidité et du soleil, deux extrêmes impitoyables.

Adossé contre un mur humide, le papier gondole, se pique ou moisit. Un emplacement très sec doit donc lui être réservé, de même qu'un jour tamisé (nous savons que le soleil efface sans ménagement les couleurs tendres du pastel et de l'aquarelle ; qu'il craquèle les tableaux) par des rideaux.

S'il s'agit d'une gravure, l'encre d'imprimerie jaunit ou se désagrège à la lumière trop vive, et non moins, la lumière diffuse, à la longue, altère les finesses du burin, pâlissant l'estampe par place ou dans son ensemble.

Pour éviter, d'autre part, l'humidité pénétrante de l'air, l'encadrement sera exécuté par un temps sec, et, le collage dit *à l'anglaise*, réunira le cartonnage sur lequel reposent le dessin, l'estampe, etc. et la vitre qui les recouvre, ainsi hermétiquement associés.

On obvie aux taches d'humidité, de rouille, etc., en interposant entre l'œuvre (sur papier) et le carton où elle s'appuie, une feuille d'étain comme celle qui enveloppe certaines denrées. Il faut retenir aussi — s'il s'agit d'une estampe fraîchement tirée — que si on l'encadrait sans qu'elle fût sèche, elle risquerait des moisissures ; son voisinage, dans un carton, étant non moins nuisible aux autres pièces.

Pour conserver, dans les meilleures conditions, les dessins et estampes, rien ne vaut le portefeuille « à serviettes », c'est-à-dire dont les extrémités, munies de toiles ou de peaux plus ou moins riches, se replient ou se rabattent sur les trois côtés, de manière à garantir le contenu, à la fois de la poussière, de l'air et de la lumière.

Placer ce portefeuille à l'ombre, à plat sur les rayons d'un meuble (ou dans un porte-cartons) situé dans un lieu sec. Eviter l'encombrement des pièces dans les cartons. Outre que le nombre nuit à la rareté d'une collection, les dessins ou les gravures en abondance, se froissent, se dépassent en haut ou en bas, sur les côtés, et, pour les réunir, il faut les tapoter, au risque d'abîmer leurs marges ou leurs bords, ou de casser leurs coins.

Un portefeuille souple servira mieux son but, et l'on examinera les pièces en soulevant entièrement une aile du portefeuille.

Estampes et dessins s'accommodent bien aussi de cadres à vantaux mobiles, comme ceux en usage dans nos musées.

Les cadres à vantaux offrent l'avantage d'une visibilité permanente, moins périlleuse, à tout prendre, malgré son contact avec l'air (une bonne aération n'est point nuisible, au contraire), que les manipulations fréquentes du portefeuille dont les trésors se cachent et sont plus difficiles à surveiller.

Avant d'examiner les moyens de présenter favorablement les gravures (et les dessins) en portefeuille, indiquons *comment on doit rouler les gravures* (dessins, photographies, etc.) au sortir de chez le marchand.

C'est le recto (ou endroit de l'image) qui formera l'extérieur du rouleau (l'image ainsi, sera visible du côté roulé, contrairement à ce que l'on pourrait croire). On enveloppera ensuite ce rouleau dans un papier de soie protecteur, entre la gravure et le papier fort qui contiendra le tout, en ayant soin de ne point « casser » la gravure.

Attention aussi, de ne point froisser une épreuve sur Chine, par exemple, celle-ci collée par ses deux coins, en haut, sur un papier résistant; car il n'est point dit que l'épreuve et le papier résistant se rouleront bien ensemble, et, si nous ne préconisons pas le verso (ou envers) de la gravure roulé à l'extérieur, c'est à cause de la forme concave donnée par cet enroulement, plus difficile à rétablir que la forme convexe, pour la vision de l'image à plat.

Prendre soin de préserver la gravure (la photographie ou le dessin) roulée, de la transpiration des mains. Et, si l'on en roule plusieurs à la fois, de diverses grandeurs, il faut les ranger sur une même ligne (en bas ou en haut et sur un côté) afin qu'elles se roulent ensemble, à partir du même endroit.

Au cas où l'enroulement se ferait autour d'un cylindre de bois ou de carton, ou bien encore autour d'un rouleau d'estampes déjà formé, ne pas négliger de fermer aux deux extrémités l'enveloppe générale, sans quoi les dernières estampes, les plus petites et celles le plus près du cylindre ou du rouleau, s'échapperaient.

Une fois en possession de son acquisition (s'il s'agit d'une estampe) on devra la *doubler*, en cas d'urgence, mais en évitant les colles trop fortes, colorées ou impures. Inutile de remmarger les estampes, à tout bout de champ, comme il arrive fréquemment. Appliquée sur un papier résistant, de belle pâte, la gravure doit retrouver là, à la fois son soutien et sa marge.

Voici plusieurs *moyens pratiques de fixer les estampes*. Si elles ont perdu leurs marges, on choisit un papier se rapprochant le plus possible de la couleur de l'estampe, et, après avoir figuré au crayon, légèrement, bien au milieu du papier, un peu plus en haut qu'en bas, l'emplacement de l'estampe, on découpe ensuite cet emplacement, en ayant soin de laisser quelques millimètres de papier en saillie du trait de crayon. On colle enfin, sur cette légère saillie qui servira de soutien, la gravure sans marge en question. Si, avant de coller la gravure, on prenait la peine d'amincir, au rasoir, la saillie de soutien, la gravure et sa marge artificielle sembleraient faire corps.

C'est là le mode de *fixage à jour*, et voici celui dit à *charnière*. Il consiste à munir l'estampe, sur un de

ses côtés, de petites bandes de papier qui la solida-
risent avec la feuille de papier de soutien. Ce moyen,
plutôt provisoire, préserve de la déchirure au cas où
l'on désirerait transposer l'estampe.

Prendre garde que les petites bandes de papier ne
soient collées que dans un seul sens (qu'il y ait une
ou plusieurs pièces fixées sur la même feuille de
soutien), afin de laisser pendre librement l'autre
bord (opposé aux charnières) de l'estampe ou des
estampes. Sans cette précaution, la gravure s'affais-
serait ou se plisserait à chaque fois que l'on feuillette-
rait le carton ou portefeuille.

La feuille de soutien doit être nécessairement
plus résistante que la gravure qu'elle supportera et qui
sera complètement isolée. Une collection de gravures,
bien ordonnée, n'est point constituée par une suite de
registres, mais par un assemblage mobile de feuillets
interchangeables, au gré du collectionneur. Ce dernier
doit pouvoir remanier ses pièces, en ajouter ou en
retrancher; il doit pouvoir, surtout, les regarder à
loisir, en les détachant, au besoin, du feuillet auquel
elles adhèrent.

Choisir ces feuillets ou soutiens, d'une force
moyenne. Trop forts, ils pèsent excessivement. Trop
faibles, ils risquent de ployer ou de se déformer. Leur
dimension sera uniforme ; moins grande que celle du
carton qui les renferme. Leur tranche sera coupée
nette et bien d'équerre. Pour leur couleur, nous préconisons un ton neutre, toujours plus foncé que la
gravure qu'ils sont destinés à supporter.

Autre mode de présentation, particulièrement séduisant. On fixe l'estampe à l'intérieur d'une feuille de
soutien *double* (la pliure en haut), qui, évidée au for-

mat de l'image, se rabat sur elle et l'encadre librement. Résultat : un isolement de l'estampe, très avantageux pour sa beauté.

Quant aux divers papiers de soie intercalés entre les feuillets, ils nous apparaissent aussi gênants qu'inutiles lorsque les gravures sont sèches ou reliées depuis longtemps. Les papiers de soie, au delà de la préservation contre la maculature de l'encre ou de la colle fraîche, ne conservent rien. Ils se froissent sans cesse; on est obligé de les remplacer à chaque instant.

En revanche, le papier de soie est indispensable pour empêcher le frottement d'un dessin au crayon, d'un fusain, dans un carton. Car bien que fixés, les dessins ont tendance à se salir par contact, et, à moins d'adopter une marge à biseau, qui place le dessin dans un renfoncement, la fleur du dessin, son velouté, risquent de disparaître.

En poursuivant le chapitre de la présentation avantageuse des gravures, nous parlerons d'autres moyens, plus simples peut-être, mais moins pratiques pour leur classement et leur maniement.

On peut, par exemple, se contenter d'inciser aux quatre extrémités, le feuillet de soutien, et insérer les coins de la gravure dans ces incisions. Mais ce moyen concerne plutôt les grandes marges, tandis que celui qui consiste à coller légèrement, à la gomme, la gravure aux quatre coins (voire seulement aux deux coins du haut) apporte l'illusion d'une marge.

Autre mode de collage, celui-ci en plein, à la colle de pâte, sur un papier très résistant (sans quoi il se gondolerait). Les bibliothèques publiques l'ont adopté, et il convient au feuilletage constant, en permettant de remplacer la feuille de soutien, vite encrassée à

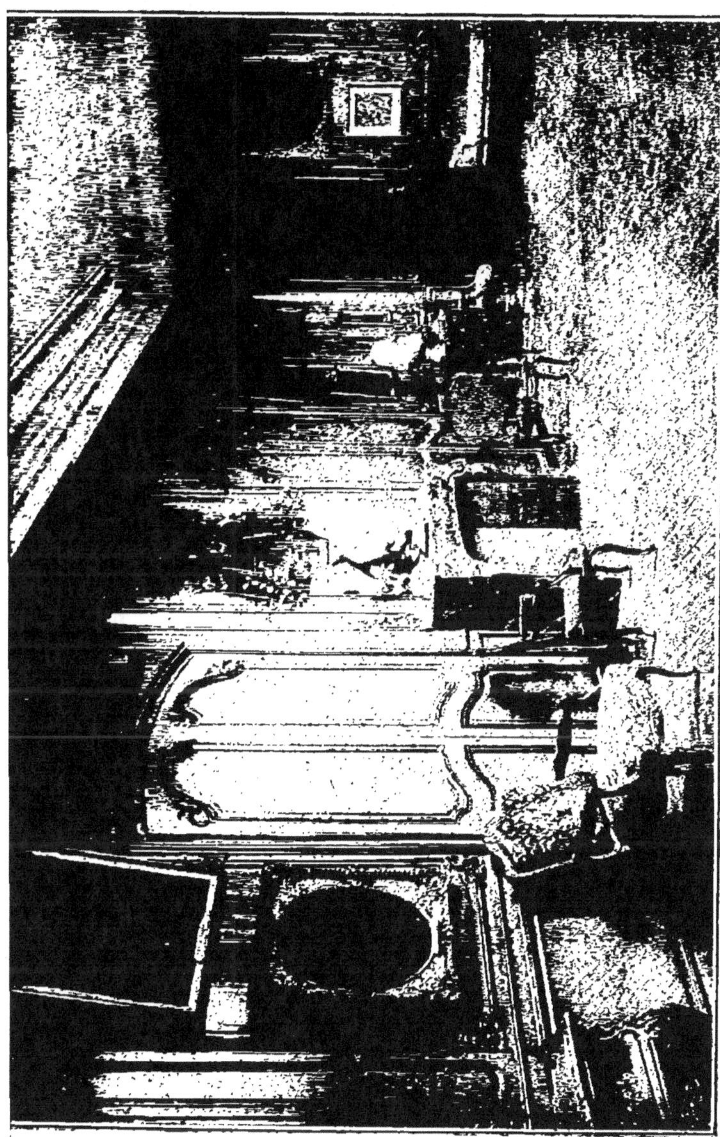

Fig. 15. — *Une petite salle du XVIII° siècle.* (Musée de Rouen).

l'endroit des doigts. En revanche, les collections reliées dans des grands albums contrarient singulièrement les recherches ; sans compter que les reliures se détériorent souvent et qu'elles rendent difficultueux les adjonctions et déplacements de gravures, les opérations photographiques, etc.

Il est vrai qu'un mode de reliure sur onglets, chaque onglet étant détachable grâce à un ingénieux dos à clé et à vis de serrage, donne particulièrement satisfaction aux collections particulières comme aux bibliothèques publiques.

Pour ranger les gravures de grande dimension, enfin, on ne peut souvent, les conserver d'une seule pièce, et leur pliure, alors, est des plus délicate.

Du moins faut-il choisir avec soin l'endroit de la pliure ; celle-ci aux endroits les moins intéressants du sujet (si possible !) formant charnière, et toujours sur un côté du recto ; la partie libre étant pendante jusqu'à la limite la plus éloignée du soutien.

Les dessins peuvent recevoir les mêmes soins de présentation et de conservation que les estampes, après fixage.

Nota bene. Malgré qu'il existe des fixatifs pour pastel, nous les condamnons, parce qu'ils attentent à sa fleur typique. Il suffit, au reste, de mettre un pastel sous verre pour le défendre. A condition encore, de le manipuler avec soin, si l'on ne veut point assister à la chute en poussière de la précieuse matière colorée. Quant au fixage des dessins et à leur préservation, nous en parlons plus loin.

*
* *

Les recettes qui vont suivre ajouteront pratiquement à l'intérêt des renseignements précédents. Si
le principe de l'art de guérir est l'observation, l'hygiène des œuvres d'art, répétons-le, doit précéder
toute médication. D'autre part, les médicaments inutiles fatiguent les organes en affaiblissant leur consti-
tution. Cette dernière maxime, qui concerne l'homme,
peut encore s'adapter parfaitement aux soins excessifs
prodigués aux œuvres d'art. Mais ceci relève de
la restauration proprement dite, et, avant de traiter
de cette grave opération, nous mettrons à la portée du
public des moyens simples pour subvenir à des réparations élémentaires. Nous indiquerons aussi, d'utiles
précautions à prendre, des modes d'entretien et
d'embellissement qui s'adresseront seulement ici,
pour l'instant, aux estampes et dessins, c'est-à-dire
aux expressions sur papier.

Lorsque des *traces de moisissure* apparaissent,
désencadrer, s'il y a lieu, puis, exposer quelque temps
le dessin ou la gravure au soleil et à l'air, avant de
remettre le verre que l'on essuiera soigneusement.

Quant aux traces de moisissure sur le papier, elles
ne résistent pas à un léger astiquage au chiffon doux,
et, si le papier est *piqué*, une solution fraîche d'hypo-
chlorite de potasse en a raison.

Aussitôt les piqûres disparues, laver plusieurs fois
à l'eau distillée et finalement, éponger délicatement.
Pour nettoyer les gravures, il suffit de les plonger
dans une légère solution filtrée de chlorure de chaux.
Attendre que le papier de la marge et son fond (point la

gravure !) soient devenus complètement blancs, laver ensuite à grande eau et laisser tremper, environ pendant une demi-heure, dans un bain renfermant une petite quantité d'hyposulfite de soude. Sécher enfin, entre des feuilles de papier buvard blanc.

On peut aussi nettoyer les gravures dans un bain très léger d'eau oxygénée et d'ammoniaque (moitié eau oxygénée et quelques gouttes d'ammoniaque). Laisser tremper la gravure une heure environ et la rincer à l'eau pure ensuite.

Autre procédé. Placer la gravure sur une plaque de verre, au fond d'une cuvette (à photographie) plate ; la baigner dans une eau bouillante, et, lorsque celle-ci est salie par les impuretés qui s'en dégagent (au bout de quelques heures), la renouveler, en ayant soin de maintenir au fond de la cuvette, la gravure reposant sur la plaque de verre. Dernière opération : sortir du bain la gravure et la plaque de verre, détacher la gravure (avec la plus grande précaution, car elle est extrêmement amollie) de cette dernière, et faire sécher à l'air, verticalement. Après quoi, mettre sous presse la pièce entre un buvard et un carton (ce dernier pour redresser la feuille logiquement gondolée) puis, après séchage complet, nettoyer à la mie de pain rassis.

Le procédé suivant, de Th. Chavaillon, donne aussi d'excellents résultats.

Préparation : 1° SOLUTION A. Délayer 100 grammes de chlorure de chaux dans un litre d'eau froide. Laisser en contact pendant six heures environ. Filtrer le mélange et compléter, à 1.000 centimètres cubes, par de l'eau. La solution, bien limpide, sera

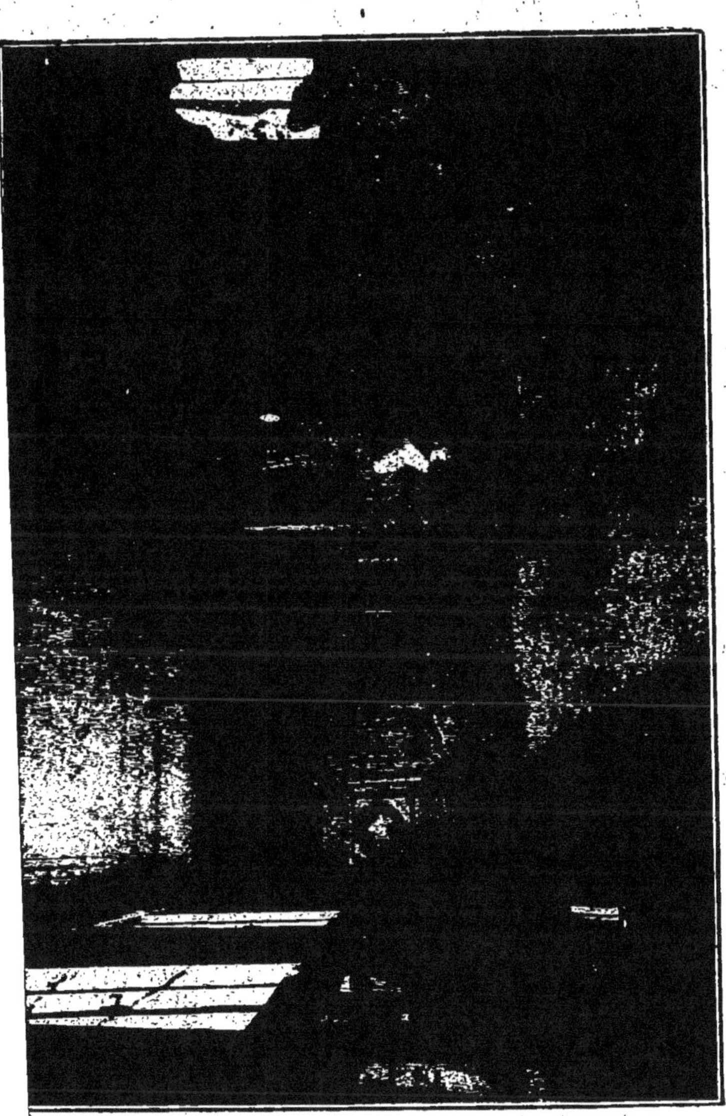

Fig. 16. — *Salle du XVIIIe siècle, avec quelques meubles d'autres styles.* (Musée de Rouen).

utilisée de suite (éviter de la préparer à l'avance et de l'exposer à la lumière).

2° SOLUTION B. Préparer un mélange d'acide chlorhydrique et d'eau : 2 pour 1.000.

> *Acide chlorhydrique chimiquement pur*, pour 2 grammes.
> *Eau distillée*, quantité suffisante pour 1.000 grammes.

3° SOLUTION C :

> *Acide thymique cristallisé*...........   0 gr. 50.
> *Alcool à 90°*........................ 10 cent. cubes.
> *Eau distillée*, quantité suffisante pour 100 cent. cubes.

Etant donné le peu de solubilité de l'acide thymique dans l'eau, le dissoudre au préalable dans l'alcool, puis ajouter l'eau. Le liquide se troublera alors, mais sans inconvénient. Verser ensuite le mélange obtenu, au moment où l'on en aura besoin, dans 1.000 centimètres cubes d'eau distillée.

Ce mélange constituera la solution C.

Technique. — Se servir de cuvettes en porcelaine ou en carton bouilli, semblables à celles que l'on utilise pour la photographie, et appropriées à la dimension de l'estampe. 1° Plonger l'estampe dans l'eau pure, de manière à l'imbiber dans toutes ses parties. La retirer après imbibition. 2° Immerger l'estampe dans la solution A pendant dix minutes environ. Si les taches disparaissent avant, ne pas laisser l'estampe plus longtemps dans le liquide. 3° Plonger à nouveau l'estampe dans l'eau pure ; remplacer successivement les eaux de lavage, et, mieux, utiliser l'eau courante durant une ou plusieurs heures selon la résistance du papier. (A ce

propos, nous ne saurions assez insister sur le soin
à apporter aux manipulations successives en question, étant donné la fragilité, souvent extrême, du
papier des estampes qui se déchire très facilement.)
4°. Plonger l'estampe dans la solution B pendant un
quart d'heure. 5° Laver à nouveau l'estampe à l'eau
courante (ou en changeant les eaux de lavage),
durant une heure environ. 6° La retirer *avec précaution*, l'égoutter et la laisser sécher, à l'abri de la
poussière et du soleil, sur des feuilles de papier
buvard ou de papier à filtrer formant matelas et
placées sur une plaque de verre.

Grâce à ce procédé très simple, les tons jaunâtres
faisant tache, ainsi que les souillures produites par
l'humidité et les moisissures, disparaîtront, la plupart du temps, en totalité, et l'estampe sera préservée,
à l'avenir, contre les nouvelles 'attaques de moisissure.

Pour enlever les *taches de rouille*. Elles cèdent
à une solution d'acide oxalique à 1 dixième. On lave
ensuite la tache à l'eau pure.

Pour enlever les *taches d'encre* : soumettre d'abord la
gravure à un bain d'eau bouillante, humecter ensuite
les taches, plusieurs fois, avec un pinceau trempé
d'acide tartrique. Délayer 50 grammes de chlorure
de chaux pour un litre d'eau, en vue d'un second
bain, mais froid, et, lorsque les taches sont disparues, procéder à un dernier bain à l'eau bouillante.

On peut aussi user des deux solutions que voici,
en parties égales :

A	*Hypochlorite de potasse,* *Chlorure de sodium,* *Essence de menthe.*	B	*Acide muriatique,* *Sel marin,* *Eau pure de citron.*

Déposer sur la tache un peu de la liqueur A, puis faire sécher à une chaleur douce. En touchant, ensuite, les taches avec un peu de liquide B, elles disparaissent. Hélas ! les taches d'encre de Chine sont plutôt irrémédiables !

Pour enlever les *taches d'huile :* déposer la gravure sur un verre exposé en plein soleil, verser dessus de l'eau bouillante, en ayant soin de l'humecter sans cesse, avec une éponge, pour que la pièce soignée ne sèche pas. Tamponner, ne point frotter, car on arracherait le papier devenu extrêmement mou. Renouveler plusieurs fois l'eau bouillante, sans s'inquiéter de la teinte jaune ou rousse dégorgée par la gravure, et continuer jusqu'au blanchissement complet. Plonger enfin, la gravure et le verre sur lequel elle repose, dans un bassin d'eau pure bouillante, laisser plusieurs heures dans le bain et, après séchage absolu, nettoyer à la mie de pain.

Pour enlever les *taches d'huile sur le papier*, on pourra aussi avoir recours au moyen suivant, qui ne concerne pas exclusivement la gravure, comme le précédent.

Ces taches, en vieillissant, prennent une teinte jaunâtre qu'il devient toujours plus difficile de faire disparaître ; néanmoins, l'éther et le sulfure de carbone y parviennent assez aisément, leur action, seulement, étant plus ou moins longue, suivant l'âge de la tache. Si l'on emploie l'éther, on devra se méfier de son inflammabilité, et pourtant, ce liquide très volatil, malgré qu'il coûte plus cher que le sulfure de carbone, est à préférer à ce dernier qui dégage une odeur nauséabonde.

Placé ensuite, entre deux feuilles de papier buvard,

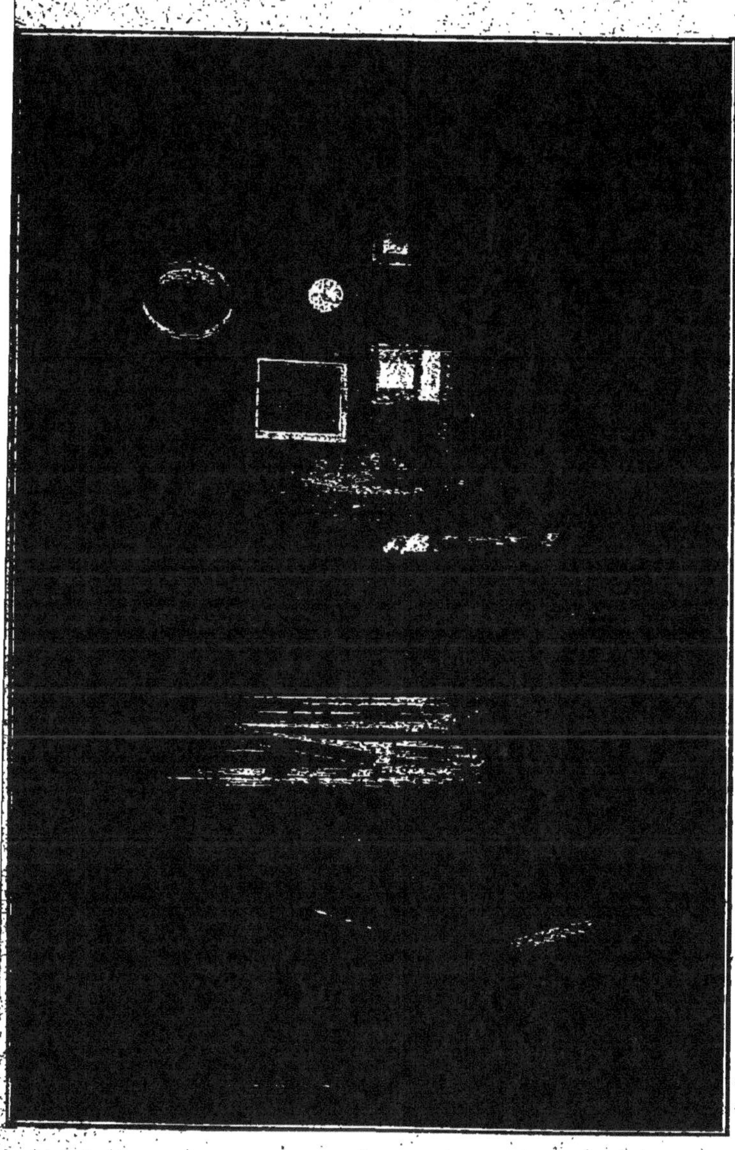

Fig. 17. — *Salle du XVIIIe siècle. (Musée de Rouen).*

vard, notre papier se débarrassera bientôt de sa maculation, étanchée aussitôt que dissoute par évaporation.

Pour enlever les *taches de graisse*. Ce moyen ne fait pas double emploi avec le précédent, et il s'adresse particulièrement aux gravures. Préparer sur une feuille de papier une couche de plâtre fraîchement calciné et réduit en poudre fine, puis, avec un pinceau fin, humecter la tache, en dessous et en dessus, avec de l'essence de térébenthine, sans frotter. Ensuite, éponger la gravure tachée entre deux feuilles de papier buvard, humecter à nouveau la tache, comme précédemment, et placer la gravure à l'envers contre la feuille de papier recouverte de plâtre. Saupoudrer de plâtre, enfin, l'endroit de la gravure, et laisser sécher.

Pour enlever les *taches de colle* sur le papier, on attendra d'abord qu'elles soient sèches, puis on les grattera légèrement avec une lame bien tranchante. Lisser ensuite la partie grattée, dépolie, en frottant avec un papier très propre ou avec l'extrémité d'un manche en os.

Pour empêcher la *maculation des gravures contre le verre de leur encadrement*. Il est souvent nécessaire de désencadrer une estampe ou un dessin. Des poussières s'accumulant entre le verre et la pièce, de l'humidité s'y glissant, source de moisissures qu'il vaut mieux prévoir. Nous avons dit, à propos de ces dernières, qu'il suffisait de nettoyer la vitre où elles figuraient, et il s'agit maintenant de remédier au fâcheux décalcage — fréquent — d'une image fraîchement imprimée contre la vitre apposée sur sa surface. On a préconisé, à cet effet, l'application d'une couche de sable très fin et très sec sur un papier buvard ou à filtrer, interposé et placé contre le recto de la gravure. On conçoit que cette application à chaud et avant l'encadrement, agit contre l'excès de graisse de l'encre d'une gravure récemment et même anciennement tirée.

Encollage du papier. — Il y a souvent nécessité d'encoller une estampe, (c'est-à-dire l'empêcher de boire), soit entièrement, soit en partie, par exemple lorsqu'elle est couverte d'écorchures sur lesquelles on désire faire des raccords à l'encre de Chine. D'autre part, les estampes soumises à l'action de l'eau bouillante perdent plus ou moins leur encollage.

Pour encoller le papier, on le trempe dans une dissolution légère de colle de peau, d'alun et de savon blanc. La colle ne doit pas être en excès, sans quoi le papier prendrait trop de raideur et un brillant désagréable. L'eau, en revanche, doit être saturée d'alun, c'est-à-dire contenir tout ce qu'elle a pu en dissoudre à chaud. 6 ou 8 grammes de colle de peau suffisent.

On peut, quand l'estampe est sèche, la retremper au besoin une deuxième, puis une troisième fois. La chaleur favorise beaucoup l'opération. Lorsqu'il s'agit d'encoller seulement une écorchure, on applique le liquide chaud au moyen d'un pinceau doux, et l'on renouvelle cette application plusieurs fois, jusqu'à ce que le papier paraisse n'en plus absorber qu'avec peine. Si l'estampe « grimaçait » à cet endroit, et si le fer chaud ne pouvait la redresser, il faudrait remouiller toute la surface à l'éponge, et mettre en presse, le recto de l'estampe tourné contre un marbre bien uni.

Mouillage et collage du papier. — Pour retendre un papier, au cas où il aurait gondolé, voici comment on procède. Mouiller le papier avec une éponge fine, à l'envers. Passer ensuite de la colle très forte sur l'extrémité des quatre bords de la feuille de papier. Après quoi, appliquer la feuille de papier contre une planche à dessin, par exemple, et à l'aide d'une autre feuille de papier faisant l'office de sous-main, appuyer fortement sur les parties collées, de manière qu'elles adhèrent solidement au support de bois. Lorsque l'on sentira que les bords sont bien pris (c'est-à-dire bien collés), on mouillera légèrement le papier, à l'endroit cette fois, en ayant soin de ne pas humecter la partie au-dessous de laquelle se trouve la colle.

Laisser sécher le papier sur la planche, et, au bout d'un certain temps, le papier sera parfaitement tendu. Il ne reste plus, enfin, pour dégager le papier de son support, qu'à le découper à la règle et à l'équerre avec un canif, à la dimension désirée.

Autre moyen pour coller une feuille de papier : la mouiller à l'envers, comme précédemment, et, sans attendre, appliquer des bandes de papier munies de colle forte en bordure de la feuille. Laisser sécher comme ci-dessus. On vend aussi, dans le commerce, des stirators et autres systèmes, qui atteignent à un résultat analogue, et sans nécessiter de la colle.

Fixage des dessins à la mine de plomb, aux crayons tendres, etc. — Il suffit de passer sur leur surface,

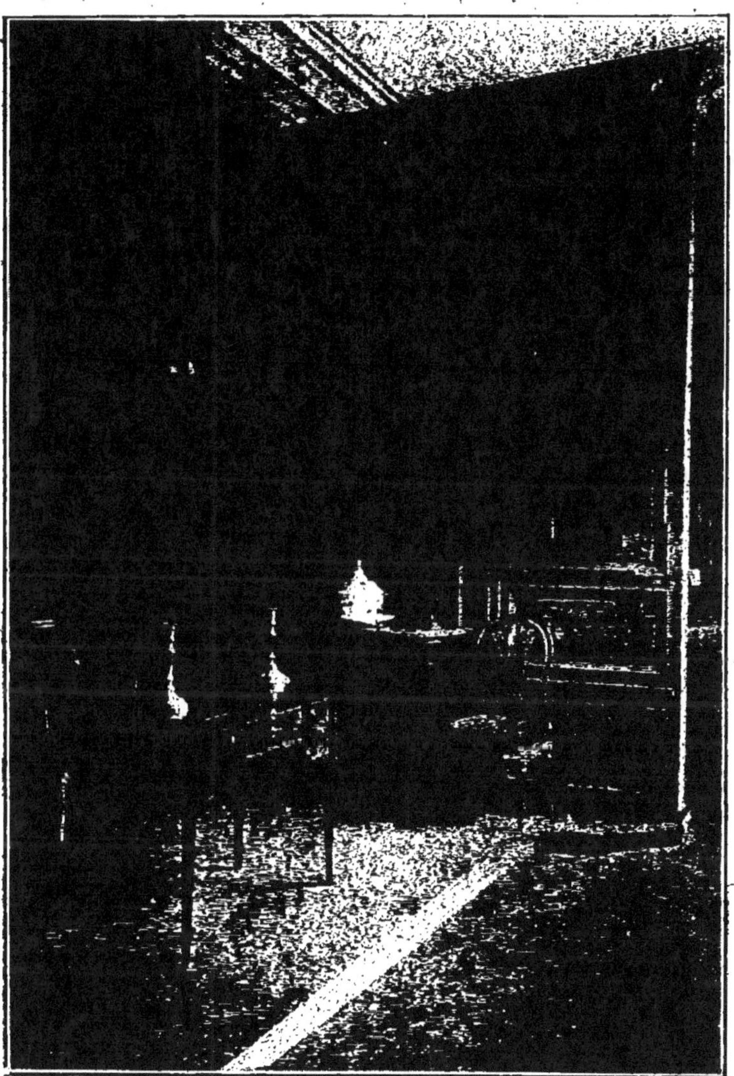

FIG. 18. — *Salle du XVIIIe siècle*. (Musée de Rouen).

rapidement et légèrement, un blaireau très doux trempé dans une composition saturée d'alun (c'est-à-dire contenant tout ce qu'elle a pu en dissoudre à chaud), en prenant bien garde d'étaler le crayon et en évitant de passer plusieurs fois le pinceau au même endroit.

D'aucuns vernissent aussi les dessins avec des vernis spéciaux. L'aquarelle n'échappe pas davantage à cette précaution, d'ailleurs susceptible de contrarier sa fraîcheur et sa fluidité, malgré que certains vernis protecteurs permettent de nettoyer sans risque sa surface.

Voici, maintenant, un autre moyen de fixer les dessins au crayon et à l'encre, au surplus.

On place le dessin sur un carreau de verre ou sur un carton assez robuste, et l'on verse dessus un mélange de collodion additionné de 2 pour 100 de stéarine. Le collodion aura la consistance de celui que l'on emploie en photographie et on le répandra sur le dessin à la manière dont les photographes autrefois préparaient leurs plaques au collodion. Au bout d'une vingtaine de minutes, le dessin est sec, son brillant est mat, et il peut résister à un lavage à l'eau.

S'il apparaît, en somme, inutile de fixer tout au moins un dessin à la plume, on appréciera cependant la possibilité de défendre un dessin, dans un certain nombre de modes d'exécution, contre les poussières et les chiures de mouches.

Le fixatif (par insufflation) pour le fusain et le crayon noir s'obtient en faisant fondre de la gomme laque dans de l'alcool. L'alcool légèrement poisseux indique la proportion exacte de la gomme laque. Si, enfin, on enduit de lait un fusain ou quelque dessin fragile que ce soit, au verso, on obtient aussi un excellent fixage.

Conservation des dessins. — On peut conserver les dessins en usant du moyen sus-conseillé pour le fixage (mélange de collodion et de stéarine). Cependant ici la couche de collodion sera mince, et l'on y mélangera davantage de stéarine, soit 20 pour 100. L'effet, après séchage (une vingtaine de minutes), est d'une transparence très séduisante, et l'imperméabilité du dessin traité est parfaite. Un autre procédé, aussi excellent mais plus compliqué, consiste à enduire les dessins 1° d'une solution d'eau gommée, de blanc de zinc et de baryte, 2° d'une couche de silicate de soude légèrement additionnée de magnésie (lorsque les dessins sont secs). Au bout de quelques jours, les dessins ayant été exposés à une température d'une vingtaine de degrés, sont susceptibles d'une préservation absolue. Pour le dosage de ces produits, procéder par tâtonnement.

Il existe aussi un *vernis à dessins*. Il se compose d'une partie en poids de baume de Canada et de deux parties, en poids (également) d'essence de térébenthine mélangés et appliqués avec un pinceau doux.

On pourra essayer aussi, tout simplement, et dans le même but le fixatif Vibert.

Pour conserver les photographies :

Solution 1 : Dissoudre 4 grammes de dammar dans 32 grammes de benzine.
Solution 2 : Dissoudre 4 grammes de paraffine dans 32 grammes de benzine.

Après quoi, mélanger 4 parties de la solution 2 avec une partie de la solution 1. C'est ce mélange que l'on passera sur la photographie. A la rigueur, une simple application de paraffine suffirait, mais elle est moins solide que la précédente.

L'intérêt de ces recettes, dont le résultat varie, malgré tout, entre les différentes mains et suivant la qualité des ingrédients, s'accusera surtout au cours de l'expérience personnelle. Aussi bien, malgré la séduction, pour l'amateur, de soigner en personne ses œuvres d'art, nous le mettrons en garde contre ses meilleures intentions, lorsqu'il s'agira de certaines réparations d'ordre purement professionnel. Pour nous en tenir aux dessins, gravures et autres expressions sur papier, il est bien évident que les déchirures et dégradations graves exigent la spécialité de l'encadreur, notamment. D'habiles restaurateurs mettent, d'autre part, leur sûr talent au service de certains cas, même désespérés... En revanche, n'exagérons point la nature des soins réclamés par des estampes et dessins mutilés à l'excès. Certaines réparations valent des profanations. Il est préférable de prolonger la vie d'une estampe en soutenant les morceaux qui lui manquent, par des vides de papier blanc, que de réassortir (?) ces vides en les comblant...

On a vu des dessins et estampes tellement restaurés qu'il ne demeurait rien — ou presque — de leur beauté primitive ! Le blanchiment, enfin, le nettoyage d'une gravure ancienne, ne doit être tenté qu'au cas où celle-ci est abîmée au point, presque, d'être invisible, ou si des taches de moisissure et des piqûres compromettent absolument sa conservation.

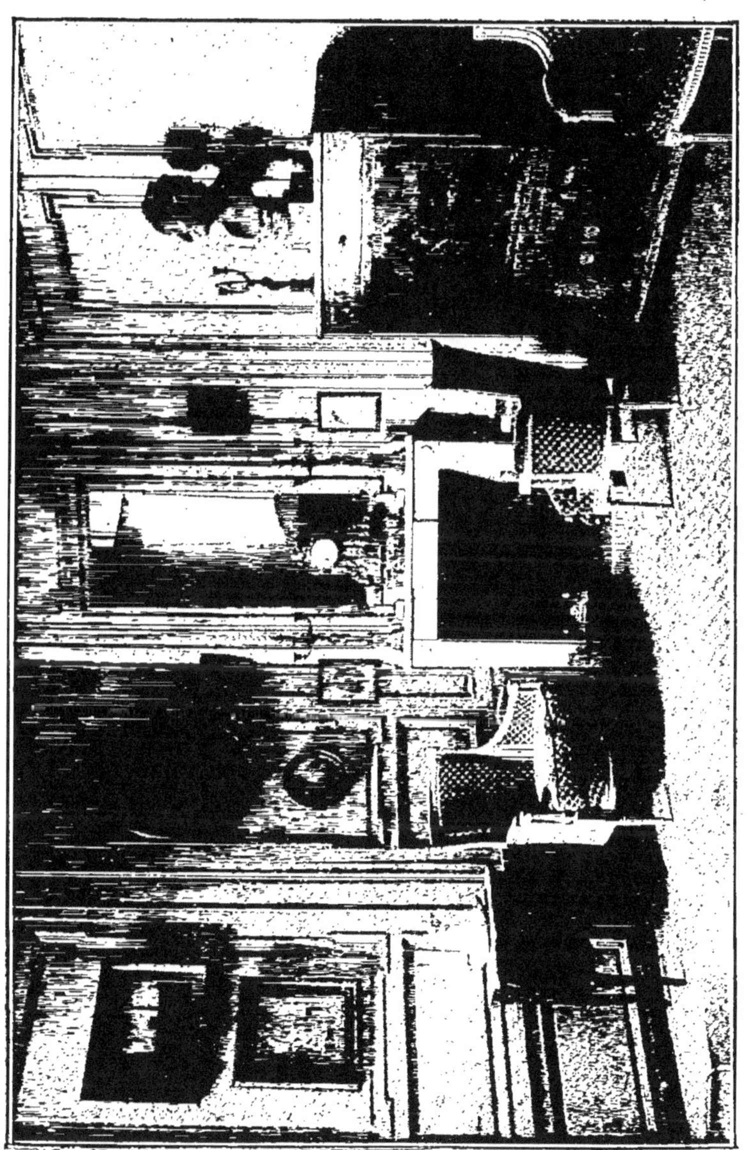

Fig. 19. — *Salle du XVIIIᵉ siècle.* (Musée de Rouen).

Car, non seulement une légère patine ne messied pas à un dessin ou à une gravure ancienne, mais encore lui apporte-t-elle un charme doré qui tient lieu d'auréole à son âge vénérable.

CHAPITRE V

Restauration et restaurateurs de tableaux. — Comment on nettoie et dévernit un tableau.

Près du Musée national romain, aux Thermes, il existe depuis quelques années un cabinet « pour la physico-chimie et la technologie des antiquités ». Nous en arrivons donc, à la guérison scientifique des objets antiques ! M. Francesco Rocchi serait l'inventeur et l'apôtre de ce système basé sur cette considération, que les maladies du corps se guérissant grâce aux remèdes adaptés aux causes, il ne restait plus qu'à déterminer une sorte de pathologie des antiquités et à fixer les lois qui doivent régler les remèdes à appliquer.

Après donc avoir constaté l'état de l'objet, on cherche l'influence, ordinairement chimique, d'où résulte l'altération, c'est-à-dire la décomposition et la déformation — l'influence connue — puis on s'attache à provoquer un mouvement moléculaire, contraire à celui qui causa le dommage, et, presque toujours, paraît-il, on parvient à une rénovation quasi miraculeuse.

A l'aide du microscope, de l'analyse chimique, de l'électrolyse, du spectroscope, de la magnétographie, les bronzes antiques, notamment, se révèleraient à notre admiration et à notre étude, d'une manière inconnue jusqu'à nos jours. Sans compter que le procédé concret de M. Rocchi (dans le sillon des recherches du chimiste allemand Zinkener, entre autres), pourrait, dans certains cas, être appliqué aussi aux marbres.

En matière d'expertise scientifique, faut-il encore accueillir avec une foi excessive, après la méthode spectroscopique (qui fixerait de façon précise la nature d'une couleur), celle de la radiographie, qui fournirait d'utiles indications sur la technique du peintre et l'âge du tableau ?

En admettant qu'un fil de quelques millimètres, prélevé sur une toile, permette l'étude du textile et de son encollage, les camouflages, les truquages de signature et de date, ainsi que les retouches et restaurations successives — tout ce qui, en un mot, a été peint sous le sujet seul visible à l'œil nu — risquent-ils un jour, d'être sérieusement confondus par la radiographie ?

N'y a-t-il pas lieu de craindre que les propres repeints et reprises de l'artiste original, que ses « repentirs » (sans compter la préparation même de ses toiles) jettent le trouble dans l'investigation scientifique ?

M. Bayle, directeur du laboratoire de notre service d'identité judiciaire, pourtant, aurait renseigné sur les palettes des peintres, grâce à une analyse spectro-photométrique...

Mais nous n'insisterons point ici sur la pathologie

des antiquités, révélée et guérie par la science, ni sur les machines à expertiser ou à dévoiler la fraude. Nous devions seulement mettre le lecteur au courant des pratiques qui lui échappent, en lui indiquant les méthodes — plus ou moins au point et infaillibles — auxquelles il pourrait avoir recours, par curiosité ou dilettantisme.

Ceci nous amène à la restauration qui, elle, ne s'inquiète point de divination, mais, plus prosaïquement de rendre matériellement la santé aux œuvres détériorées. Car c'est là une tâche des plus redoutable ! Où commence et où finit, en effet, cette pratique relevant des soins et attentions les plus délicats ?

Un restaurateur digne de ce nom doit, en principe, connaître toutes les techniques et matières du passé ainsi que la chimie des couleurs, des vernis, jusque dans leurs moindres réactions. Un véritable restaurateur est celui qui fait abnégation de soi-même, témoignant, dans l'ombre scrupuleuse de sa science, de son profond respect à l'égard de l'œuvre d'autrui.

Toute la grandeur du restaurateur réside en sa modestie compétente autant que dans le *strict minimum de son intervention.*

On ne refait point une cathédrale en ruines, on la soutient. La voix de l'élève ne doit point dominer celle du maître. Quelle responsabilité d'autre part, que celle de réveiller un écho magistral, que de donner des formes à une pensée, à un geste disparus ! La prétention s'en mêlant, on frémit devant une restauration forcenée, et cependant que de chefs-d'œuvre abîmés par l'intrusion inconsciente, sinon coupable !

Il n'y a pas longtemps que les restaurations d'œuvres appartenant à l'État se réclament de ses bons soins exclusifs. Autrefois, MM. les conservateurs (parmi lesquels figurent et figurèrent souvent des peintres des mieux intentionnés mais trop entreprenants !) ne craignaient pas de « réparer (en personne) des ans l'irréparable outrage ». On prétend même que de grands collectionneurs, et parmi eux La Caze, dont le musée du Louvre a si généreusement hérité, ne reculèrent pas devant des sacrilèges.

Voyez plutôt, encore au Louvre, les restaurations excessives — autant qu'inutiles — dues à des artistes inférieurs, et infligées à tant de nos précieuses statues antiques ! Tel buste d'empereur romain dont, à la faveur d'un fragment mutilé, on refit complètement le visage ! Telle Vénus accroupie dont on « reconstitua » : principal du bras, du corps et des jambes, pieds, rochers, plinthe ! Tel Amour qui, du bout du nez, des bras, avant-bras et mains, de la jambe droite au pied droit, d'une partie de la cuisse avec la jambe et le pied, se vit ressuscité !

La liste de ces sacrilèges pourrait être allongée. Et, l'architecture s'en mêlant, goûtez la cathédrale de Saint-Front, à Périgueux, outrageusement neuve ! Dans le tapis, le vitrail, le meuble et toutes matières anciennes, que de joyaux autrefois admirés, méconnaissables maintenant !

Bref, le choix d'un restaurateur loyal s'impose — à chaque spécialité — et, si son utilité ne saurait être douteuse, certaines fois, encore convient-il de ne rien exagérer en fait de réparations ; le bien étant plus redoutable que le mal — à moins qu'il ne s'agisse d'un portrait, tant l'âme vaniteuse se complaît exclu-

sivement à la flatterie jusqu'à la non-ressemblance !
— en pratique de raccommodage, car on sait. rarement où l'on va dans la recherche d'une guérison, dans le domaine de la perfection rêvée...

N'attendons pas, néanmoins, le cas désespéré, source d'interventions souvent aussi mortelles !

Pour commencer par la restauration picturale, sans toucher au tableau même — du moins avec le pinceau et la palette, opération toujours grave et dans laquelle seuls guident le talent et l'expérience — nous indiquerons, au lecteur, des formules et moyens simples qui lui permettront de prodiguer à leurs toiles, les premiers secours, dans une certaine mesure aléatoire, cependant.

*
* *

NETTOYAGE DES TABLEAUX ET PANNEAUX

Observations préliminaires. — Ne point confondre la belle patine d'un tableau ancien avec de la crasse... Ne point perdre de vue que l'emploi de l'eau risque de *voiler* le vernis.

Réserver, en conséquence, ce traitement plutôt à des tableaux non vernis et user de préférence d'eau de pluie.

Bien considérer que vernir un tableau n'est point tâche toujours indispensable.

*
* *

On nettoie un tableau selon les diverses façons suivantes, à essayer suivant les cas.

Moyens faciles et n'offrant aucun risque :

Le nettoyage général à la mie de pain rassis ou avec une gomme élastique molle (genre gomme « éléphant »), donne d'excellents résultats.

On se débarrasse d'un embus (ou tache de matité sur la surface d'un tableau non verni) en le frottant avec un mélange à parties égales, d'huile d'œillette et d'essence. Un *chancis*, ou des *traces de moisissure*, s'enlèvent soit au bout du doigt, soit avec une peau de chamois, en frottant doucement et patiemment, place par place. Si le « chancis » blanc tournait au jaune ou au noir, mieux vaudrait le confier aux soins d'un restaurateur. D'autre part, l'alcool à 90°, passé rapidement sur un *chancis*, peut être, parfois, avantageusement tenté.

Les chiures de mouches ne résistent pas à un léger nettoyage avec de l'eau oxygénée.

Autres moyens de nettoyer un tableau sans danger.

Couper une pomme de terre (ou un oignon) en deux parties et frotter entièrement la toile avec la partie humide du tubercule. Se débarrasser de la partie salie en la coupant au fur et à mesure. Essuyer enfin, sur le tableau ou le panneau, l'humidité et la saleté résultant de l'opération, avec un chiffon de toile. On peut aussi user d'une couenne de lard, mais l'emploi de la vaseline, trop grasse, n'est point recommandable.

En frottant rapidement la surface d'un tableau

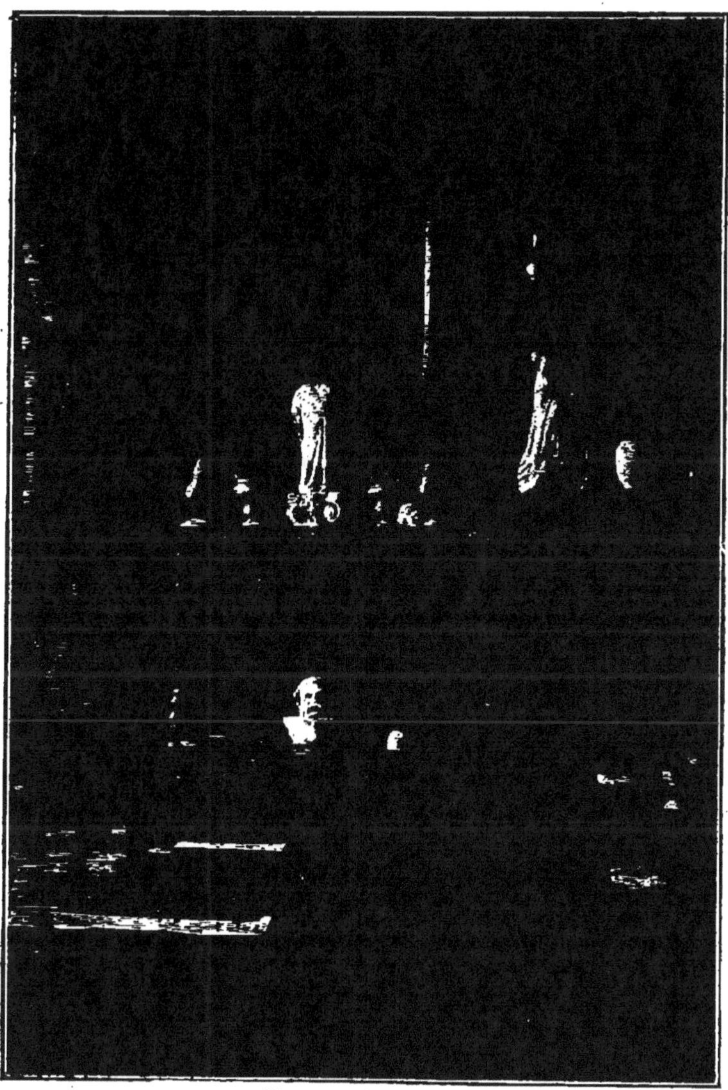

Photo E. Couronneau. — Coll. Lechable.

FIG. 20. — Un bureau d'Enregistrement.

avec du blanc d'Espagne délayé dans de l'eau chaude mais maintenu pâteux, on obtient aussi un nettoyage excellent. Après séchage et lavage à l'eau froide, les taches, même celles de graisse, ont disparu.

L'encaustique sur les peintures s'enlève avec de l'essence de térébenthine, mais plus rapidement et moins coûteusement au moyen d'une solution de sel de tartre dont on essaiera préalablement la force avant de l'employer.

Les toiles marouflées sur lesquelles la condensation de l'eau a occasionné des coulées chargées de poussière, se nettoient d'abord à la mie de pain rassis (ou à la gomme élastique genre : gomme éléphant), puis au chiffon doux mouillé avec un mélange composé de 5 parties d'eau (de pluie de préférence), d'une partie d'huile de lin et d'une partie d'essence de térébenthine. Bien agiter le mélange avant emploi.

Moyens de nettoyage délicats et à employer avec prudence : humecter le tableau avec un mélange d'huile de lin et d'essence de térébenthine (pour un tiers). Essuyer ensuite.

N. B. — L'alcool, le savon, l'ammoniaque et autres mordants sont, en principe, dangereux. L'alcool cependant, très étendu d'eau et passé très rapidement sur une toile, réussit bien, mais l'huile pure est peut-être l'ingrédient qui n'offre point de danger d'une manière générale, tandis que l'essence, employée sans inconvénient pour les peintures anciennes n'ayant pas subi de retouches, est impitoyable pour les peintures récentes !

Si le tableau a été verni *au blanc d'œuf* (voir : *Vernissage des tableaux*), enduire généralement la toile d'une couche d'huile de lin qu'on laissera reposer durant deux heures environ. Passer ensuite rapidement sur l'huile un pinceau trempé dans de l'alcool à 80°, rincer aussitôt, et laisser sécher. Faute de rapidité dans ces deux dernières opérations, la peinture se trouverait altérée.

On revernit ensuite le tableau lorsqu'il est complètement sec.

En cas d'un tableau *verni à l'alcool* ou à *l'essence* : imbiber d'eau fraîche une éponge douce que l'on saupoudrera d'une assez forte couche de savon employé pour la barbe. La toile sera ensuite frottée, légèrement mais avec générosité, sur toute sa surface. Puis après trois ou quatre rinçages destinés à débarrasser la toile, du savon et de ses impuretés, laisser sécher. Frotter enfin, patiemment, les parties du vernis demeurées sur la toile, avec le plat du pouce humecté de salive. (*Voir plus loin le « déroulage »*.)

En l'humectant avec un mélange d'huile de lin et d'essence de térébenthine (pour un tiers), on peut encore débarrasser un tableau de ses salissures. Il suffit aussi, de le laver, à froid, avec une éponge fine et de l'eau de pluie ou de rivière (de préférence), à plusieurs reprises si cela est nécessaire. La première fois sans savon, les autres fois avec de l'eau de savon bien battue, en prenant soin de ne pas laisser sécher le savon, corrosif, sur la peinture.

Des lavages successifs, à l'eau pure, seront donc indispensables après chaque application de savon.

Autre moyen de nettoyage — celui-ci répugnant — mais recommandé de préférence au savon, aux alcalis et autres acides, esprit de-vin, eau-forte, eau seconde, soude, couramment employés et plutôt hostiles aux couleurs, aux demi-teintes et glacis : il s'agit de l'urine humaine portée à la température de 30° environ...

N.-B. — Le procédé de nettoyage avec un linge imbibé d'huile et d'essence, offre l'avantage de démasquer plus aisément les retouches, en faisant apparaître clairs les tons chauds rajoutés, mais il commande de la prudence. Attention ! rien ne résiste à l'alcool, à l'exclusion de la peinture ancienne.

Pour nettoyer des tableaux qui n'ont point été vernis, on réussit aussi facilement et sans danger, en passant sur leur surface, sans frotter fort, de l'alcool et du vinaigre, et, d'autre part, le levain dissous à l'eau ou bien de la farine délayée dans une eau de chaux, ne donnent pas moins satisfaction.

Ecoutez maintenant M. le Dr F. Jousseaume, qui, en révisant les moyens précédents, nous en indiquera de nouveaux : « ...Le savon, l'ammoniaque et bien d'autres mordants sont aussi dangereux que l'alcool. Ils réussissent quelquefois et détériorent très souvent. Le meilleur de tous les savons est la colle de pâte ; elle est sans danger, quand elle est fraîche ; on peut pour ainsi dire, l'employer en aveugle ; elle donne presque toujours de très bons résultats. Le blanc d'Espagne, la gomme élastique, sont également inoffensifs et avantageux. L'huile surtout, est un excellent dégraisseur : elle ramollit la crasse, et quand on en repasse, cette crasse s'enlève, en essuyant.

De tous les procédés, le meilleur est d'aller lentement et d'essayer avec une extrême prudence ce qui peut décrasser sans attaquer la peinture. Si on se donne beaucoup de mal, si on use de beaucoup de patience, il est bien rare que le résultat obtenu ne compense pas le mal qu'on s'est donné. »

Mettons en garde, enfin, contre l'abus de la salive et de l'huile pour éclaircir, même et surtout partiellement, la surface salie d'une peinture. Si, afin de nettoyer seulement la poussière, on employait de l'eau pure, se servir plutôt d'eau de pluie et surtout pour des tableaux non vernis.

*
* *

DÉVERNISSAGE A SEC
(OU « DÉROULAGE ») DES TABLEAUX.

Nous entamons ici, le chapitre plus périlleux des soins *sous le vernis*. La tâche du conservateur commence, puisqu'elle soulève le voile derrière lequel s'abrite la matière de peinture, l'œuvre de l'artiste. Aussi bien, nous ne nous hasarderons aux pratiques qui suivent qu'avec le plus grand respect et la plus entière prudence.

Le mode de dévernissage à sec concerne les petits tableaux. Il consiste à frotter légèrement et patiemment le vernis avec un ou deux doigts, avec la paume de la main, même, enduits de résine, de cendre impalpable ou d'arcanson. Et mieux, de colophane en poudre, en progressant lentement, partie par partie, jusqu'à réduire la surface brillante du vernis en une fine poussière. Au fur et à mesure, l'opération étant prudemment commencée sur un coin du tableau, on compare les parties frottées entre elles pour réaliser une égale matité, et, avec un pinceau, on écarte au cours du travail la poussière du vernis et celle des produits qui servent à frotter.

Le frottage doit cesser aussitôt que l'on en arrive à la pâte de couleur, faute de quoi on l'altérerait. Éviter de revenir sur les parties frottées et n'insister sur celles qui résistent qu'avec une grande circonspection.

Parfois, un encollage s'interpose entre la couleur et le vernis, et, ce dernier enlevé, il suffira de passer, sur l'encollage, un peu d'eau chaude, pour qu'il disparaisse.

Dernière opération avant de revernir le tableau : nettoyage général avec un chiffon de toile fine ou avec une peau de daim, après époussetage.

Dévernissage à l'alcool, à l'huile de lin, à l'essence de térébenthine, à l'eau-de-vie, etc.

Procédé plus facile et plus prompt que le précédent. Mélanger de l'esprit-de-vin et de l'essence de térébenthine ou de l'huile d'aspic en proportionnant ces liquides avec l'épaisseur du vernis à enlever. Malgré que l'esprit-de-vin figure pour la moitié environ dans le mélange, on le dosera aussi, suivant l'épaisseur du vernis, la délicatesse de la peinture ou son degré d'ancienneté.

Comme précédemment, nous conseillons d'essayer ce dévernissage sur un coin de la toile et de ne laisser séjourner que le moins possible ce mélange, qui doit être étendu franchement et non frotté, à l'aide d'un coton imbibé. Ce mélange détrempe le vernis et le dissout. Mais, pour corriger l'action parfois trop violente de l'esprit-de-vin, il est indispensable de tenir dans la main gauche — tandis que la droite opère — un autre coton mouillé d'essence de térébenthine que l'on applique quand cela est nécessité par la dissolution trop rapide du vernis.

Renouveler les cotons à chaque fois qu'ils sont empâtés de vernis, et retenir que plus les tableaux sont anciens, moins le séjournement du liquide, ou l'insistance des cotons frottés sur leur vernis, est dangereuse, étant donné que la pâte de couleurs se solidifie à travers les temps. En cas d'erreur au cours du travail, ne point enlever le liquide qui risquerait d'entraîner avec lui la couleur, mais le laisser s'évaporer.

Qui dit évaporation d'esprit-de-vin et d'essence, sous-entend la précaution élémentaire d'écarter du champ d'opération toute lumière libre, tout poêle, toute flamme enfin susceptible d'incendie ou d'explosion. On peut enfin, après chaque application, partie par partie, laver avec une éponge imbibée d'eau fraîche.

Autre moyen : passer sur un coin du tableau à dévernir, un tampon d'ouate imbibé d'huile de lin et laisser séjourner quelques heures ou quelques jours, suivant la solidité du vernis à enlever. Après quoi, tamponner la partie huilée avec un second tampon mouillé d'alcool de vin. Presque aussitôt cette seconde opération fait gonfler le vernis dont on calme immédiatement la réaction en apposant le tampon à huile.

Ce tampon à huile, soigneusement martelé, mêle l'huile, l'alcool et le vernis dont il se charge.

On en change à chaque fois, jusqu'à assécher la place où l'on travaille. En dernier lieu, le tampon à huile, passé seul, ôte les dernières impuretés. On continue ainsi l'action simultanée des tampons, parties par parties.

Le dévernissage « au doigt » est plus aveugle que ces derniers. Si, en principe, le frottement au doigt s'arrête lorsque le rugueux de la couleur succède au poli du vernis, il peut arriver que ce frottement endommage la surface des tons (les *épiderme*) ou leur patine. Souvent aussi, ce frottement n'est pas régulier.

Le dévernissage à l'alcool (l'eau-de-vie a ses partisans) apparaît supérieur, malgré que la qualité de la main qui commande, sous la direction d'un œil exercé, donne en principe la garantie la meilleure. La *Ronde de Nuit*, de Rembrandt, fut, dit-on, dévernie dans un bain d'alcool, mais ce moyen aussi énergique que périlleux ne risquait de réussir qu'en des mains expertes...

La pratique seule démontrera la dose du mélange des liquides à dévernir, en vue des divers vernis à enlever, et il n'y a que l'expérience encore pour guider sur la durée exacte du séjournement de l'huile sur la toile avant l'apposition de l'alcool. Cependant, qu'il s'agisse d'enduits (employés fréquemment par les Italiens et les Allemands) ou de vernis, l'huile qui les graisse initialement, dans notre tâche de dévernisseurs, doit être tamponnée avec de l'alcool (ainsi que nous l'avons indiqué précédemment), dès qu'elle « poisse » au doigt.

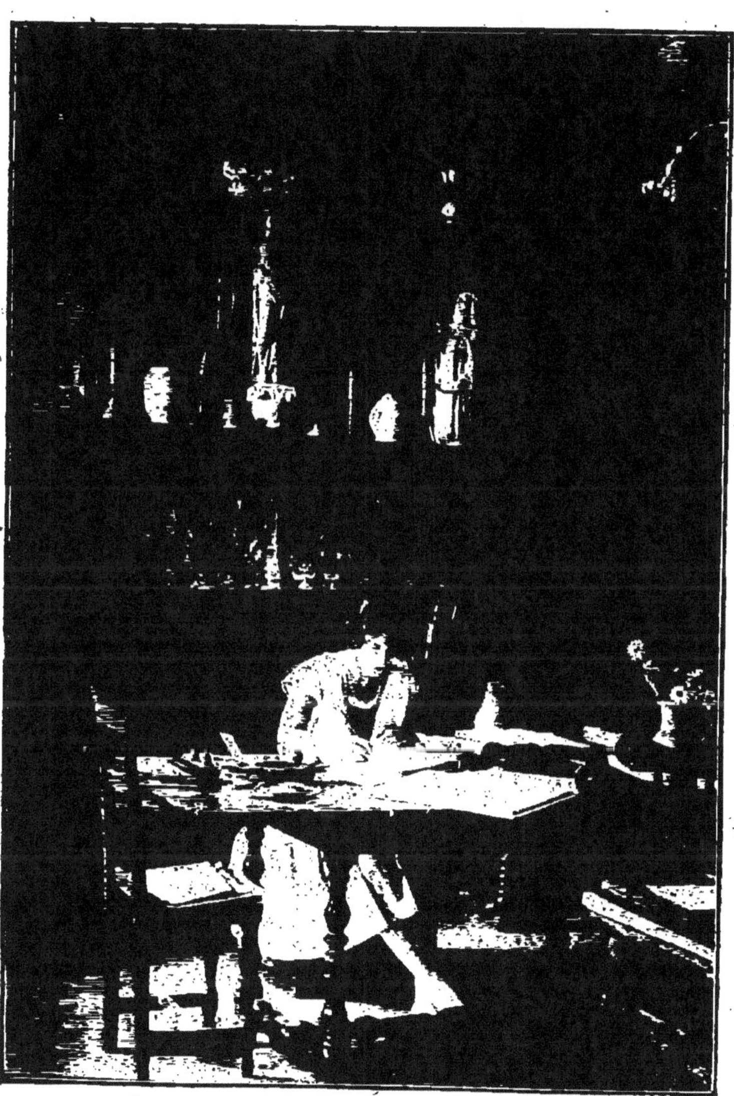

Photo E. Couronneau. — Coll. Lechable.

FIG. 21. — *Un bureau d'Enregistrement,*

Si les tableaux sont très enfumés, une eau de chaux pure ou bien une addition d'eau savonneuse dans laquelle on jettera un peu de sel ordinaire, réussit à les éclaircir en dehors des solutions d'alcool précitées, et le sel de tartre dissous à l'eau ne vaut pas moins, pour d'heureux résultats.

Pourtant, nous préconiserons, d'une manière générale, pour dévernir, le liniment dont la formule excellente suit :

Pour un litre :

Alcool bon goût, à 90°	200 grammes.
Essence de térébenthine. . . .	280 —
Huile de vaseline.	320 —

Il convient de ne faire préparer qu'une petite quantité de ce liniment, car, en vieillissant il perd rapidement sa force et sa qualité.

Manière de s'en servir : agiter fortement la bouteille, verser la valeur d'une cuiller à bouche sur l'endroit à dévernir, frotter avec une brosse à peindre, essuyer avec un chiffon fin, en toile de préférence (éviter surtout l'ouate qui laisse des peluches). Ne pas insister sur les noirs et les bruns foncés.

Dévernissage des toiles vernies au blanc d'œuf (nous parlons plus loin de ce moyen de vernissage), etc. On les débarrasse de cet enduit en laissant séjourner dessus, pendant une couple d'heures, environ, de l'huile de lin que l'on aura frottée. Le tout enfin (huile de lin et blanc d'œuf), s'enlève avec de l'alcool.

Restent les moyens d'ôter les vernis des tableaux des peintres qui, comme les anciens Hollandais, donnaient ce liquide pour véhicule à leurs couleurs.

Celles-ci, particulièrement tenaces, parce qu'elles sont renforcées au surplus par le vernis qui les recouvre, solliciteront nos soins, à nos risques et périls. Ayons recours premièrement, au procédé du dévernissage au doigt — dont nous ne serons qu'en partie satisfaits — deuxièmement, à du vernis que l'on appliquera bouilli à la plus haute température possible, sur le tableau.

L'opération est longue : il faut entretenir cette chaleur, soit au feu, soit au soleil, jusqu'à obtenir le ramollissement du vernis ancien. Aussitôt ce ramollissement constaté — des boursouflures, des coulées s'observent; le doigt enfonce un peu dans l'épaisseur de la pâte — on procède comme nous l'avons indiqué plus haut (alcool et essence de térébenthine, huile de lin et alcool de vin), et, finalement, le vieux vernis cède. Pourtant, il risque d'emporter les dessous de la peinture, et il faut agir très timidement. Quant au procédé des huiles bouillantes et à l'intervention du grattoir pour retirer la pâte liquéfiée du vernis, nous ne le conseillons pas aux amateurs, non plus que le tartrate de potasse et les alcalins, pour détruire la crasse des vieux tableaux. S'il fallait en arriver à gratter une peinture ancienne, autant vaudrait encore se servir de la solution suivante : 1 kilog de soude et 125 gr. de chaux vive, le tout dissous dans cinq litres d'eau chaude.

La pâte du tableau, ainsi amollie, est docile au grattoir.

Mais nous persistons à estimer que ces dernières pratiques ne doivent point sortir du domaine du spécialiste.

N.-B. — Toutes ces opérations s'exécutent sur les tableaux placés à plat et en bon état de support ou rentoilés.

Autres véhicules susceptibles d'être employés pour dévernir : l'alcool et l'eau mêlés, le pétrole, mais surtout point la benzine !

CHAPITRE VI

Comment on vernit,
maroufle, rentoile, etc. un tableau.

Pour nous borner, nous admettrons que nous n'avons déverni notre tableau que pour le vernir à nouveau (à condition expresse que cela soit néces‑ saire ; vernir n'est point indispensable, répétons-le), afin qu'il acquière davantage de fraîcheur ; cette fraîcheur restant limitée — s'entend — à la couleur ambrée de la·patine, qui doit être respectée.

D'ailleurs, le vernis fait disparaître « embus » et « chancis » (à condition qu'ils n'aient point attaqué la pâte de couleur), mais il faut bien retenir que le vernissage n'est pas obligatoire ; les couleurs d'un tableau, lorsqu'aucun embus ne les a ternies, étant aussi vives que sous le vernis.

Disposer le tableau à plat, à l'abri de la poussière (ou, s'il faut le débarrasser de sa poussière, procéder avec une éponge douce trempée dans de l'eau tiède, légèrement savonneuse, et rincer à plusieurs eaux, en ayant soin d'assécher complètement la peinture avec un linge fin), et passer sur la toile, à l'aide d'un tampon d'ouate, une légère couche d'essence de pétrole dont on attendra l'évaporation avant d'appliquer le vernis, rapidement, avec une brosse large et plate dite « queue de morue », sur l'ensemble de la toile.

N.-B. — Travailler dans une pièce chauffée, mais à l'écart du feu. Lorsqu'il s'agit d'un tableau fraîchement peint, il faut attendre sa parfaite dessiccation avant de le vernir. Un vernis à retoucher, encore, mais essentiellement à l'alcool, peut être provisoirement employé pour raviver les tons d'une toile récemment peinte.

Mais revenons à notre vernissage.

Egaliser la couche de vernis (sans trop grande épaisseur) en passant une autre couche en travers, puis, de bas en haut, enfin. Juxtaposer autant que possible les bandes larges du pinceau, et procéder toujours vite. Elles s'égalisent et se joignent d'elles-mêmes.

Inutile donc de repasser le pinceau trop fréquemment si l'on veut réaliser l'unité désirable des couches de vernis et ne pas fatiguer celui-ci. Manœuvrer bien à plat le pinceau que l'on essorera sur les bords du récipient qui contient le vernis.

Au bout de quelques heures, celui-ci est suffisamment sec pour que l'on relève le tableau, mais il faut compter environ trois jours pour obtenir le vernis dur qui convient à le protéger de toute atteinte de la poussière. Sous aucun prétexte ne faire sécher le vernis au soleil ou bien à la chaleur d'un poêle ; il éclaterait.

Le vernis conserve la peinture et la défend contre les alternatives brusques du chaud et du froid. Il ranime les parties embuées.

Le vernis *à l'œuf*, dont nous allons parler maintenant, n'étant point solide, offre l'avantage de constituer un vernis provisoire. Nous avons indiqué
(page 121) comment on en débarrassait une toile, et,
indépendamment de la manière indiquée, qui concerne un vernissage ancien, il suffit d'un simple
lavage à l'eau pure pour en avoir raison. Le vernis à
l'œuf, de la sorte, serait sans inconvénients, s'il
n'altérait parfois les couleurs d'une peinture ancienne,
les lissant et les ponçant, risquant même de faire
éclater la pâte.

Pour préparer le vernis en question, il suffit de
casser des œufs — leur nombre dépend, naturellement, de la surface à recouvrir — en n'utilisant que
le blanc. On passe ensuite doucement le blanc d'œuf
sur la toile, comme il a été dit pour le vernis précédent, mais moins minutieusement. Ne point s'inquiéter si le liquide mousse sous l'action du pinceau. La
mousse disparaît en séchant.

D'une manière générale, redouter les « spécialités » de vernis, souvent dangereuses. On sait que
le vernis à tableaux se compose de résine dissoute
dans un liquide volatil, et que le vernis gras, le
meilleur, celui dont on se servait anciennement, est
composé de copal, d'ambre et d'essence de térébenthine. Nous nous méfierons, enfin, (en les essayant au
préalable) des vernis susceptibles de détériorations
rapides, en rêvant de retrouver la formule que
Léonard de Vinci, dit-on, composait, en personne,
avec des plantes distillées...

Vernis blanchissant ou bleuissant, « se voilant »,
dont on connaît les altérations, et aux méfaits desquels
on peut remédier par le dévernissage, alors que les

vernis spéciaux n'ont point encore fait leurs preuves séculaires et se contentent d'accumuler les détériorations.

Nous citerons ensuite, le mode de vernis *à la cire*, très apprécié, autant pour la conservation que pour l'éclat des couleurs ; au surplus inoffensif. On passe au chiffon de toile, de la cire vierge fondue, et l'on frotte ensuite légèrement, pour faire reluire.

Malgré, enfin, tout notre désir d'inliquer une formule de vernis à tableaux susceptible d'être confiée aux soins de l'amateur, nous reculons devant des difficultés d'exécution pratique et renvoyons plutôt au bon marchand de couleurs. Mille et une recettes sont à notre portée, aussi malaisées les unes que les autres, et nous n'oserions les recommander.

On pourra essayer cependant, de composer un vernis de copal, grâce à la formule rapide et simple suivante. Faire dissoudre une partie, en poids, de camphre dans douze parties d'éther. Ajouter quatre parties de copal de bonne qualité, incolore et réduit en poudre très fine. Mettre ce mélange à une température moyenne (c'est-à-dire à demi refroidi), dans un flacon soigneusement bouché. Agiter souvent, jusqu'à ce que le copal soit dissous et gonflé, puis ajouter quatre parties d'alcool parfaitement pur, et 1/4 partie d'essence de térébenthine rectifiée. Agiter enfin l'ensemble, et le vernis est prêt.

Pour sa curiosité, certain thermocautère Guédy vient clore notre chapitre du rajeunissement. Il s'agit d'une mixture qui, étendue sur le tableau et fondue sur lui, grâce à cet instrument, lui rendrait sa fraîcheur primitive...

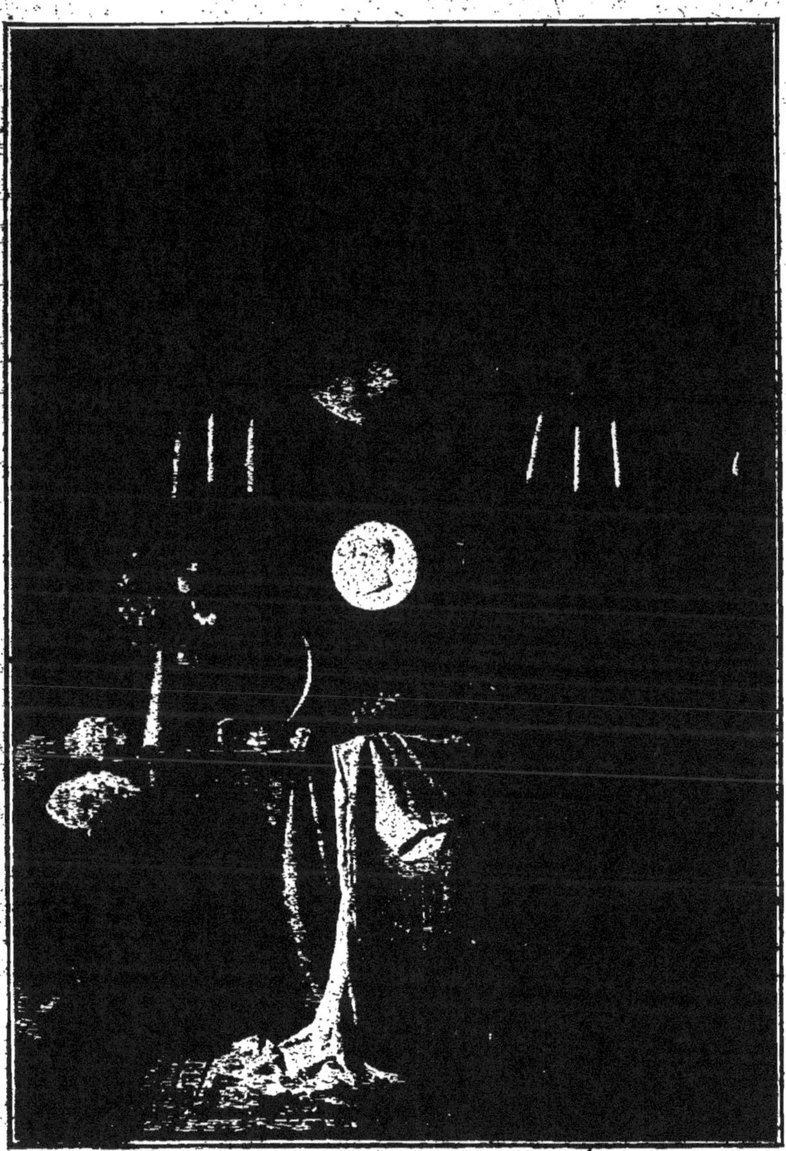

Photo E. Couronneau. — Coll. E.-B.

FIG. 22. — *Coin d'un atelier d'artiste.*

Aussi bien, certaine boîte « à régénérer », non moins étonnante, dont les vapeurs d'alcool réaliseraient semblable résurrection, est à noter.

On place dans un tiroir quelconque, à plat, le tableau à revernir, craquelé (dont les fentes jaunes laissent apparaître une sorte de colophane), à côté de chiffons mouillés d'alcool à 90°. Pour éviter l'évaporation trop rapide des vapeurs d'alcool, on appose sur le tout une plaque de verre ou de métal. Quelques heures suffisent pour que le vernis ancien soit « remonté » et les craquelures cicatrisées. Mais quelle surveillance réclament ces phases de « régénération », que nous nous garderions bien de conseiller au lecteur !

*　*　*

MAROUFLAGE, VERNIS A MATER, RENTOILAGE, etc.

Nous indiquerons, sans nous y arrêter, parce qu'elle ne concerne plus guère, de nos jours, que la peinture en bâtiment, l'opération du *marouflage*, qui consiste à coller, avec de la maroufle (sorte de colle très résistante, formée d'un résidu de couleurs broyées à l'huile) la toile d'un tableau sur une autre toile ou sur un mur, panneau de bois, etc. Le marouflage, autrefois, n'était qu'un rentoilage. Aujourd'hui, on ne maroufle plus, à la façon que nous venons de dire, que les peintures décoratives, transportées du châssis sur le mur, où elles font corps, encadrées dans le plafond, etc.

Pour parer aux reflets du vernis qui empêcheraient

de bien voir les peintures décoratives, on use d'un mélange de cire et d'essence, improprement appelé : vernis à mater.

Avec le *rentoilage*, nous touchons à une partie de la restauration, encore très délicate, mais qui, en somme, ne s'adresse qu'au soin et à la précaution, sans la moindre « collaboration » artistique.

Il y a plusieurs modes de rentoilage, l'un qui simplifie tout, un autre plutôt facile, et, le dernier, d'une assez difficultueuse pratique qui pourrait bien rebuter l'amateur...

La première façon relève, en somme, du marouflage. On applique la toile abîmée sur un panneau de bois de la même dimension, en l'enduisant fortement, au verso, de colle de pâte. On la met sous presse ensuite, et, l'adhérence étant complète, la toile ainsi parfaitement consolidée se prête à toutes opérations de surface sans aucun risque de déchirure et de dégradations supplémentaires.

Nous parlerons ensuite — non sans avoir insisté sur le précédent moyen, si rapide et si commode — du « doublage », consistant à soutenir la toile endommagée, « sans toucher à la peinture ».

On décloue du châssis la toile à doubler, on la pose à plat sur une table, du côté de la peinture, et on l'enduit entièrement, au verso, de colle de pâte ou de peau. Ainsi traitée, la toile s'amollit, s'assouplit et s'étend facilement.

Laissons-là sécher ensuite, pendant plusieurs heures, et, lorsque la dessiccation sera complète, nous la retournerons sur le côté de la peinture et collerons, sur ce même côté, des feuilles de papier blanc auparavant enduites de colle de pâte (on peut aussi interposer un morceau de gaze entre la toile et le papier). Assurer ensuite l'adhérence avec la paume des mains fortement appuyée, et attendre le séchage absolu (variable au gré de la température, et surtout point au feu).

Procurons-nous maintenant, une toile tendue sur un châssis un peu plus grand que celui de la vieille toile que nous soignons présentement. Nous supposons que cette dernière est de petit format, c'est-à-dire que son châssis ne comporte point de traverses pour en maintenir la rigidité. Si ces traverses étaient nécessitées cependant, par la dimension de la toile, on veillerait à ce qu'elles soient fixées à l'extrémité du cadre et dans son épaisseur, afin de permettre le passage d'un fer à repasser, sur la toile.

Cette toile neuve, clouée sur châssis, de lin ou de chanvre, devra être d'une belle qualité, d'un grain uni (poncer, au besoin, cette toile, pour faire disparaître ses nodosités), et, quant à l'action du repassage, elle ne viendra qu'après.

Rognons légèrement notre vieille toile sur ses quatre côtés. Rognure très nette et très régulière, exécutée avec un tranchet ou un canif. Après quoi, nous confectionnerons la colle spéciale qui nous permettra de fixer notre toile sur sa doublure.

Cette colle, de farine de seigle, devra être bien battue en crème, dans de l'eau bouillante versée goutte à goutte, puis, plus largement. Battre avec une cuiller dans un récipient assez grand, car nous allons l'additionner ensuite de colle forte.

Cette dernière, chauffée au bain-marie, point trop épaisse, sera mêlée — pour un quart environ — avec la colle de farine de seigle portée à la température de 60° au moins. Battre enfin le mélange, longuement et à plusieurs reprises, tandis qu'il refroidit. Son aspect doit être celui d'une crème tournée et non figée.

Retournons donc notre vieille toile, rognée, ainsi que nous l'avons expliqué, la peinture en dessous, et enduisons-la de notre nouvelle colle.

Notre vieille toile sera bien à plat, nous l'encollerons le plus soigneusement possible, avec une règle, pour favoriser la régularité des épaisseurs de colle.

En plein milieu, maintenant, de la toile neuve fixée sur châssis, appliquons notre vieille toile, la peinture restant au-dessus (toujours recouverte de papier). Cette opération est minutieuse et capitale, car la colle ne doit pas présenter d'aspérités et il faut que l'adhérence des deux toiles soit parfaite.

Nous en arrivons à l'opération du repassage.

Disposons des fers sur un réchaud. Ces fers sont spéciaux. Du moins leur poignée est surélevée et leur extrémité, pointue, afin de permettre leur allée et venue sur tous les coins du châssis.

Ces fers seront très chauds et on les appliquera successivement sur le verso de la toile neuve du châssis, en ayant bien soin de les promener partout, afin de réaliser l'adhérence la plus complète, répétons-le, des deux toiles entre elles.

S'assurer de la chaleur du fer, qui ne doit point brûler, mais chauffer fortement. En cas de boursouflure provoquée, soit par un manque de colle ou par la vapeur, inciser la boursouflure, du côté de la peinture, avec une précaution infinie, et glisser en dessous un peu de notre mélange de farine de seigle et de colle forte. Masser ensuite la blessure pour que ses bords, parfaitement collés, soient invisibles ; passer le fer, comme précédemment, sur la partie récalcitrante, et laisser sécher l'ensemble de notre rentoilage.

Ce séchage doit être absolu et l'on ne saurait en prévoir la durée.

Pour terminer, et avant de fixer notre tableau — dégagé des feuilles de papier qui le recouvrent encore, — sur un châssis définitif, à clés (car le précédent châssis ne fut qu'un support provisoire pour le travail du rentoilage), nous détacherons avec un canif, au ras du châssis de travail, l'ensemble du tableau, c'est-à-dire notre vieux tableau et sa vieille toile ne faisant plus qu'un avec la toile neuve.

Comme nous avons pris soin de choisir notre toile (et notre châssis opératoire) plus grande que celle du vieux tableau, nous obtenons ainsi une marge suffisante au repliage de la toile pour son clouage sur le châssis à clef définitif. Repliage que nous garantirons, en notre fin, avec un fort papier d'emballage, d'habitude roussâtre ou brun, qui achèvera de solidariser les deux toiles jointes avec le châssis.

En frappant sur les clés (placées au verso du châssis), notre toile, précédemment ajustée avec une pince ou avec les doigts, se tendra fortement et comme il le faut.

Dégageons maintenant notre peinture du papier qui la masque et dont le but est de coller les écailles de la dite peinture. A cet effet, on mouille largement le papier d'eau un peu chaude, avec un pinceau, pour le détremper dans toute son étendue. Il n'y a plus, ensuite, qu'à détacher le papier, très soigneusement, afin de ne pas arracher la peinture qui devra demeurer encore embuée de la colle du papier.

Dernière opération : aussitôt le papier enlevé, passer de l'eau tiède avec une éponge, sur la surface du tableau, afin d'enlever la colle qui y demeurait.

N. B. — Cet ultime nettoyage entraîne avec lui la crasse du tableau, de telle sorte qu'il apparaît, en principe, dans toute sa beauté primitive.

Pour réparer une toile bosselée, si la tension des clés, au verso de la toile, ne suffit pas à la tendre (on frappe, à cet effet, sur les clés avec un marteau) : imbiber la place (à l'envers de la peinture) avec de l'eau pure. En séchant, les fils de la toile se rétracteront, et la bosselure, partielle ou générale, disparaîtra.

Si la toile est crevée et si l'on ne veut pas recourir (pourquoi ?) au collage que nous avons indiqué au début, sur un panneau de bois : appliquer, au verso de la peinture, un morceau de toile pareille à celle du tableau, enduite de blanc de céruse et d'huile épaisse. Mettre ensuite sous presse jusqu'à séchage complet.

Lorsqu'il s'agit de faire disparaître des boursou-flures, cloques et autres fâcheux renflements de la pâte : mouiller ceux-ci, pour les attendrir, avec de l'huile de pétrole et de l'essence de pétrole mêlées en parties égales. Ensuite, avec une aiguille, percer la boursouflure (ou la cloque) et injecter par le trou quelques gouttes de vernis.

Après avoir étanché, par compression, l'excès du liquide, mettre sous presse, contre une plaque de verre, en ayant soin d'interposer, entre le tableau et le verre, une feuille de papier de soie qui ne manquera pas de se coller à l'endroit réparé et dont on se débarrassera lorsque le tout sera sec et bien plane, avec un lavage à l'eau pure.

Pour enlever les repeints, qui représentent des retouches, successives souvent, l'essence de térébenthine pure suffit généralement, mais on pourra, en cas de résistance, laisser quelque temps, sur la couleur récalcitrante, des tampons imbibés d'esprit-de-vin pur ou d'eau-de-vie, jusqu'à amollir la pâte, qu'un peu d'essence, enfin, enlèvera.

Mais cette opération est délicate ; il faut avoir le tact de s'arrêter à temps, de manière à ne pas attaquer la dernière couche de peinture qui doit être celle du peintre original.

Il va sans dire que nous ne devons procéder de la sorte que dans le cas d'une peinture ancienne, car les toiles modernes n'y résisteraient pas.

Un autre genre de restauration concerne les tableaux « trésallés », craquelés. Les craquelures sont dues, soit à l'action réelle des intempéries à travers les temps, soit à l'artifice des truqueurs. Les véritables craquelures différentes à chaque École — dues aussi à l'emploi du bitume — sont d'ailleurs très difficiles à reconnaître des fausses. Un bon rentoilage arrête d'ailleurs leurs méfaits, d'où qu'ils proviennent, et au surplus, un professionnel devra seul être appelé à les réparer, à condition cependant, que cela soit absolument nécessaire. Le traitement des craquelures, en effet, nécessitant la retouche au pinceau, ne saurait être conseillé à l'amateur.

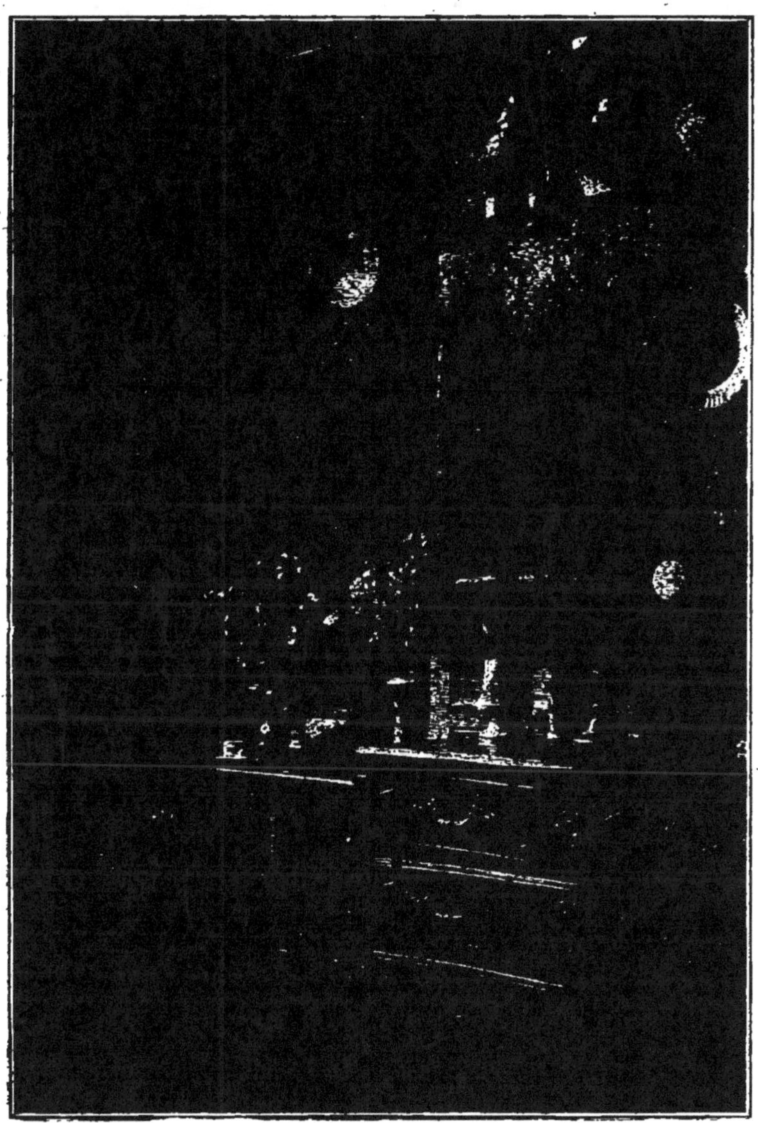

Photo E. Couronneau. — Coll. Régereau.

FIG. 23. — *Coin d'un atelier d'artiste.*

Pourtant, voici en deux mots comment on procède matériellement, à la retouche, en général. Celle-ci, naturellement, ne s'adresse qu'aux toiles où il manque un morceau après l'opération du rentoilage (ou simplement du collage sur panneau).

On s'attache à rattraper le niveau général de la place défaillante (qui se présente légèrement en creux), avec une sorte de pommade blanche que l'on laisse sécher et sur laquelle, ensuite, l'artiste-restaurateur peint à la façon du peintre original, en restituant, le plus scrupuleusement possible — et de la manière la plus invisible — ce qui manque.

Même opération pour les crevasses, que l'on bouche avant de faire le raccord de peinture.

Mais, comme ce genre de retouches, exécutées à l'huile, se trahissent rapidement parce qu'elles noircissent, on a préconisé, en place de couleurs à l'huile, les couleurs à l'aquarelle diluées d'une certaine manière et rendues brillantes, aussitôt sèches, à l'aide de gomme laque vaporisée (fixatif du fusain). Or, ici, le talent intervient, et nous nous abstiendrons d'en dire davantage sur une pratique dont l'intérêt, au surplus, est discutable, car l'œil averti se doit, en principe, de restituer suffisamment la partie délabrée ou disparue, ce qui obvie à nombre de restaurations souvent désastreuses.

Il serait injuste cependant, de ne point rendre hommage à quelques habiles artistes, aux soins experts desquels nous devons, sinon des exhumations de beauté séculaire, du moins le salut de tant de chefs-d'œuvre arrêtés en leur décrépitude.

Artistes obscurs et savants à l'égal de ceux qui, par exemple, transportèrent sur toile, la série des

Le Sueur : la *Vie de saint Bruno*, primitivement peinte sur bois, ou dignes de ceux qui restaurèrent la Galerie des Rubens, au Louvre, et le *Saint Michel*, de Raphaël.

Parmi les autres chefs-d'œuvre de restauration — pratique en laquelle les Vénitiens, dans ces temps derniers, ont excellé — citons aussi : la *Vierge de Foligno*, de Sanzio encore ; et les Franz Hals (du Louvre), dont on ne peut nier la qualité des retouches et reprises, non moins que celles de la *Danse des Nymphes*, de Corot.

En revanche, si un Michel-Ange fut, occasionnellement, un restaurateur « de tout repos », tant d'artistes médiocres et ignorants ont commis de si lourdes bévues, ont exécuté de si irréparables « arrangements », que la balance entre la nécessité de réparer et celle de s'abstenir de ce soin, penche du côté de l'abstention.

Il est vrai qu'un juste milieu : le réassortissement d'un ton, le strict raccord d'un trait, suffisent à la tâche du consciencieux retoucheur, qui n'oserait ajouter des figures là où il en manque, c'est-à-dire créer, se mettre personnellement en vedette.

« Ne touchez pas aux monuments anciens, disait Ruskin : la première raison, c'est qu'ils ne sont pas à vous. Ils appartiennent à leurs auteurs. Laissez-les donc tels quels que ceux-ci les ont faits : conservez-les seulement. »

Après avoir raillé l'esprit de collection qui « jurerait qu'Ictinus a destiné expressément le Parthénon à former la plus belle ruine du monde », M. Ch Lalo ajoute, excellemment, que ce serait : « ... un sacrilège que d'y relever (au Parthénon), selon le plan bien connu du temple, une colonne abattue, serait-ce avec les pierres mêmes d'Ictinus, dont les débris jonchent encore l'Acropole... ».

Retenons qu'il ne suffit pas de nettoyer une peinture, du noir au clair, pour obtenir satisfaction, et qu'il serait dommage, pour le coup d'œil superficiel, de n'apercevoir point les méfaits d'une retouche découvrant le grain de la toile ou bien le fil du bois. Une œuvre « épidermée », c'est-à-dire dépouillée de sa fleur, faillissant à la beauté.

Un maître original préférera, enfin, certaines fois, confier la réparation d'une de ses œuvres à un spécialiste, plutôt que d'y procéder par lui-même. E. Delacroix, notamment, a agi de la sorte, et cette confiance est à l'honneur de ces techniciens-restaurateurs subordonnés au créateur, à l'art en propre, mais dont les connaissances matérielles sont souvent magistrales.

Notez qu'un médecin, par exemple, ne soigne pas en personne les malades de sa propre famille, redoutant son manque de sang-froid, son émotivité, qui diminueraient son talent vis-à-vis des siens. Pareillement, un peintre recule-t-il, parfois, devant certains remèdes à appliquer lui-même à ses œuvres, et les sculpteurs, pour leur tâche plus rude de constructeurs, ont encore davantage recours aux spécialistes.

Il est vrai que ces derniers, souvent, ne sont plus des artistes mais des praticiens, presque des ouvriers du bâtiment (tant la statuaire est liée à l'architecture, de par sa masse, déjà) et des chimistes. Quelle différence avec la « cuisine » minutieuse du tableau plane, facilement maniable, dont les couleurs et les modelés sont conventionnels !

Au reste, ils méritent généralement le nom d'artistes ceux qui, en matière de peinture, sacrifièrent à la restauration, — nous savons avec quelle modestie, avec quelle dignité professionnelle, — d'un pinceau invisible. Ce n'est point un de ces artistes, doublés d'érudits, qui nous eût présenté un paysage de Ruysdaël, comme celui qu'il nous fut donné de voir récemment, agrémenté de figures visiblement rajoutées. On sait que Ruysdaël peignait difficilement la figure, et, notre « restaurateur » n'avait pas craint de se joindre aux illustres collaborateurs du vieux maître hollandais, les Van den Velde, les Van Ostade, les Wouwerman, les Berghem, auxquels il emprunta souvent la main.

CHAPITRE VII

Comment on présente, entretient et restaure une statue, etc. — Conseils et recettes pratiques.

Nous répéterons ici que les œuvres statuaires se réclament essentiellement de l'effet exprimé par les contrastes de lumière et d'ombre. Une statue ne saurait vivre ni dans la lumière diffuse, ni dans l'obscurité ; il faut lui chercher les jours frisants, les contre-jour (parfois) et surtout les oppositions susceptibles d'animer ses creux et ses bosses, de provoquer en beauté la couleur de ses modelés, enfin.

S'il s'agit d'un buste ou d'une statuette, qui, mêlée à des bibelots, se charge de les égayer (fig. 5, 9 et 10), et si, comme cela se rencontre parfois, une statue peut évoluer sur une sellette à galets, on cherche le jour favorable en la faisant virer de droite et de gauche. Souvent, un jour tombant directement d'en haut, procure un effet saisissant, l'œuvre s'enveloppant dans le clair-obscur, tandis que ses reliefs, mis en lumière, acquièrent, par opposition, une qualité somptueuse.

Tout dépend, en somme, de l'esprit de la statue à présenter, soit que sa puissance s'accommode d'une lumière aux contrastes vigoureux, ou sa délicatesse, d'une lumière légèrement frisante ou tamisée.

Mais imaginez-vous les reliefs menus d'un médaillon, d'une médaille, estompés dans les ténèbres ?

On se souviendra aussi, que nombre de statues, celles du moins qui sont susceptibles d'affronter le plein air, voire les intempéries, peuvent, sinon doivent, prendre place sous le ciel. Pourtant, notre climat est moins favorable au marbre et à la pierre que la Grèce ou l'Italie, et le bronze conviendra surtout à une figuration sans risques, au dehors, chez nous.

Par statues « susceptibles d'affronter le plein air », nous entendons celles qui en sont dignes de par leur caractère, non seulement décoratif mais essentiellement statuaire. Rien ne « dégringole » en plein air comme les œuvres sans accent. Quel critérium pour la Sculpture ! Il suffit de se promener dans nos rues parisiennes pour s'en rendre compte...

Choisissons donc avec soin, et essayons même, en plein air, les statues que nous désirerions placer dans notre jardin, en prenant bien garde d'oublier qu'une œuvre statuaire relève de l'architecture décorative, à laquelle souvent elle s'incorpore, non seulement à l'état de cariatide pour remplacer les colonnes, mais comme bas-relief.

Il y a des massifs, des croisements d'allées, des ronds-points, des buissons, qui justifient ou ordonnent l'emplacement d'une statue. La nécessité de ponctuer une horizontalité trop étendue, de la couper pour le repos nécessaire à l'œil, s'avère souvent impérieuse. Des parties cintrées sollicitent logiquement un accent vertical, des lignes trop nues également, mais il importe d'éviter l'encombrement sculptural, plus redoutable encore que la nudité.

Trop serrées, les statues semblent oppressées, et

il faut surtout éviter qu'elles ne touchent du sommet l'endroit où elles figurent (surtout à l'intérieur !) Dans le feuillage, les statues, suivant la couleur de leur matière, chantent des notes diverses dont il importe de profiter. Leur sujet, parfois aussi, inspirera un emplacement. Cependant, s'il est évident qu'un Cupidon tendra mieux son arc dans l'intimité d'un bosquet discret que sur une place publique, il serait exagéré de n'y point aussi abriter le belliqueux Mars ! Le parc du palais de Versailles a démontré combien l'éclectisme était favorable à sa générosité sculpturale. Il est vrai que les œuvres qu'il dispense, sont nettement décoratives, c'est-à-dire qu'elles ne redoutent point la vive lumière et feraient peut-être moins bonne figure dans l'ombre des grands arbres. À retenir que, suivant le nombre des statues, un espace se trouve plus ou moins réduit.

Nous rentrerons maintenant dans notre galerie pour y envisager la question des socles.

Un socle détermine la hauteur à laquelle une statue se présentera le mieux. Comme une statue ne doit point, en principe, plafonner (comme un tableau), on ne lui choisira donc pas un support trop élevé. Du moins, cela dépend-il encore de la dimension de la salle où on l'expose, en raison du recul nécessaire pour voir.

Les Grecs, en artistes supérieurs qu'ils étaient, trichaient sur les proportions des figures gigantesques formant colonnes ou figurant contre les parois verticales de certains de leurs temples, comme le Parthénon. Quand on entrait dans ces édifices, ces figures, destinées seulement à être contemplées de bas en haut, ne s'offraient proportionnées au regard

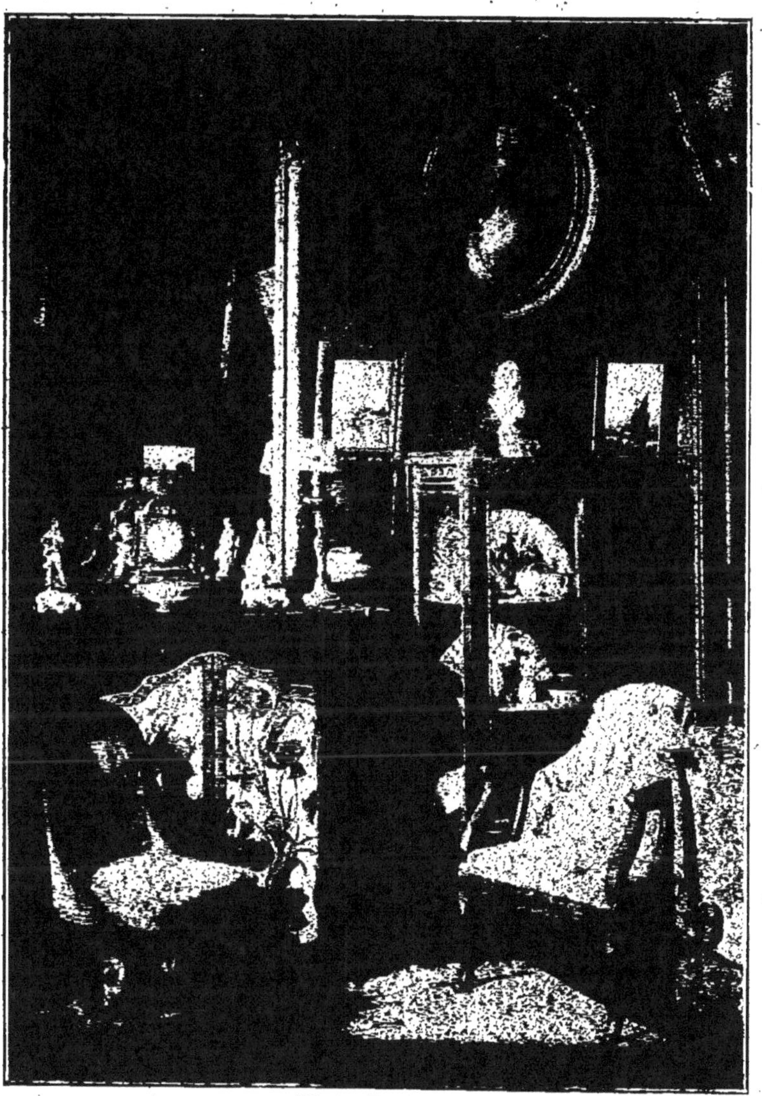

Photo E. C. — Coll. E. Couronneau.

FIG. 24. — *Coin d'un petit salon.*

que parce que leurs pieds et jambes avaient été conçus dans des volumes exagérés, relativement à leur torse et à leur tête. Cette dernière encore, ayant été calculée relativement trop forte sur le torse, pour que, vue de la base au faîte, sans recul, la figure gigantesque soit rétablie entièrement d'ensemble.

Paul Baudry s'est inspiré de ce moyen lorsqu'il étira excessivement le corps de certaines des nymphes qui figurent, au foyer du théâtre de l'Opéra, dans des cavités murales. Par suite de leur présentation sur un plan concave, il fallait bien que ces peintures plafonnantes ne choquassent point la vision.

L'inscription figurant sur le piédestal de la statue de Gambetta (sur la place du Carrousel, à Paris) témoigne aussi de ce souci perspectif. En se plaçant au pied du monument, on en peut lire l'inscription comme si toutes les lignes et lettres figuraient également à la hauteur de l'œil, tout simplement parce que la dimension gravée de ces lignes et lettres en fut calculée plus grande au fur et à mesure de leur hauteur, de manière à être rétablies, optiquement, à une même échelle.

Nous avons prescrit, au chapitre de l'encadrement des gravures, une marge en haut plus large que celles des côtés (sans préjudice d'une marge plus large en bas qu'en haut), en raison de cette même préoccupation d'optique qui ramène, par un stratagème, toutes proportions à l'effet qu'elles doivent présenter conformément à une réalité harmonieuse.

Si les lignes verticales peuvent s'énoncer à leur guise sans que la perspective nuise à leur aspect, cela est différent pour les lignes horizontales, qui, ainsi que nous l'avons dit, furent morcelées avec acharnement, par les grands architectes du Moyen âge, afin d'accroître l'effet vertical, tellement impressionnant dans leurs églises.

Pour l'horizontalité des lignes, il faut notamment tenir compte de la déperdition perspective des éléments qui la décorent. C'est ainsi que les dimensions d'un motif devront être amplifiées sur une ligne horizontale, si l'on désire que ce motif soit visuellement à l'échelle.

Vue d'en haut ou d'en bas, l'horizontalité, donc, égare ses proportions réelles que le recul envisage seul, exactement. Après la marge « truquée » d'une gravure, plus large en haut que celles des côtés pour satisfaire le regard élevé, voici l'exagération voulue d'une plinthe, pour plaire à la vision basse.

Si l'on ne donnait point, par exemple, 0,80 centimètres, au moins, à une plinthe, figurant (de par son nom) au bas d'un mur d'appartement, elle ferait l'effet d'un maigre galon.

L'œil se trompe aussi, singulièrement, dans l'appréciation des distances perspectives, tant en haut qu'en bas. Demandez plutôt à quelqu'un de vous indiquer du doigt, sur la base d'une paroi, la hauteur approximative d'un chapeau à haute forme. Presque toujours, pour ne point dire toujours, l'indication donnée correspondra à la dimension d'un chapeau gigantesque !

Or, l'erreur qui se produit ici, se répercute dans toutes autres estimations du coup d'œil. Si l'on trace sur le sol des lignes figurant mathématiquement la composition d'un appartement : salon, salle à manger, etc., cet appartement si grand soit-il envisagé, apparaîtra extraordinairement exigu ! Qu'il s'agisse enfin de l'évaluation, en hauteur, du vol d'un oiseau, ou de la profondeur d'un puits, notre trouble est le même ; et l'on saisit la nécessité, pour une présentation artistique comme pour l'effet d'une œuvre d'art, de l'observation de ces lois d'optique et de perspective, afin d'éviter les déformations fatales dont nous n'avons ici retenu que la somme qui nous intéresse.

Pour en revenir au socle à donner à une statue, répétons que, faute de recul, une statue, même de dimension naturelle, est susceptible de plafonner, si elle est disposée trop haut. D'autre part, il ne faut point perdre de vue que l'on doit pouvoir tourner autour d'une œuvre statuaire. Alors qu'un tableau est plane et visible dans un sens unique, une statue contredirait la logique de son relief, si on l'accolait au mur.

Regarder une statue sur chacune de ses faces, est donc capital.

Lorsqu'un artiste examine un buste, il le scrute de bas en haut, de droite à gauche, pour savourer ses modelés, et, de même fera l'amateur, s'il veut goûter l'intérêt général d'une expression conforme à la plastique naturelle.

Laissons donc, autant que possible, un passage derrière une statue et un buste, en plaignant souvent ceux que l'architecture condamna à la claustration dans des niches, où, loin de la vue, ils ne vivent que pour la décoration.

Sans quoi, quelle différence établir entre un bas-relief et une ronde-bosse ? Le bas-relief étant fait, lui, pour être adossé sinon encastré dans un mur.

Mais l'illogisme somptueux de la Renaissance, qui réserva à la pierre les fines ciselures réservées au

métal, se devait non moins à l'irrationnalité savoureuse des bustes (et statues) immobilisés, plaqués sur
des ornements, plus ou moins dérobés au regard.

Pour retourner à la question du socle : le propor-
tionner à la statue ou à la statuette qu'il supportera.
Il est préférable qu'un socle soit écrasé par l'importance d'une œuvre, que le contraire. Voyez plutôt
une délicate figurine de Saxe portant sur un socle
immense ! Tandis qu'un socle peut être sacrifié et
réduit à n'être qu'une simple marche.

Souvent A. Rod·n estima que ses statues, notamment une *Eve*, devaient figurer à même le sol, pour un
effet supérieur, et A. Falguière s'irrita, lors de l'inau-
guration de son monument de la *Réunion de la Savoie
à la France* (à Chambéry), d'un socle qu'il n'avait
point consenti. L'artiste jugeait, avec raison, que son
œuvre eût été plus saisissante émergeant directement
de la terre, symboliquement autant qu'esthétiquement.

Au vrai, les statues de pierre placées autrefois
dans des niches font assez triste mine, souvent,
sur nos socles, tandis que nombre d'ornements, débris
de chapiteaux, etc., mériteraient d'être vus à la hauteur où ils figuraient, d'où la nécessité de les surélever, aujourd'hui alors que tant de bases de colonnes
ornementées, logiquement s'en passeraient.

Réfléchissons donc, tout d'abord, à la nécessité et
à l'intelligence du socle, et, en admettant que vous
possédiez un chef-d'œuvre, ne vous avisez point
de le mettre sous verre, s'il s'agit (surtout) d'un
bronze, essentiellement robuste, d'un marbre, d'une
pierre.

Réservez cette précaution à la fragilité d'une cire,

d'une terre cuite et à toute autre matière susceptible de se désagréger à l'air.

Songez au ridicule (aujourd'hui) de la **garniture de cheminée** que nos arrière-grand'mères disposaient précieusement sous globe ; à cette symbolique couronne de mariée reposant sur un coussin bordé d'or, que l'on apercevait derrière les reflets du verre, aussi ingénue que la main qui l'avait placée là !

En revanche, pour conserver une maquette, une esquisse exprimée en quelques « boulettes » peu résistantes, une statuette en bois vermoulu, etc., le sous-verre s'impose. Se souvenir que rien n'ajoute à la dérision d'une mauvaise « chose » comme les soins excessifs dont on l'entoure ; un cadre ne faisant pas la beauté, davantage qu'une hirondelle, le printemps.

Toujours à propos des socles : ceux-ci devront être sobres de couleurs, assortis, parfois, dans des tons neutres, à la matière de l'œuvre qu'ils supportent, mais, en ce qui concerne le marbre blanc, rien ne le fait plus valoir que le ton chêne ou même le noir.

Préférer les toiles peintes uniformément (lorsque l'on use de socles en simili, au châssis de menuiserie cloué de tentures) aux velours et peluches « bourgeoises ». Une riche étoffe en draperie, cependant, ne dépare pas le piédestal d'une belle pièce, à condition seulement, de ne point effleurer, avec quelque accessoire que ce soit, la base de cette pièce.

Une statue se suffit à sa pensée, à son sujet, à son exécution ; elle est un tout. Pas davantage le tableau (à moins d'être un panorama) ne saurait-il viser au trompe-l'œil. On doit lui chercher un fond, une base seyants (il y a des statues même qui font mieux par terre, répétons-le), mais respecter son bloc.

Il n'empêche que nous ayons vu, dans un musée, un marbre représentant une figure de femme couchée dans une grotte, sur les pierres de laquelle un conservateur malin avait déposé des… mottes de gazon ! Pour faire *vrai*, se défendait-il !

Il y a une quarantaine d'années, au reste, n'était-il pas de mode, dans les chambres de jeunes filles, d'orner de rubans et de nœuds les bustes et les statuettes ?

Abandonnons donc ces niaiseries, et, s'il est besoin de patiner un plâtre, demandons toujours conseil à son auteur (s'il est vivant!) afin de connaître son goût sur la manière de l'habiller. Savoir s'il ne s'en chargera pas volontiers lui-même !

Nous ne reviendrons pas sur les mutilations dont ont été victimes tant d'antiques du musée du Louvre, sous couleur de restauration… Un nez conservé, un bout de joue, un œil, suffisant parfois à donner prétexte à des reconstitutions de bustes tout entiers ; comme un bras, l'amorce d'une jambe, prétendant autoriser la résurrection d'une statue intégrale!

En admettant, à la rigueur, qu'une touche habile de pinceau n'abîme point un tableau de maître, connaissez-vous beaucoup de sculpteurs de talent qui consentiraient à rajouter un doigt à un chef-d'œuvre de Phidias ?

La statuaire, effectivement, exprimant le relief à l'égal de la nature, se refuse davantage que la peinture (dont la cuisine à plat est plus conventionnelle), à l'idée de restauration.

Hélas! que de sphinx et de Pharaons ! Que de chefs-d'œuvre grecs ou romains! Que de statuettes de Tanagra, ont subi les soins déplorables de ceux qui nous les ont transmises ! A travers combien de profanations les admirons-nous ?

Mais... nous admirons de confiance, parce qu'il y a toujours quelque chose de vrai, *dans le fond*. Et, cela est réel, au point que des maîtres modernes, A. Rodin, des premiers, n'ont pas hésité à modeler des personnages sans tête, sans bras, etc., comme pour défier les restaurateurs, qui ne manqueront peut-être pas, dans plusieurs siècles, de joindre leurs mutilations inconscientes à des mutilations voulues !

La *Victoire*, de Samothrace, n'est point un chef-d'œuvre du fait de la perte de son chef, non plus que la *Vénus*, de Milo, n'est admirable parce qu'elle manque de bras !

Il faut mettre ensuite l'amateur en garde contre les *réductions* de chefs-d'œuvre.

Un chef-d'œuvre en réduction est, en principe, une trahison. Un sculpteur moderne ayant travaillé *en vue* d'une réduction, endosse volontairement une dimension réduite, tandis qu'un Praxitèle, qu'un Alcamène, ne sauraient être rendus responsables — et tant d'autres antiques avec eux — d'une abréviation économique et pratique de leur geste ample, exécutée en dehors d'eux. En fait, ils sont trahis par les réductions comme par les moulages et les surmoulages, qui ont perdu, avec tous leurs modelés, jusqu'à leur expression !

Nous voici maintenant parvenu au chapitre des recettes strictement bornées à l'amateur pour l'entretien et la réparation de ses collections statuaires.

On époussette une statue de marbre ou de plâtre on ne l'essuie point (ou le moins possible),

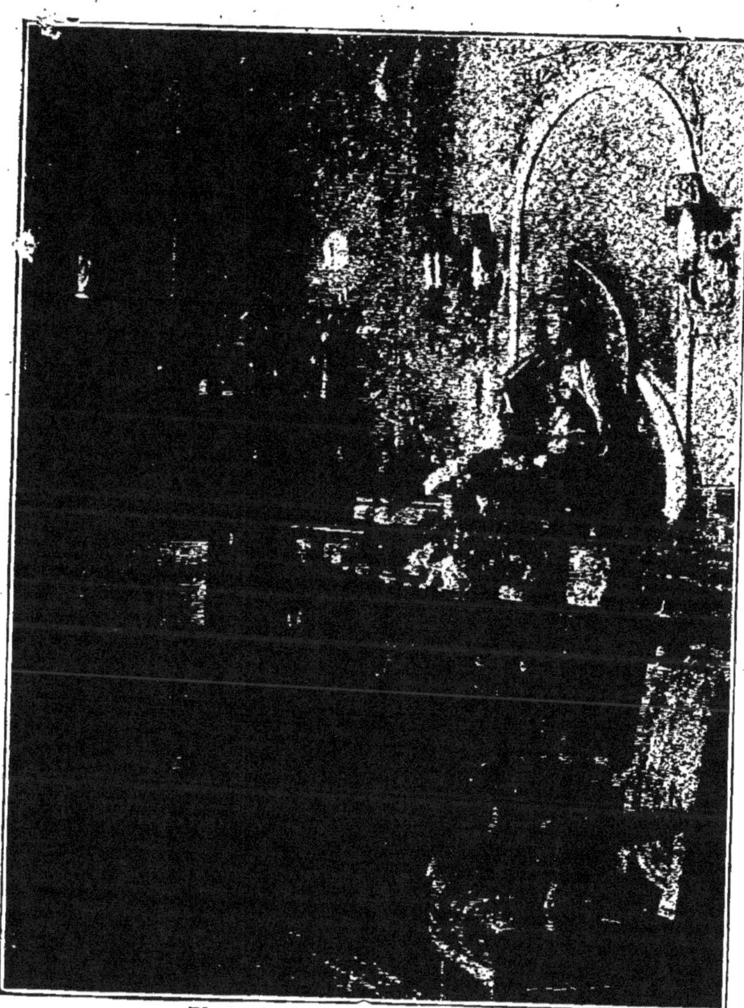

Photo E. Couronneau. — Coll. L. Barbut-Davray.

FIG. 25. — *Coin d'un atelier d'artiste.*

car la poussière risque de rayer sous le chiffon. On n'expose point une statue, relevant des matières fragiles ci-dessus indiquées, dans une salle humide. Sans quoi, plus ou moins rapidement, les œuvres se piqueraient ou moisiraient.

La restauration des statues (variant d'ailleurs selon leurs différentes matières), comporte, comme la peinture, des opérations relevant en propre de l'artiste, sur lesquelles nous n'insisterons pas, et, c'est par ordre de matières que nous procèderons pour les soins indiqués.

*   *
*   *

Pour nettoyer et patiner les moulages en plâtre : il suffit, souvent, de les plonger dans l'eau froide pure (ou mieux, de les laver à la lance) puis de les laisser sécher au soleil. Plus l'immersion est longue (ou l'action de la lance), plus les moulages risquent d'être propres.

On peut aussi les peindre avec un mélange de blanc d'argent en poudre très fine et de lait pur. Choisir entre un liquide trop consistant, qui empâterait les modelés du moulage, et un liquide trop fluide.

Pour patiner un plâtre, employer le même véhicule (le lait), additionné d'une pincée d'ocre qui dorera très légèrement le liquide. Autre moyen : l'enduire au pinceau, de savon noir que l'on a fait préalablement bouillir à l'eau. Le dosage de savon varie selon la teinte désirée. Ne pas craindre d'en user largement.

La paraffine fondue avec très peu de cire jaune, est aussi à conseiller ; et, non moins, un enduit de couleurs à l'huile (choisies au ton désiré) mêlées à de la cire fondue avec de l'essence de térébenthine. On laisse sécher et l'on frotte à la brosse ou au chiffon doux.

Restent les métallisations... à l'aide de poudres ! Ce dernier genre de patines est nettement anti-artistique à moins qu'elles n'aient été réalisées par des professionnels, et avec des moyens autres.

Pour coller les moulages en plâtre : user d'une pâte très siccative, obtenue en faisant fondre des morceaux de celluloïd dans l'éther, ce dernier étant évaporé. On peut, plus simplement, recoller le plâtre avec du plâtre gâché, mais, comme ce moyen déforme légèrement, par suite du gonflement du plâtre en séchant, on mêlera à la chaux en poudre, un blanc d'œuf en place d'eau.

Pour durcir les plâtres, on les passe au four ou à l'étuve après les avoir badigeonnés d'encaustique (cire fondue et essence de térébenthine).

Revêtement protecteur des statues en marbre, contre les intempéries. Le marbre, placé à l'extérieur, doit être défendu par un revêtement. Sinon il devient poreux, et, le lichen qui pousse dans ses pores, le fait éclater. Au lieu d'attaquer la matière avec des produits chimiques trop actifs, on utilisera pour les marbres blancs, la simple encaustique : cire blanche et essence de térébenthine, dont on les enduira.

Une application (au pinceau) de stéarine ou d'huile de lin bouillie, ne sera pas moins salutaire.

Plusieurs couches de peinture à l'huile protègent les plâtres destinés au plein air.

Nettoyage des statues en marbre. Le moyen que nous allons donner, « épiderme », malheureusement, le marbre, mais, en dehors du brossage à l'eau et au savon blanc (les acides sont toujours dangereux !), on n'obtient aucun résultat sérieux. Il est vrai, d'ailleurs, que le poli de la matière a disparu depuis longtemps, sous l'action de l'air, et nous indiquons, plus loin, le moyen de lui rendre son brillant. On pourra, en tout cas, réserver au marbre conservé à l'intérieur le susdit traitement à la brosse. L'eau de potasse lui réussira également.

Pour nettoyer les statues exposées à l'extérieur : garnir un bâton de fil de laiton qui, formant une houppe, servira à frotter la matière lorsqu'elle aura été trempée dans un mélange de potasse et de grès. Les taches résistantes disparaissent de la sorte, et, pour celles qui sont légères, il suffit de disposer les fils de laiton comme un écheveau de fil, dans le sens de la longueur et de frotter comme précédemment.

Un autre moyen de nettoyer le marbre consiste à le frotter à la brosse avec du chlorure de chaux dissous dans douze fois son poids d'eau. Lavage ensuite à l'eau pure.

Le marbre (ainsi que le porphyre, le jaspe, etc.) se nettoie aussi au moyen d'un liquide composé de chaux vive et de capitel très fort, réalisant une apparence laiteuse. Enduire le marbre sali, laisser sécher durant environ vingt-quatre heures, enlever ensuite le liquide et frotter enfin la matière avec de la potée d'émeri et de l'huile d'olives.

Un mélange de citron (80 gr.), d'huile de lin (400 gr.) et de fécule de pomme de terre (64 gr.), réussit bien encore. On étend ce mélange (mis en

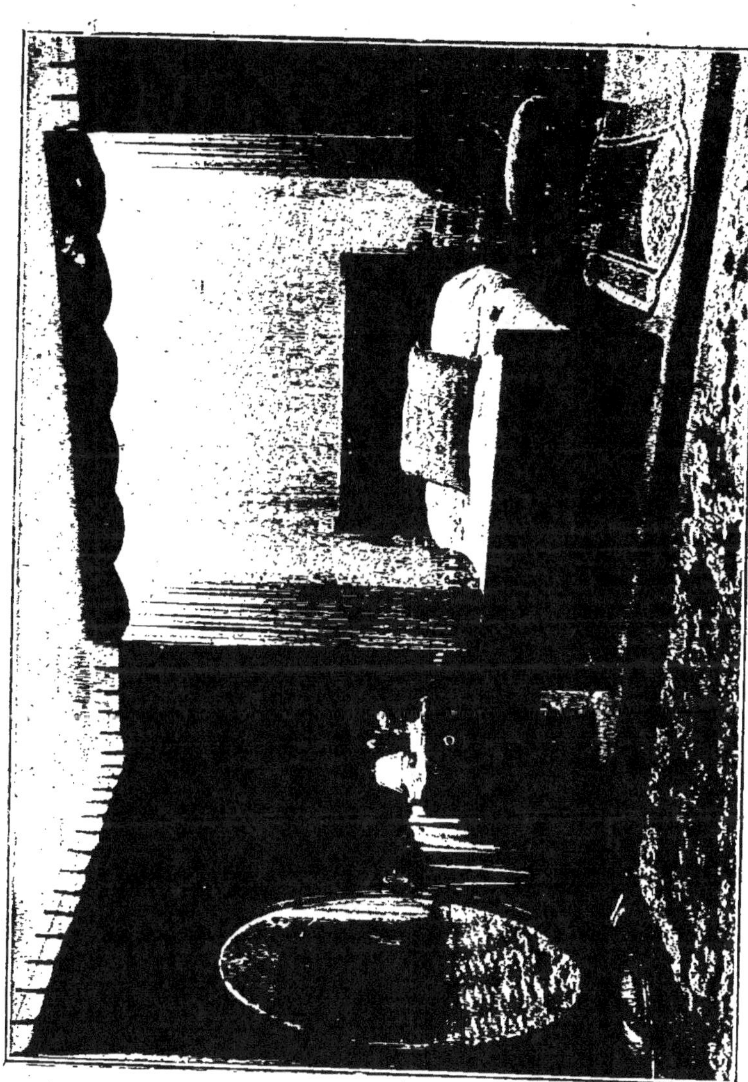

FIG. 26. — *Chambre à coucher moderne*, par Maurice DUFRÈNE. (*La Maîtrise*).

bouteille et secoué avant usage) avec un chiffon de laine, on frotte et on essuie avec un linge de toile.

A essayer aussi, *pour enlever les corps gras sur le marbre :* un premier lavage au savon mou et à l'eau tiède, suivi du passage, avec insistance, d'un linge mouillé d'eau de Javel, pure ou allongée d'eau suivant la résistance de la tache. Recommencer au besoin plusieurs fois l'opération, et laisser agir, durant quelques heures, l'eau de Javel.

Enfin, la soude, avec la pierre ponce et la chaux employées en parties égales, va nous amener à *rendre le brillant au marbre.* Piler, passer au tamis très fin ce mélange, que l'on mêlera à la quantité d'eau nécessaire pour obtenir une pâte. Enduire de cette pâte le marbre terni, puis frotter avec une brosse douce et un chiffon, jusqu'à ce qu'il brille.

Pour l'entretien courant du marbre : de l'huile de lin passée au chiffon.

Pour sceller le marbre : mélanger un peu de poussière avec du plâtre, de manière à ce que ce dernier en séchant, ne devienne trop dur et brise le marbre.

Pour colorer le marbre. En vérité, le marbre blanc suffit à sa pure matière statuaire. Pourtant, les Grecs, certaines fois, l'ont colorié, et le peintre-statuaire contemporain, L. Gérome, a aussi recouru à cette pratique discutable, mais seulement pour donner à quelques-uns de ses nus, la teinte de la chair.

Voici les solutions indiquées pour teindre, mais cette fois vigoureusement, le marbre. Pour obtenir le noir : une solution de nitrate d'argent ; pour le vert : une dissolution de vert-de-gris appliquée chaude ; pour le rouge : une dissolution de carmin ; pour le bleu : le sulfate de cuivre ; pour le jaune : le piment dissous dans l'ammoniaque ; pour le pourpre : une solution de fuchsine (magenta).

On pourrait aussi essayer le mélange de ces couleurs entre elles, et, naturellement, elles ne s'adressent point au marbre-statuaire.

Pour polir l'albâtre : employer du grès très fin, mêlé à l'eau pure, pour commencer, et terminer en frottant avec de la potée en poudre, également très fine, additionnée aussi d'eau.

Pour coller le marbre blanc et le marbre de couleur : préparer un ciment composé de chaux vive et de blanc d'œuf. Ce ciment est résistant à l'eau et à la chaleur ; il ne fait pas double emploi avec celui que nous indiquons pages 282.

S'il s'agit d'un marbre de couleur, on se procurera du ciment en bâton, à base de laque. Il en existe de toutes couleurs. Avant l'application, chauffer les surfaces du marbre à réparer, et appliquer le ciment en ayant soin de serrer fortement les parties désunies. Laisser enfin refroidir doucement.

Voici, encore, la formule d'un excellent ciment : chaux éteinte (15 gr.), céruse en poudre (15 gr.), blanc de Meudon pulvérisé (3 gr.), ciment (30 **gr.**), silicate de soude (75 gr.). Procéder très vite, étant donné qu'il est extrêmement siccatif.

Nettoyage des statues en pierre, en granit, etc. On frotte à la brosse mouillée d'acide oxalique du commerce dissous dans 35 grammes environ pour 1 litre d'eau, et, s'il s'agit de granit, 1 litre d'acide sulfuri-

que du commerce mélangé avec 24 litres d'eau, pro-
cure-la solution désirée. Pourtant, les deux solutions peuvent être employées l'une après l'autre et sur
les deux matières. On insiste plus ou moins, avec l'une
ou l'autre, jusqu'au résultat cherché, en laissant le
liquide séjourner cinq minutes environ. Après quoi,
on lave à grande eau pure.

L'esprit de sel réussit bien aussi, pour laver la
pierre, ainsi que le savon noir. Mais, dans le premier
cas, les taches de graisse notamment, ne céderaient
qu'à l'action du grès pilé et du ponçage à la molette
ou avec une pierre dure et plane. Opération labo-
rieuse qui pourrait être simplifiée dans le deuxième
cas, où, après aspersion d'eau de Javel, il suffit
d'essuyer.

Pour restaurer la pierre : employer un mélange
d'oxyde de zinc et de silice pulvérisée ; en former
une pâte dont la plasticité permettra quelques réparations et adjonctions courantes. Mais il faut procéder
rapidement, car cette pâte durcit très vite.

Pour blanchir la pierre (et le bois) : réaliser un
lait de chaux en mélangeant de la chaux calcinée
avec de l'eau. Y ajouter du sulfate de zinc et ensuite
du sel gemme ; ce dernier produit pour empêcher
l'enduit de se fendiller. Pourvu que l'on teinte légèrement ce lait avec des poudres de couleur, on peut
obtenir des patines diversement agréables.

Pour sceller le fer dans la pierre : après avoir
placé le morceau de métal dans la partie évidée où
il doit s'insérer, verser dedans, avec une cuiller en

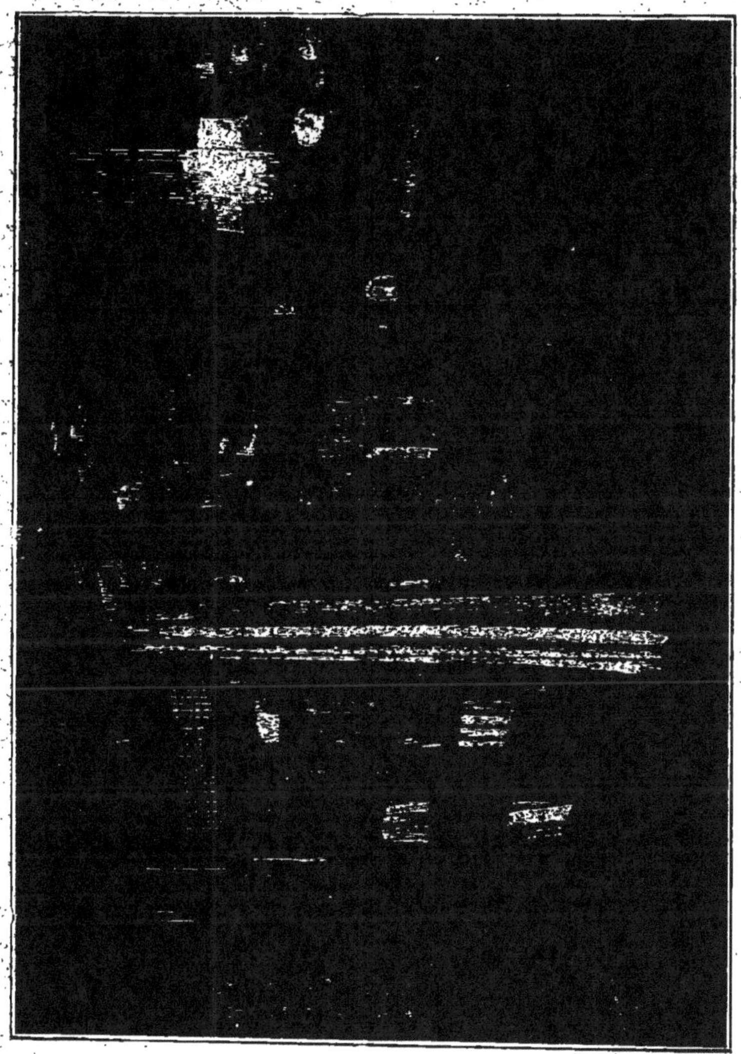

Fig. 27. — *Aménagement et meubles modernes de M. Gallerey.*

fer, du soufre fondu, et, aussitôt après, une poignée de sable pour le refroidir.

La Rochefoucauld — dont on verra le nom singulièrement intervenir ici, malgré que ses maximes, après tout, ne soient que des recettes — a déclaré qu'il y a trois sortes d'ignorance : ne pas savoir ce qu'on devrait savoir, savoir mal ce que l'on sait, et savoir ce que l'on ne devrait pas savoir. Mais, comme nous connaissons la vérité, non seulement par la raison mais par le cœur (entendons le pressentiment heureux), nous touchons bien près de la guérison lorsque nous savons bien la nature de notre mal.

L'ensemble de ces préceptes s'adresse autant à la qualité du collectionneur qu'à l'hygiène — toujours — de ses collections. De même qu'il existe « un tour de main » au bout de chaque recette, le tact hante l'intellect du soigneur, et nous sommes, au résumé, avec ce sage médecin qui disait à ses malades : « de l'exercice, de la gaîté, point d'excès et... moquez-vous de moi ! »

CHAPITRE VIII

Comment on présente et entretient les meubles, les cuivres, etc.

La beauté d'un meuble (1), l'élégance de sa sil-houette, s'imposent à la solitude d'un panneau. On peut néanmoins orner son plateau, ainsi qu'il est d'usage dans la réalité. Des porcelaines, des faïences fraîches et chantantes, des statuettes et morceaux de sculpture, aussi (fig. 20 et 21), conviennent principalement à l'égaiement d'un meuble en bois sombre, malgré qu'un bois clair ne chante pas moins sous une parure claire.

Revêtir le plateau d'un meuble d'un tapis, est décorativement contestable (pareillement pour un marbre de cheminée), et, dans la disposition des meubles, il faut se rappeler nos conseils généraux du début, relatifs à la variété des lignes et des masses entre elles. La fusée verticale d'une horloge s'imposant, par exemple, voisine d'une commode massive, aux lignes horizontales. Une encoignure légère « dansant » sur une vaste surface ; un lourd

(1) Voir *L'Art de reconnaître les Meubles anciens*: même auteur, même éditeur.

bahut écrasant une paroi frêle. La loi des balancements doit toujours nous préoccuper plutôt que celle de la symétrie, pour moins de raideur et de convention, pour davantage d'esprit. Mais nous avons dit tout cela, précédemment, et nous n'y reviendrons pas.

L'entretien d'un meuble est la garantie de sa conservation. Autant il est fâcheux de faire briller un cuivre ancien comme une casserole et un étain à la façon d'un fer blanc (pour d'autres raisons encore que l'esthétique, en ce qui concerne les cuivres dorés), autant on doit astiquer consciencieusement un meuble pour le défendre contre la décrépitude et les vers.

Cependant, ne point confondre astiquage et nettoyage. L'astiquage se produit *sur la patine* dont il poursuit le charme d'aspect séculaire, tandis que le nettoyage suppose des soins (?) *sous la patine*. Ces derniers sont nettement condamnables, à moins d'accidents (liquide renversé, etc.).

Bien se pénétrer de cette idée qu'une ruine n'est point fatalement admirable, et qu'un pied de meuble ancien ne suffit point à restituer une beauté anéantie. Nous avons vu un buste grec, une statue antique « reconstitués », à la façon anthropométrique qui authentifie un individu rien qu'à la trace de son doigt, grâce à un bout de vérité, et, pareillement, l'antiquaire malhonnête ne se fait point faute de créer tout un buffet, une chaise entière, sur la foi d'un unique panneau ou d'un dossier sincère !

Bref, en fait de restauration (ou de truquage) (1),

____

(1). Voir *l'Art de Reconnaître les Fraudes;* même auteur, même éditeur.

le non-connaisseur (et même le savant distingué : témoin la tiare de Saïtapharnès !), voire l'amateur éclairé, est couramment illusionné ou trompé, à moins qu'il n'ait acheté le bonheur-du-jour, le bureau, qui lui plaisaient, c'est-à-dire sans qu'aucun déboire financier ne se mêle à son dépit.

Mais il s'agit bien de truquage ! Voyez plutôt la fierté séculaire de nos chaises et bergères, de nos chaires et fauteuils, de nos canapés, entre autres meubles portatifs, qui se présentent, maintenant, à notre agrément.

Comment les disposerons-nous ? Et, auparavant, savez-vous que les sièges, sous Henri IV, obéissaient à un ordre de préséance ? Voici qui simplifiait la tâche de les installer, d'autant que les maîtres de la maison rassemblaient tout ce qu'ils possédaient d'élégant et de commode dans le genre : « ... c'était d'abord le fauteuil réservé au chef de famille ou aux hôtes de distinction ; était-il occupé, on les faisait asseoir sur le lit, dans la ruelle, et plusieurs personnes quelquefois y prenaient place ensemble. Ensuite venaient, dans un ordre hiérarchique rigoureusement observé, la chaise à dossier, puis le pliant, enfin le tabouret ou placet, sans dos ni bras, et les escabeaux, petits bancs de formes très variées, bas, longs, carrés, triangulaires, qui servaient, depuis le moyen âge, tout à la fois à s'asseoir, à appuyer les pieds quand on était assis dans les chaises élevées, ou à poser des objets comme sur de petites tables basses. Lorsque les lourds meubles, qui semblaient jadis fixés à demeure, tendirent à s'alléger et à mieux mériter leur nom, les sièges mobiles devinrent souvent, par contre, plus lourds et d'un maniement moins facile. C'est ainsi que des escabeaux furent pourvus de dossiers... »

Ajoutons qu'à défaut de ces meubles, on s'asseyait souvent à terre, sur des coussins et des tapis. Cet usage familier était en pleine vigueur sous le règne de Henri IV ; nous voyons même qu'il était d'étiquette obligée, de s'asseoir à terre dans la chambre de la reine, sa femme, quand elle s'y trouvait.

Comment donc, pour reprendre nos conseils modernes, disposerez-vous vos meubles mobiles ?

Non point stérilement adossés au mur, mais vivants (fig. 22 à 30). Dérangés comme si l'on venait de s'y asseoir. Quelques fleurs, une ombrelle, un livre ouvert, une poupée (c'est la mode !), les jonchant. S'agit-il d'un canapé ? Semez ses coussins, en contrariant chacun de leur mouvement, en contrastant à la fois leur forme, leur dessin et leur couleur. Qu'ils chevauchent où s'accotent, qu'ils se superposent ici et là ! Souvenez-vous des couleurs qui, par juxtaposition, s'exaltent ou s'éteignent. Observez que les formes se font valoir entre elles, du croissant à la citrouille, de la nasse à l'éventail, du rectangle au carré, du rond à l'ovale. Un satin apparaissant plus brillant au voisinage d'un drap, et, de même, plus caressant, un velours.

Le jardinier délicat ne présente pas moins de subtilité, lorsqu'en dehors de la silhouette, du parfum, des fleurs et du chromatisme qu'il recherche, il se préoccupe de leur matière. De la feuille lisse et grasse du bégonia à celle, feutrée, du géranium ; du zinnia rêche à l'œillet doux ; de l'hortensia que l'on dirait en papier, à la pivoine qui semble de la chair,

autant d'agréments offerts à la main, instinctivement portée au palper après le charme des yeux.

Il en est de même pour les coussins que notre
geste frôle, où il s'attarde, où il s'enveloppe, où il
s'imprime. Ne redoutez rien du « beau désordre ».
Rien ne paraît moins « arrangé » que ce qui l'est en
réalité. Mounet-Sully, l'acteur célèbre, a déclaré
que, pour émouvoir au théâtre, il fallait garder la
maîtrise de ses nerfs, du métier qui dirige le verbe
et le geste, tout comme le bistouri du chirurgien
obéit à sa science et à sa volonté, dans le calme et
la réflexion, dans la méthode.

Et, cependant, la draperie banale du tapissier ;
son rite conventionnel du pli, du « baldaquin »,
ses moindres fantaisies (au gré de la mode) autour
de l'aisance et de la vérité, nous font horreur ! Mais
c'est précisément parce que l'art échappe au tapissier vulgaire et que l'art du chirurgien de même
que celui du tragédien, surpasse certaines fois leur
métier.

On concédera pourtant, au tapissier, qu'il n'ignore
rien des mille et un moyens de clouer, de tendre, de
rembourrer, de garnir, en foi de quoi nous aurions
tort de nous passer de ses services matériels.

Qu'il exécute donc, seulement sous une direction
avertie, tel vélum, telle chute d'étoffe ! Le praticien
certes, sera maintes fois estomaqué de votre har-
diesse, du hasard heureux de vos arrangements,
mais il saura si bien fixer votre rêve dans une solide
réalité !

Pour dresser un vélum — ou quelque autre
ordonnance de tissus libres — il faut tout d'abord
en chercher le dessin sur le papier, et, lorsque les

volumes d'étoffe se balancent harmonieusement avec l'esprit des plis ; lorsque le chatoiement des velours s'accorde avec celui des satins, lorsque leurs couleurs, aussi bien, réalisent un ensemble harmonieux, on procède seulement à l'épinglage et enfin au clouage.

Un autre moyen de chercher l'esprit d'un vélum — nous entendons ici un arrangement de draperies formant voûte à un canapé, à quelque encoignure (fig. 22) — consiste à disposer à plat des petits morceaux d'étoffe dont on ordonne les plis, l'enchevêtrement, etc.

Les plis encore, peuvent être ingénieusement inspirés par du papier à calquer, du papier parchemin, que l'on froisse.

Tantôt une étoffe en chevauche une autre ; tantôt elle passe en dessous. Ici un ballonnement ; là un creux. Une chute élancée, à droite, s'équilibre d'une masse, à gauche. Point de symétrie, mais un balancement auquel concourent la qualité du tissu, son dessin, sa couleur.

Construire un vélum incite à la consultation des nuages qui circulent au ciel, toujours parfaitement composés. Un ciel n'est jamais symétriquement nuageux, et, le soleil qui se joue dans cet amas de vapeurs, donnera aussi des idées sur l'art de profiter d'une éclaircie d'étoffe ou du dérobement d'une autre. Nuages cotonneux, nuages de gaze, suggérant des accords de pesanteur et de transparence, offrant des contrastes où nous puiserons.

La ressource du vélum pour enrichir un coin et le varier, sera avantageusement retenue. Il crée des repos agréables à l'œil et permet à quelques petits meubles de figurer à l'aise, en compagnie de bibelots isolés.

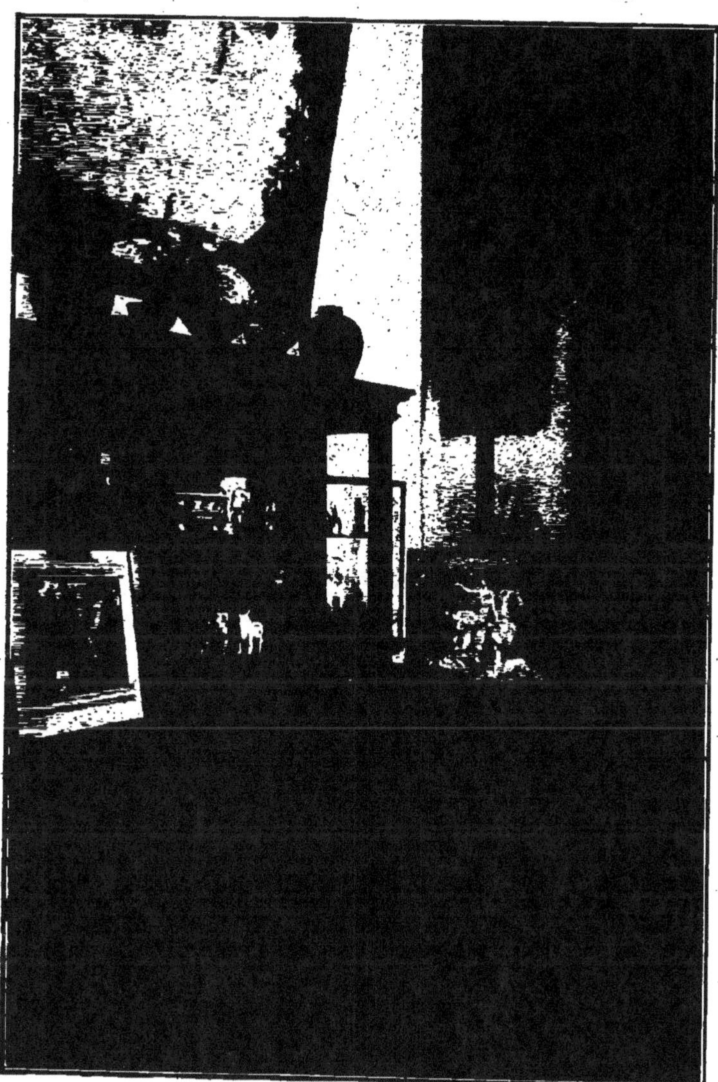

Photo E. Couronneau. — Coll. Sébastien Laurent.

FIG. 28. — *Coin d'un atelier d'artiste.*

Nous avons dit, enfin, que les meubles anciens, quelle qu'en soit l'époque, mêlent sans aucun désaccord, leur beauté, et qu'il n'est point ainsi besoin de les réunir toujours par styles. Encore une désinvolture dont plus d'un tapissier s'offusquera ! Finie la salle à manger impitoyablement Henri II et le salon rigoureusement Louis XV ! Toutes les esthétiques séculaires fraient entre elles, et cela permet au goût une diversion appréciable ; sans compter que notre style moderne (nous parlons du meilleur) fait excellente contenance parmi ses ancêtres.

A propos d'ancêtres : nos meubles fixes, de valeur, s'avantageront d'une marche qui les rehaussera, au propre et au figuré, tout en les protégeant contre les chocs. Une marche d'une hauteur de 20 centimètres est suffisante ; elle sera assortie à la couleur du bois, c'est-à-dire que l'on revêtira son bois blanc d'une couche plus ou moins foncée de brou de noix.

Alors que les meubles dits : à deux corps, se superposent logiquement — encore qu'ils puissent souvent se désunir — il est malséant d'entasser, l'un sur l'autre, deux meubles ou grands objets susceptibles de se tenir sur leurs quatre pieds, chacun séparément. Ainsi pour un vase de dimension dont les quatre pieds choqueront sur une table de même importance.

Quant à la mesure qui consiste à protéger les plinthes et lambris des cloisons, du heurt des sièges, avec des baguettes mobiles spéciales, elle est aussi à préconiser.

Ceci dit, après avoir jeté un dernier coup d'œil sur nos meubles bien en place, les meubles fixes et planes plutôt à jour frisant — point de face ni en pleine lumière — afin que leurs moulures fines soient le mieux détaillées, nous envisagerons les divers moyens de les entretenir et de les embellir.

Ces premiers conseils d'abord, relatifs à leur présentation stable et au bon ajustage de leurs organes.

Souvent, le fond d'une armoire ancienne, notamment, ses planches et tenons étant vermoulus, laisse passer la poussière. On maroufle alors ce fond, en appliquant sur toutes ses ouvertures, une toile résistante, enduite de colle de farine, de seigle ou de dextrine. Boucher aussi les petites fissures avec un mélange de colle et de sciure de bois. On redressera les grands panneaux des côtés (souvent courbés en leur milieu et empêchant la traverse du milieu du fond de les réunir) en ceinturant l'armoire, à double et à triple tours, avec une corde forte mais souple. On serre ensuite progressivement et sans brusquerie (pour ne pas écraser une partie délabrée), au moyen d'une barre de fer que l'on tourne, passée dans les enroulements de la corde.

Lorsque le serrage est parfait, au bout de vingt-quatre heures, on vérifie ses effets, quitte à resserrer encore, et les panneaux de l'armoire ont repris suffisamment leur forme.

On peut ensuite, pour empêcher définitivement l'écartement des panneaux et de la traverse du fond, appliquer deux plaques de tôle percées de trous et vissées à droite et à gauche de l'armoire, moitié sur les montants des panneaux, moitié sur la traverse. En cas de montants en mauvais état, remplacer les plaques de tôle par des plaques de cuivre, soigneusement coupées et polies, que l'on fixera à l'intérieur.

Caler toujours, minutieusement, un meuble, surtout s'il supporte une lourde charge. Les planchers sont rarement très planes, et, d'autre part, le bois des vieux meubles jouant, ils risquent un jour ou l'autre de perdre leur équilibre.

Le calage consiste à placer sous les pieds des meubles qui ne portent pas suffisamment, de petites lamelles de bois taillées en biseau, que l'on pousse avec un marteau, jusqu'à la réalisation de l'immobilité absolue, et l'on coupe enfin, au ciseau, les parties de la cale qui dépassent.

Pour caler les consoles, commodes et autres meubles de moindre hauteur, il suffit de les avancer un peu en avant du mur contre lequel ils s'appuient, et de les repousser ensuite à leur place après avoir mis sous les pieds en porte à faux, une cale. Celle-ci se trouve, de la sorte, coincée.

S'il s'agit de meubles élevés, le calage est insuffisant, il faut alors leur *donner du pied*, c'est-à-dire qu'après les avoir écartés du mur, on les penche en arrière, leur partie haute portant seule contre le mur. Tandis qu'une personne maintient cet écartement, une autre dispose les cales, et l'on pousse enfin, à fond, le meuble contre le mur. Mieux vaut, pour assurer la fixité, exagérer le calage d'avant en arrière.

En cas d'un meuble en deux pièces dont la partie supérieure inclinerait en avant, caler comme précédemment, mais en perçant la cale, de manière à permettre l'entrée du tenon qui solidarise les deux pièces.

Pour remédier, enfin, au gauchissement d'un meuble, c'est-à-dire à son adossement irrégulier contre un mur, il suffit de glisser entre le mur et le meuble, à l'endroit où il oscille, un tampon de chiffon ou de papier.

Lorsque les tiroirs d'un meuble fonctionnent mal, on savonne à sec les parties du bois qui frottent, et, au besoin, on emploie le papier de verre, la lime et même le ciseau.

Il arrive aussi que, par suite de l'usure ou du déplacement de la coulisse entre laquelle il se meuvent, les tiroirs se mettent en travers. On y obvie soit en remplaçant la coulisse, soit en l'avançant légèrement vers l'intérieur, soit en la reclouant ou en la recollant.

Souvent encore, un tiroir résiste, les objets qui l'encombrent étant coincés. On doit alors retirer les autres tiroirs du dessus et du dessous, de manière à pouvoir dégager la partie récalcitrante, en passant la main dans le vide obtenu, d'où l'on peut peser sur le tiroir et l'amener en avant. Essayer aussi d'un fil de fer pour déplacer les objets qui gênent, lorsqu'il s'agit plutôt d'un premier tiroir placé immédiatement sous le marbre d'une commode, par exemple. Au besoin soulever ou retirer le marbre.

Il advient fréquemment, enfin, que, par suite de la pesée d'un marbre sur la traverse horizontale d'un meuble, le tiroir du dessous ne peut fonctionner et que, dans ces conditions, on ne peut le fermer à clé. Caler alors, légèrement, le marbre sur ses côtés de manière à décharger la serrure.

Prendre bien garde de ne point briser un dessus de marbre ancien ! Celà serait causer un sérieux préjudice au meuble tout entier...

Attention à l'humidité qui altère le placage des

meubles, et ne s'en remettre qu'aux soins du spécialiste si des détériorations délicates de la matière se produisent ! Graisser les ferrures métalliques (ne point les dorer, ni les argenter !) et le gond des portes.

Deux mots enfin, sur la cheminée, simple ou monumentale, qui, inamovible dans l'ameublement, tient une place caractéristique.

Nous l'envisagerons d'abord parée de boiseries, pour sa suggestion encore plus essentielle ici. La cheminée sert de pivot à la composition de notre mobilier et des ornements qui l'entourent. On sait combien l'architecture moderne la combat au nom du radiateur, mais point encore assez pour que l'habitude en triomphe... puisque de fausses cheminées persistent de nos jours !

Mieux vaut dissimuler une laide cheminée sous un parement de bois sculpté (ou sous des bandeaux), et, quant à la surélever artificiellement, cela ne se conçoit que lorsqu'il s'agit de rejoindre l'échelle de grands meubles environnants. Il est bien évident qu'une cheminée moderne en marbre, fût-elle de premier ordre, choque parmi des bahuts et chaises du Moyen âge, et, d'autre part, un plafond bas restreint l'élan d'une cheminée qui écraserait, comparativement, ses voisins.

Le respect de l'échelle, dans un ameublement, domine tout souci de rangement, parce que rien ne s'impose à l'individu comme sa référence avec son propre décor. Il y a grand intérêt à ce que la taille déjà menue, d'une femme, ne soit point encore amoindrie par rapprochement, et, de même, une stature élevée paraîtrait ridicule dans une atmosphère lilliputienne.

Laissons donc la cheminée donner le diapason de l'échelle à une pièce, en même temps que celui de la logique. Autour d'une cheminée, des meubles Louis XVI, par exemple, ne seront point dépaysés, puisqu'ils y retrouvent le mode de chauffage qui caressa leur jeunesse. Et cette cheminée sera nue, pour correspondre encore à la gravité un peu froide de ces meubles (entre autres) auxquels nous allons maintenant prodiguer nos soins.

*
* *

D'une façon générale : le merisier, l'acajou, le noyer, etc., peuvent être bien entretenus au chiffon doux imbibé d'esprit-de-vin que l'on frotte jusqu'à ce que l'humidité disparaisse.

S'il s'agit d'un morceau de bois sculpté ancien, d'un panneau, etc., et de toute autre pièce de petite dimension, il suffit de la plonger dans de l'huile de lin bouillante où on la laissera macérer vingt-quatre heures. Au sortir du bain, la pièce en question sera défendue contre les vers et sa vétusté protégée.

Autre vernis protecteur (pour les grandes surfaces) : celui-ci composé de protoxyde de cuivre (ou noir de cuivre) broyé dans de l'huile de lin. Faire longuement bouillir.

Contre les piqûres de vers, on a aussi conseillé un mélange d'acide phénique (10 grammes) et d'essence de térébenthine (10 grammes), mais il faut imprégner chacun des trous occasionnés par ces parasites, et l'opération est bien minutieuse... Même observation pour la protection des planchers (voir plus loin).

Cependant, on arrive facilement à bout des vrillettes (petits insectes dont l'action destructive s'accompagne d'un bruit rappelant le tic-tac d'une montre) en soumettant le meuble atteint à une fumigation composée d'une partie de soufre et de quinze parties de salpêtre. On enferme le meuble dans une petite pièce dont on clôt toutes les ouvertures et, au bout de deux jours, le résultat heureux est atteint.

Essayez enfin, contre tous les parasites du bois ancien, un enduit de poudre de coloquinte passée au chiffon.

Contre les chocs et meurtrissures des meubles, on pourra repasser, avec un fer chaud, entre plusieurs feuilles de papier buvard très humide, l'endroit endommagé, préalablement humecté à l'eau chaude. Aussitôt le papier buvard sec, l'opération sera terminée. En cas d'accident sans gravité, mouiller copieusement la plaie, en entretenant cette humidité durant le temps où l'on approchera (à distance mesurée !) un fer rouge. Avant de revernir, polir bien, au delà de la partie altérée (de manière à permettre le revernissage au tampon nécessitant de grandes surfaces), avec du papier de verre très fin.

Pour boucher les crevasses du bois : faire épaissir du vernis ordinaire à l'huile, avec un mélange, en parties égales, de céruse, de plomb rouge, de litharge et de chaux éteinte. Ce mastic, très résistant, remplira parfaitement son but ; et non moins celui qui suit, résultant de la fusion de deux parties de cire d'abeille avec une partie de résine, une partie de poix, le tout mélangé avec de la brique finement pilée. Autre moyen : boucher les fentes avec un mé-

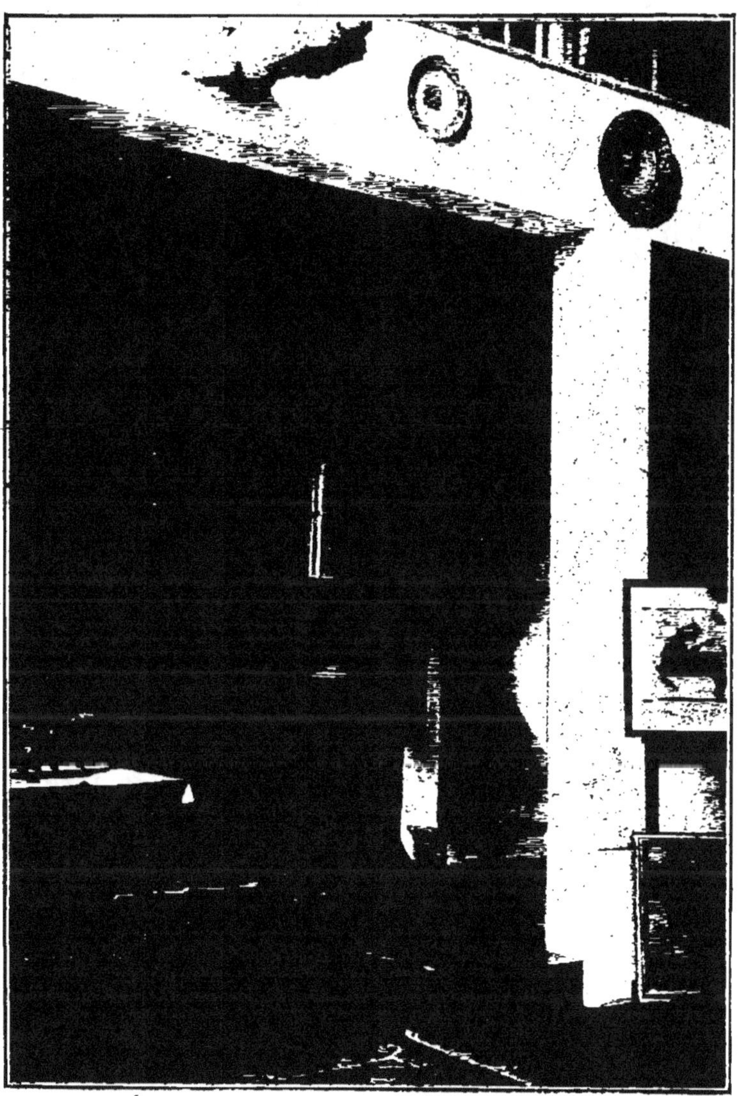

Photo E. Couronneau. — Coll. Sébastien Laurent.

FIG. 29. — Coin d'un atelier d'artiste.

lange de colle et de sciure de bois très fine. Plus simplement : employer la gomme laque.

Pour nettoyer les meubles vernis — L'eau de son tiède ou un jus de marc de café, enlève les taches de liqueur sur le vernis. Il suffit ensuite, pour rendre à ce dernier sa qualité, de le frotter avec un chiffon de laine trempé dans un mélange d'huile d'olives ou de lin et d'alcool, en parties égales. Bien agiter le liquide, préparé dans un flacon, avant de s'en servir.

Autre moyen : mélanger 25 grammes de résine en poudre et 25 grammes de laque en écailles, dans 1 litre d'huile de lin cuite. Cet enduit, passé à l'éponge, à la brosse, et frotté énergiquement enfin, avec une étoffe douce, nettoie aussi bien les meubles vernis ou non.

Contre la moisissure : une assiette chauffée et promenée sur la tache, puis une friction au chiffon doux. En cas d'une tache d'eau sur un meuble passé au brou de noix et encaustiqué, il faut teindre à nouveau au brou de noix, laisser sécher, et encaustiquer enfin. Si la tache n'était point accusée, c'est-à-dire très blanche, l'application d'encaustique suffirait. En général, les *parties ternies* d'un meuble se ravivent si on les astique fortement avec un linge mouillé d'huile de lin, d'essence de térébenthine et de pétrole (une goutte).

On enlève les taches d'eau sur un meuble en noyer en frottant la place avec un bouchon de liège jusqu'à ce que la tache s'efface et, pour redonner le brillant au bois, frotter au chiffon souple.

Essayer aussi, à cet effet, un mélange d'eau légèrement salpêtré (une forte pincée de salpêtre dans une cuillerée d'eau). Essuyer aussitôt après, avec un linge mouillé.

S'il s'agit de taches sucrées (sur un meuble vernis) qu'un simple nettoyage à l'eau n'a pas réussi à enlever, employer alors l'eau de son tiède. Frictionner et ensuite donner le luisant.

Les taches d'encre sur l'acajou cèdent au frottement d'un chiffon imbibé d'esprit-de-sel. Aussitôt la tache disparue, laver à grande eau.

Contre les taches de bougie : les amollir avec de l'eau froide et frotter (ne point gratter !) jusqu'à ce qu'elles cèdent.

Vernis pour les meubles : il se compose 1° d'huile de noix (500 grammes), de miel (32 grammes) et d'une gousse d'ail. Le tout broyé et mis au feu dans une casserole, avec une tranche de pain. 2° d'huile d'aspic (125 grammes), où l'on fait fondre, aussitôt chaude, du caoutchouc (60 grammes) jeté par petits morceaux. Lorsque le caoutchouc est dissous, retirer la casserole du feu et verser doucement son contenu dans le premier mélange, en remuant. Après ébullition du tout (opération au cours de laquelle on se débarrasse du pain lorsqu'il est devenu roux) pendant une heure environ, laisser refroidir. Le vernis ainsi obtenu est très dur ; il ne se gerce pas et se raye difficilement.

Autre moyen : faire dissoudre dans un litre d'alcool à 95° : 180 grammes de sandaraque, 120 grammes de colophane, 60 grammes de laque en écailles et 125 grammes de verre pilé, auxquels on ajoutera 120 grammes d'essence de térébenthine rectifiée.

Ou bien : un mélange de résine de gaïac (125 grammes), de résine de laque (90 grammes), de résine de benjoin (125 grammes), d'huile de lin (150 grammes) et de benzine (20 grammes).

Le vernis suivant enfin, n'est pas moins excellent, il se compose d'essence de térébenthine, d'huile de lin, de vinaigre, d'esprit de bois, de beurre d'antimoine et de cire d'abeilles.

Comment on vernit les meubles : passer rapidement 1° Six couches de vernis blanc dur ; chaque couche étant bien sèche entre chaque application. Polir le résultat obtenu au papier de verre fin. 2° Passer (non moins rapidement) successivement et après séchage de chacune, huit autres couches de vernis. Le papier de verre intervenant aussi, entre chaque couche sèche, pour effacer les traces du pinceau. 3° Frictionner doucement ce dernier vernissage avec une étoffe de laine humectée d'eau et de pierre ponce en poudre. 4° Après un repos de deux jours environ, frotter avec de l'eau mêlée de tripoli jaune, laver avec une éponge fine, puis nettoyer après essuyage, avec une peau de chamois. 5° Enduire, à la main, la surface de la pièce traitée, avec du suif fin ; la saupoudrer de fleur de farine, en travaillant, soigneusement et partout, cet enduit double. 6° Passer, pour finir, un coup de chiffon doux général.

Encaustique pour les meubles. — Nous préconisons l'encaustique rouge, qui donne au bois une chaleur et un éclat supérieurs. On l'obtient en faisant fondre, au feu doux, 500 grammes de cire jaune que l'on verse ensuite dans un composé d'essence de térébenthine (100 grammes) et d'orcanette (180 gr.), infusées durant vingt-quatre heures et passées dans un linge. Mélanger soigneusement le tout et remuer, de temps en temps, jusqu'à refroidissement. Astiquer enfin, le meuble, au chiffon doux, avec cette encaustique.

Encaustique jaune commune. — Faire fondre de la cire jaune (200 grammes) et y ajouter, progressivement et en remuant toujours, de l'essence de térébenthine (100 grammes) tiédie au bain-marie. Pour plus de sécurité, étant donné la faculté d'inflammabilité de l'essence, on pourra faire fondre d'abord, dans un récipient, le morceau de cire tenu dans la main gauche contre un fer à repasser, *point trop chaud*, tenu dans la main droite. On ajoute enfin l'essence, à froid, après fusion complète de la cire, et l'on tourne le tout avec un bâton.

Encaustique économique pour parquets. — Faire fondre, et jusqu'à complète dissolution, du savon de Marseille (125 grammes) et de la potasse blanche (60 grammes) dans 5 litres d'eau chaude. Remuer le mélange, de temps en temps, durant qu'il refroidit, et l'étendre au chiffon.

Pour nettoyer la dorure des meubles, etc., on emploie un mélange d'eau faiblement coupée de potasse. Après un lavage léger de la dorure, éponger non moins délicatement, puis passer à grande eau pure et laisser égoutter. Lorsque la dorure est bien sèche, on la « caresse » avec des linges chauds et on l'expose à une température assez élevée, pour terminer.

Pour préserver la dorure des chiures de mouches : l'enduire d'une couche d'huile de laurier.

Lavage des planches et parquets de bois blanc. — La boue s'enlève à l'eau savonneuse et à la brosse, l'eau étant fréquemment renouvelée, un rinçage à l'eau de Javel achevant l'opération. Pour enlever les taches de graisse ou de pétrole qui n'auraient pas cédé au précédent lavage à l'eau de Javel, les ramollir en les frottant avec un linge mouillé de benzine ou d'essence minérale, puis, déposer dessus un peu de terre qui absorbera le liquide. S'il s'agit de taches d'encre ou de rouille, on s'en débarrassera avec de l'eau légèrement additionnée d'acide chlorhydrique, et les taches de vin ne résisteront pas, si on les imbibe légèrement de vin blanc et les frotte, enfin, au savon. La paille de fer, encore, a raison radicalement de toutes souillures.

Quant à la *protection des planchers contre les parasites,* elle apparaît n'être assurée que très précairement par des injections d'essence de térébenthine ou de gaz sulfureux. Les trous étant enfin comblés par de la cire et de l'encaustique...

La nécessité de s'abaisser, parfois, au ras du sol, s'excuse de l'intérêt général que nous poursuivons. L'artiste voit à l'état d'idée pure ce qui apparaît au critique avec ses angles, ses contradictions et ses aspérités. D'autre part, comme les arts conservent

les traces du passage des générations sur la terre
mobile où nous sommes, puisqu'ils concentrent le
passé dans cette œuvre, nous devons nous inquiéter
de défendre cette œuvre multiple, même en nous
mêlant des besognes les plus matérielles...

LES ÇUIVRES, LES ÉTAINS, etc.

Avant de disposer les bibelots sur les meubles,
solidaire de leur éclat voici la fanfare des cuivres,
dont nous nous occuperons maintenant.

Les cuivres réveillent un coin d'ombre comme une
surface sombre; ils les font chanter davantage que
l'étain lunaire (fig. 6). Sur un buffet normand, à la
patine sévère, quelques rutilants spécimens de
dinanderie de Villedieu-les-Poêles, par exemple,
souriront aux fines sculptures de la façade. Et, des
immortelles, des chardons, des eucalyptus, des « mon-
naies du pape », apparaîtront flattés dans des pots
à lait normands, dans des « couvots » lorrains, dans
des « careils » gascons, à côté d'un « pornier »
(d'étain) tourangeau. Contrastes savoureux, où nos
provinces s'éternisent et qu'il ne faut point déna-
turer. Nous ne reviendrons pas, du reste, sur les
fâcheuses transformations de notre mobilier rustique,
et nous tournerons le dos à ce pittoresque pétrin
provençal dont des mains sacrilèges firent... un berceau ! D'ailleurs, à côté de cette singulière couche...
moderne (!), une bassinoire éclate de toute la colère
de son cuivre rouge...

Nous avons signalé l'erreur des cuivres anciens

excessivement astiqués. Nous reviendrons à cette erreur, premièrement d'ordre esthétique, et secondement, parce que les produits du commerce, adressés aux casseroles et autres vulgaires objets en métal, sont, de par leur causticité, susceptibles d'enlever aux cuivres anciens la dorure qui souvent les pare.

Quoi de plus détestable, encore, qu'une pendule, qu'un cadre ancien redorés ! Dépouillés de leur patine originelle, ne voilà-t-il pas que ces chers souvenirs du passé nous apparaissent endimanchés ? Pour éviter, donc, que nos flambeaux et candélabres, notamment, souffrent de produits radicalement corrosifs, nous préconisons ainsi qu'il suit, leur nettoyage.

Pour nettoyer les cuivres : les frotter fortement avec un chiffon trempé dans une solution de savon noir et d'eau chaude. Rincer ensuite à l'eau chaude, et passer à la peau de chamois enduite de la poudre courante, mais, s'il s'agit de surfaces comportant des ornements et des rainures, éviter le tripoli, qui s'incruste dans les creux.

On termine l'astiquage à la peau de chamois, sans aller jusqu'au poli éclatant. Un mélange d'ammoniaque et de blanc d'Espagne pourra également remplir cet office, mais seulement lorsque les cuivres seront très sales.

Autre moyen, s'il s'agit d'un cuivre jaune terni. Le plonger dans un bain d'acide nitrique et d'eau, en parties égales. Au bout de quelques minutes, le retirer et le laver à l'eau courante. Il reprendra son éclat, après une friction au chiffon sec.

L'acide oxalique dilué à l'eau, avec de l'esprit-de-

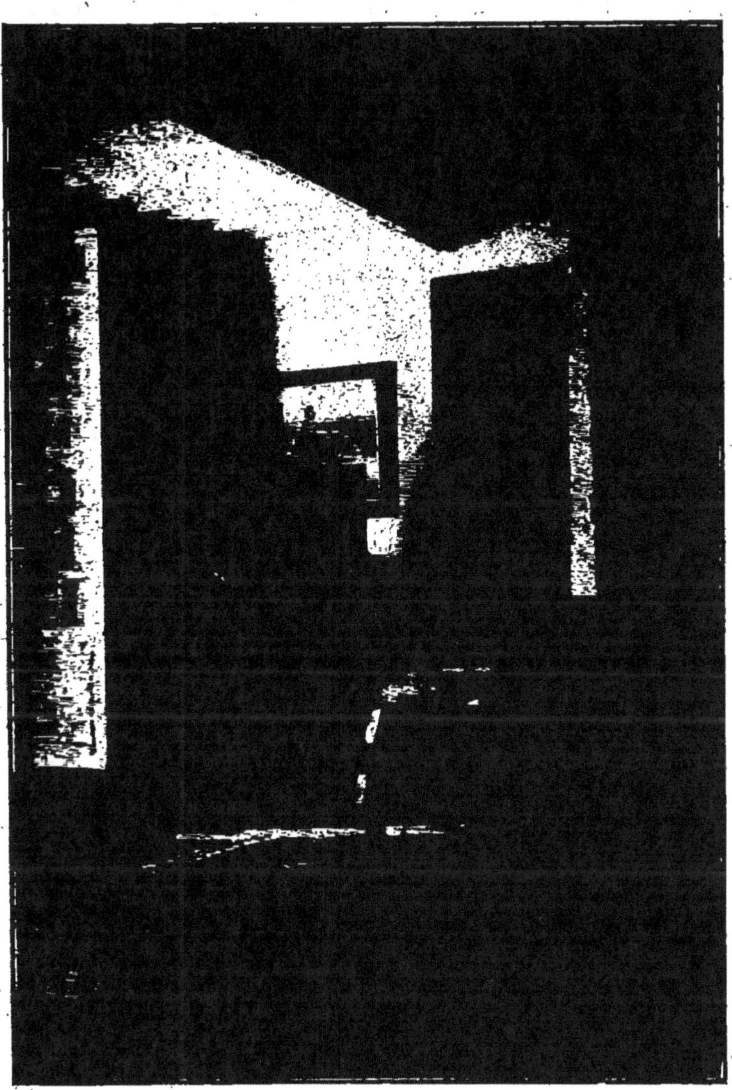

Photo E. Couronneau. — Coll. Sébastien Laurent.

FIG. 30. — Coin d'un atelier d'artiste.

vin, de l'essence de térébenthine et du poussier de bois blanc, réussit aussi (pour le cuivre, en général), mais entre des mains plutôt expérimentées.

Pour nettoyer les bronzes dorés noircis. — Indépendamment de l'ammoniaque mêlée avec du blanc d'Espagne : une pâte formée de 100 grammes d'eau, de 50 grammes d'alcool, de 15 grammes de blanc d'Espagne et de 10 grammes de potasse. Enduire l'objet de cette pâte, que l'on laissera plusieurs heures avant de procéder à l'astiquage.

Pour nettoyer les étains : un coup de chiffon de laine mouillé de pétrole, suffit, à la rigueur ; mais, en les faisant bouillir dans une eau additionnée de cendres et de cristaux de soude, une peau de chamois les frictionnant pour terminer, on obtient un résultat supérieur. Cependant, en dépit de l'intérêt de ces soins, nous préférons encore le simple nettoiement à sec, au chiffon de laine, qui risque moins d'enlever la patine séculaire à la fois du cuivre, de l'étain et du bronze.

Attention aussi aux poudres et savons spéciaux susceptibles de rayer le métal !

Pour donner la patine à l'étain (ou pour la lui rendre), il suffit de frotter cette matière avec une gousse d'ail ou de passer sur sa surface un mélange d'eau et de beurre d'antimoine. Cette dernière patine, supérieure par sa solidité autant que par la qualité de sa couleur, se tempère suivant l'addition d'eau, plus ou moins importante, dans laquelle aura fondu, à froid, le beurre d'antimoine.

Un mélange de noir de fumée et d'essence de térébenthine peut être aussi tenté, malgré qu'il soit peu solide et très superficiel ! Le principe de mater l'étain avec de la ponce en poudre sera, en tout cas, énergiquement rejeté, ainsi qu'une application d'acide chlorhydrique.

Pour donner la patine verte (bronze antique) : faire dissoudre les produits suivants : sel ammoniac (20 grammes), sel de cuisine (20 grammes), ammoniaque liquide (20 grammes) et vinaigre (1.000 gr.). Passer ce liquide avec un pinceau doux et cesser lorsque le métal verdit Quand le vert est obtenu, on essuie l'excès de liquide à l'aide d'un pinceau sec.

Après séchage, environ vingt-quatre heures après cette opération, renouveler les appositions de liquide jusqu'au ton désiré. Enfin, frotter le bronze avec une brosse légèrement onctueuse de cire.

Pour donner la patine au cuivre (ou pour la lui rendre). Le chlorhydrate d'ammoniaque coupé de plus d'une moitié d'eau, passé au pinceau, et les vapeurs ferrugineuses, agissent curieusement sur cette matière. Une bouillie de sel gris et de vinaigre coupé d'eau, dont on enduit et dont on ne débarrasse quelque chandelier qu'un ou deux jours après, le « vert-de-grise » non moins savoureusement. Cependant, il est préférable de ne point recourir à ces pratiques plutôt aléatoires et empiriques. Nous conseillerons donc ici, plus volontiers et plus logiquement, les moyens de se débarrasser du vert-de-gris.

Pour enlever le vert-de-gris : frotter énergiquement l'objet avec une brosse enduite d'ammoniaque, puis rincer à l'eau, laisser sécher et enfin essuyer à la peau, et, si cela ne suffisait pas, recourir aux moyens ci-dessus indiqués.

Pour dérouiller le nickel. — Bien que ce métal ne soit pas d'invention ancienne, nous donnerons, en passant, ce moyen qui le concerne. On le graisse, et, au bout de quelques jours, on le frotte avec un chiffon mouillé d'ammoniaque. En cas de médiocre satisfaction, insister avec un nettoyage rapide à l'acide chlorhydrique, laver aussitôt, essuyer et faire briller selon la méthode ordinaire.

Pour nettoyer l'argenterie : en dehors des poudres et savons consacrés, on pourra l'immerger dans du lait aigre, qui lui donnera un brillant fort séduisant.

Pour noircir l'acier : faire une pâte composée, en parties égales, de beurre d'antimoine et d'huile de lin, puis passer avec un chiffon un peu de cette pâte sur le métal à noircir, préalablement chauffé. Enduire ensuite d'une couche de cire à parquet et enfin vernir à la gomme laque.

Pour nettoyer le bronze : passer rapidement avec une éponge, sur le métal, une solution composée d'alcool (28 grammes), d'eau (14 grammes) et d'huile de lavande (4 grammes).

Pour vernir le cuivre : appliquer plusieurs couches de la solution suivante : alcool méthylique (2 parties), sulfure de carbone (1 partie), benzine (1 partie), essence de térébenthine (1 partie) et copal (4 parties).

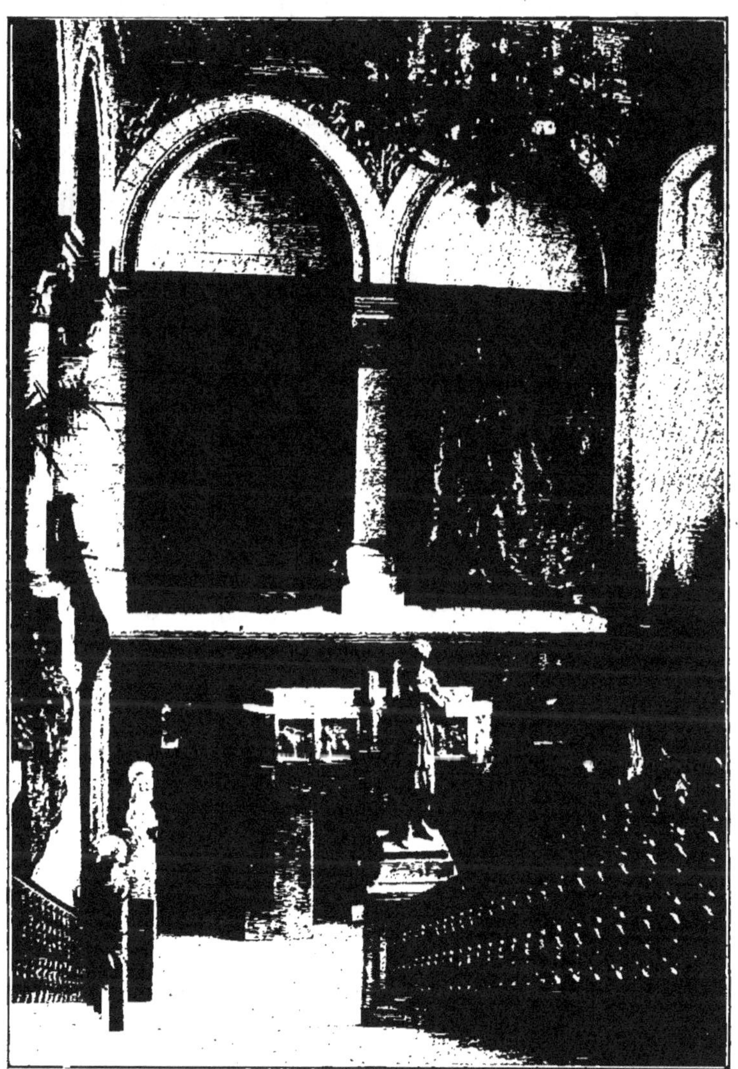

Photo A. Gilbert.

Fig. 31. — *Décoration d'un escalier de Mairie,*
à l'occasion d'une exposition artistique.

Pour bronzer le fer, l'acier et le cuivre : enduire tout d'abord de vaseline la surface du métal, puis le porter au rouge sur un fourneau, en laissant chacune de ses faces en contact avec la chaleur, jusqu'à ce que l'on ait obtenu la teinte désirée. Si la matière grasse est détruite avant la production de l'effet cherché, il suffit d'enduire à nouveau de vaseline et de recommercer à chauffer. Laisser ensuite refroidir le métal et le frotter avec de la vaseline afin d'enlever les matières charbonneuses et de donner du brillant.

Pour bronzer le cuivre, on pourra aussi faire bouillir, dans une casserole de cuivre non étamée, l'objet à patiner (ou à repatiner) pendant un quart d'heure, avec les ingrédients suivants :

Vert-de-gris pulvérisé	500 grammes.
Sel ammoniac	8 —
Vinaigre fort	160 —
Eau	2 litres.

Pour obtenir le bronze vert (ou le restituer) : enduire l'objet de la bouillie suivante :

Acétate de cuivre	50 grammes.
Crème de tartre	50 —
Chlorure de sodium	50 —
Carbonate d'ammoniaque	150 —
Vinaigre	1 litre.

Laisser sécher deux jours environ et laver à l'eau pure.

Pour obtenir le bronze ordinaire (autre moyen) : appliquer au pinceau une bouillie composée de sanguine et de plombagine mouillées d'eau. Sécher au feu doux et brosser doucement.

Pour obtenir le bronze rouge : employer le rouge d'Angleterre (colcotar ou rouge à polir), au lieu de sanguine et de plombagine, et procéder comme précédemment.

N. B. Ces deux dernières patines sont superficielles et peu solides. Les divers bronzages du cuivre (comme toutes les patines s'incorporant à la matière), bien que résistantes, ne doivent point être astiqués, répétons-le, avec des produits caustiques, comme ceux dont on se sert pour la batterie de cuisine, car, à la longue, ils finiraient par mettre à nu, déplorablement, leur poli. On se contentera d'un époussetage ou d'un coup de chiffon souple, parfois enduit d'encaustique.

En terminant ce chapitre, nous ne nous lasserons pas de marquer notre préférence pour le non astiquage du métal au profit du simple essuyage, et, si nous avons donné, dans le pêle-mêle excusable des matières envisagées, autant de renseignements sur les patines diverses, c'est que nous supposons l'embarras fréquent du collectionneur devant la réparation d'une lourde faute, précisément à la suite d'une morsure d'acide malencontreuse...

J.-J. Rousseau, estimant que « la santé du corps fait trouver bons les aliments les plus simples », nous ramène, toujours, à cette hygiène du bibelot, aux soins préventifs qu'il réclame, davantage que les médicaments, plus ou moins nocifs, sinon désespérés.

CHAPITRE IX

Comment on présente et soigne les tapisseries et les tapis. — Conseils et recettes pratiques.

Il ne faut point traiter une tapisserie comme un tableau. Une peinture en matières téxtiles ne saurait figurer, par exemple, dans un cadre, puisqu'une bordure spéciale constitue, en propre, ce cadre. Tout au plus concédera-t-on à un fragment de tapisserie, des moulures plates qui faciliteront son adhérence au mur, en soulignant, d'ailleurs, l'absence de sa bordure.

La tapisserie (en dehors du meuble) doit être appliquée contre une surface plane (fig. 31, 33, 34 et 35), à moins que, de par sa dimension et sa forme (ou son sujet), elle ne soit utilisée comme tenture, sur une porte, par exemple. En fait, originairement, la tapisserie était une tenture mouvante, flottante, et c'est son utilité, aujourd'hui abolie, de séparer les pièces et de défendre contre le froid, qui lui a valu sa subordination décorative dans nos appartements modernes. Son sort est celui du papillon aux riches couleurs, précieusement immobilisé.

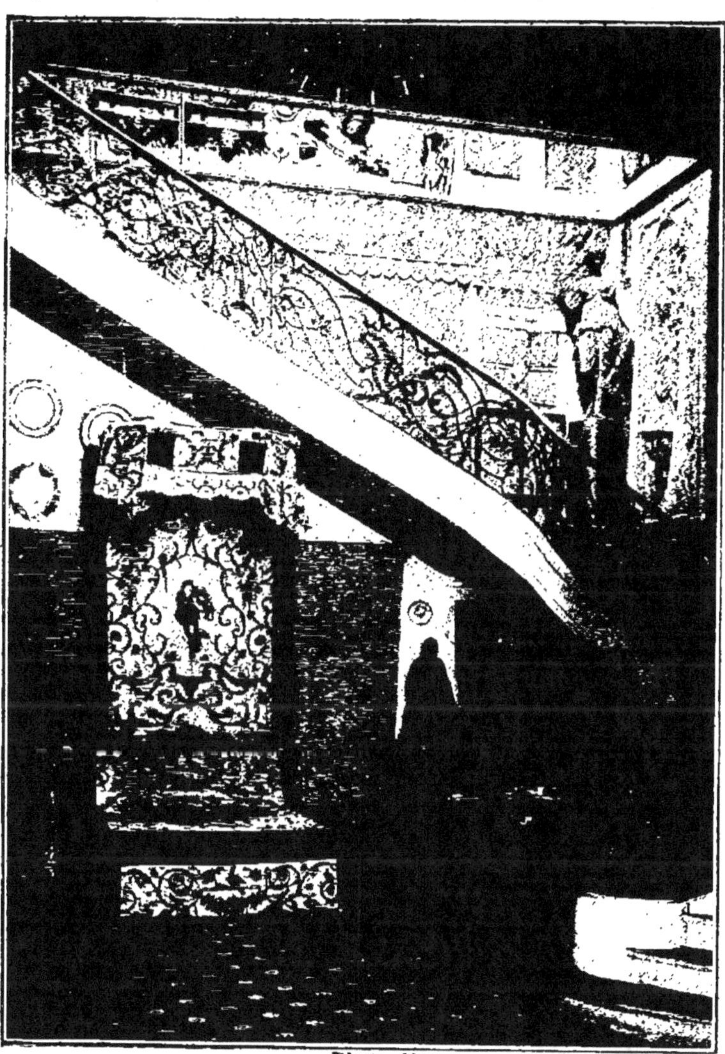

Fig. 32. — *Vestibule de l'hôtel d'un antiquaire.*

A l'exception d'une verdure quelconque ou d'une pièce mutilée que l'on aurait intérêt à dissimuler en partie, rien ne doit être apposé sur une tapisserie, celle-ci représentant une image intégrale, luxueusement tissée et fort coûteuse.

Quant à l'interdiction faite à une salle à manger ou à un boudoir — lieux tempérés — d'une tapisserie représentant un effet de neige, elle est à la merci d'un chef-d'œuvre, toujours à sa place là où il le veut ; tandis qu'une scène nocturne serait plutôt en désaccord avec la pleine lumière d'une pièce où elle figurerait, sous réserve, encore, de sa beauté rédemptrice.

Sans aller, toutefois, jusqu'au tableau inflexiblement décrété pour salle à manger, pour salon, etc., il ne messiéra pas cependant, de réserver à l'endroit où l'on se restaure, des tableaux et des tapisseries représentant d'appétissantes natures mortes. Le délicieux François Boucher vouait ses chefs-d'œuvre de grâce, au boudoir, et, si l'on en avait le choix, on verrait plutôt, dans un cabinet de travail, la gravité d'une tapisserie du xviie siècle que la légèreté d'une tapisserie du xviiie siècle.

Mais, en somme, le caprice des goûts s'accorde avec la rareté des chefs-d'œuvre et, d'une manière générale, avec ce dont on dispose...

L'intégralité d'une tapisserie-tableau réclame encore de n'être point pliée comme un éventail ou un paravent, dont la rigidité permet d'envisager des points de cassure. Malgré qu'il importe ne pas choisir un mur pour une tapisserie, mais bien une tapisserie pour un mur, il serait cependant coupable de plier une tenture aux exigences d'un mur, soit

que l'on en épouse les détours, soit qu'à l'aide de
pliures on remédie à son exiguïté.

Une autre erreur consisterait à donner à la couverture d'un siège une tapisserie vouée — par sa dimension, la grosseur de son point ou l'importance
de ses figures — à la surface murale.

Si Beauvais (et Aubusson) a tissé sur chaîne fine
(et aussi les Gobelins, mais plus exceptionnellement),
la tapisserie au canevas (dont les grandes tentures
sont rares) s'adresse volontairement à l'ameublement, avec la célèbre manufacture d'art beauvai-
sienne. On ne l'oubliera pas, pratiquement.

Si l'on admet que les grandes verdures n'attentent
guère à l'architecture réduite d'un fauteuil, d'un
canapé, on n'en pourrait dire autant des figures,
le plus souvent hors mesure sur leur cadre. La tapisserie exige donc d'être accommodée en raison de son
but, et tout autant qu'un tableau, elle devra être
visible là où on la place, et, seulement si ses nuances
sont claires, on aura l'excuse de l'avoir exposée en
un lieu peu éclairé, qu'elle égaiera.

Surtout, point de tapisserie sacrifiée au rôle d'une
étoffe de tenture. Jamais une tapisserie ne devra
plafonner, d'autant qu'il serait profondément erroné
d'avoir conçu, en raccourci, des personnages ou des
paysages destinés essentiellement à être vus verticalement.

D'autre part, la position verticale d'un tapis con-
verti en tapisserie, représente une autre erreur. Fait
pour la caresse aux pas, un tapis, en principe, ne
doit point quitter la ligne horizontale. Sa solidité
supérieure, l'expression purement ornementale de
son décor, le vouant, au surplus, non seulement à

être foulé aux pieds, mais à être recouvert, çà et là, par des sièges, par des meubles, qu'il fera valoir en s'y sacrifiant parfois même.

Voici pourquoi les tapis de la Savonnerie, représentant des portraits et tous autres sujets *modelés*, contrarient la raison. Les poils d'un tapis étant faits pour être rebroussés par la marche, qui risque de contrarier la lumière dans son action même et de déranger ainsi les modelés ; un visage de femme (ou d'homme) répugnant à l'écrasement des pieds, tout autant qu'une pièce d'eau ou des feuilles de houx. Ces feuilles de houx... ou ces nids d'oiseaux, candidement offerts pour s'asseoir !

Les tapis, enfin, ne sauraient être suspendus comme des tableaux, à la façon d'une tapisserie, qui doit être cependant un tableau spécial, exécuté d'après un carton *ad hoc*, de même que le vitrail.

Mais là ne se borne point la logique, dans ses rapports avec l'inspiration de la matière et sa destination et nous aurons encore l'occasion d'y revenir.

De même que, fréquemment, nous fûmes obligé de puiser dans quelques-uns de nos ouvrages relatifs aux arts collectionnés, nous nous emprunterons, ici encore, à propos des soins commandés par la tapisserie (1).

---

(1) *L'Art de reconnaître les Tapisseries anciennes*, même auteur, même éditeur.

PRÉSENTATION, NETTOYAGE
ET ENTRETIEN DES TAPISSERIES

Examinons, premièrement, la manière de présenter les tapisseries.

Comme il faut envisager essentiellement leur mobilité pour le nettoyage, la surveillance et leur sauvegarde en cas d'incendie, etc., la pose sur anneaux est à préconiser de préférence au clouage.

Le clouage sous-entend un déclouage brutal, susceptible d'attenter à la solidité de la trame et de détruire, par conséquent, l'équilibre de la peinture en matières textiles.

Clouée dans sa lisière (en tout cas), la tapisserie souffre aux points de suspension, qui déterminent — en les faisant brider, grimacer — quelque tirage des fils, nuisible à la placidité générale du tissu. D'autre part, la non-mobilité (ou la mobilité malaisée) s'accorde fâcheusement avec certaine paresse de surveillance guettée par les vers, la désagrégation latente des laines ou l'humidité.

Si les larves sont particulièrement friandes des laines fraîches — si l'on peut dire — par opposition aux laines dégraissées, asséchées, séculaires, il n'empêche qu'elles ne dédaignent pas non plus ces dernières, d'accord avec ce retour à la poussière des fils devenus friables et dissociés en leurs molécules, au fur et à mesure de l'âge. Mais nous indiquerons plus loin le moyen de débarrasser une tapisserie de ses parasites et reviendrons à son accrochage.

Toute tapisserie flottante s'épuise. Du seul fait de son poids, la moindre rupture de quelques points de la chaîne entraîne, peu à peu, des trous plus ou moins considérables auxquels il importe de remédier aussitôt, si l'on veut que les dégâts ne s'accentuent pas.

A ce point de vue, l'idée d'une pièce clouée sur un châssis de bois, nous sourirait assez, n'était sa présentation comme un tableau, illogique. Et cependant, ce mode de suspension établit une circulation de l'air entre le tissu et la paroi où il figure — analogue au système préconisé pour la peinture, aérée entre la toile et le mur —, fort captivante.

Point d'humidité ainsi, mais un obstacle sérieux surgit : les tapisseries sont rarement d'équerre, leur irrégularité oblige à des tensions de rétablissement condamnables.

Pour obtenir la rectitude d'une pièce, afin qu'elle s'adapte au cadre symétrique qui doit la recevoir, carré, rectangulaire, etc., on se trouve fréquemment dans l'obligation de forcer le tissu en l'étirant. D'où une déformation de l'image.

Réservons donc le clouage sur châssis à des pièces de peu d'importance et aux dimensions les plus régulières, et, si l'on a adopté le moyen rudimentaire du clouage à même la paroi, que celle-ci soit soigneusement vérifiée au préalable, afin que les plâtres frais ou l'humidité n'altèrent pas la beauté des œuvres appliquées à même.

Un cloisonnage de bois serait toujours prudent.

D'ailleurs, la pose sur anneaux nous sollicite décidément, pour des fins plus pratiques. Les anneaux, séparés à égales distances (pour dicter, parallèlement, l'emplacement des clous, en vue de la facilité de poser et de reposer les tapisseries autre part, sans avoir à changer de place, ni les clous, ni les anneaux), seront cousus sur une sangle épaisse (sans dépasser la lisière inférieure pour masquer les clous) assurant la responsabilité de la suspension générale.

De la sorte, pas de tissu grippé aux points d'attache, et, quant au soutien de la tapisserie, voici comment on l'assurera. Elle sera entièrement doublée (surtout s'il s'agit d'une portière particulièrement susceptible de fatigue) avec une toile résistante et de ton neutre, préalablement soumise à une immersion de plusieurs heures dans l'eau. Ce bain assurera la contraction de la doublure, le resserrement de son armature, la rendant ainsi le plus possible réfractaire à l'humidité, qui gondole et frise la trame sous la tapisserie, qu'elle entraîne fatalement dans ses convulsions.

Suivant sa dimension, la doublure (inutile pour une petite pièce) d'une tapisserie sera différente, soit qu'elle adhère complètement, soit qu'elle se compose de plusieurs parties flottantes. Ce dernier traitement réservé aux vastes tapisseries. En cas de doublure *en plein*, garnir de cinq à six bandes de toile, indépendantes, l'envers de la pièce; ces bandes étant elles-mêmes encadrées d'autres bandes qui contournent la bordure. Exécuter les coutures en losange — celles-ci soutiennent davantage la pièce et répartissent son poids plus harmonieusement — c'est-à-dire sans que le tissu n'accuse les points de tension, ni de bas en haut, ni de haut en bas (du côté de l'accrochage).

S'il s'agit d'une vaste tapisserie, la doublure se composera de bandes de cinquante centimètres environ, cousues verticalement ; chaque bande laissant entre elle un intervalle égal à sa largeur. Il suffira ensuite de coudre, dans le haut et dans le bas, une autre bande pour assurer à la tenture la solide suspension qu'elle réclame, sans nuire à la souplesse ni à la lecture de son image tissée.

Le choix entre les deux modes de doublure, *en plein* ou *libre* (celle que nous avons indiquée en dernier), est commandé, en somme, par le tapissier, suivant le degré de fatigue qu'on lui suppose ou l'état de vétusté qu'elle présente. Mais les portières, quelle qu'en soit la dimension, seront doublées en plein — étant le travail qu'on leur impose — et on leur évitera les embrasses dont l'emploi, à la longue, apporte une usure fatale à la place où elles se trouvent.

Si l'on peut remplacer les embrasses par une glissière à anneaux, ce moyen, lorsqu'il s'agit d'une lourde tapisserie, devient impraticable au geste frêle, et nous conseillons alors le contre-poids, c'est-à-dire une masse de plomb proportionnée au poids de la pièce, qui aidera à son moindre soulèvement.

Il est facile de dissimuler cette masse de plomb et son appareil à cordons, dans l'encadrement de la porte, et les résultats obtenus sont tels que la plus massive des tapisseries peut être manœuvrée par une main d'enfant. En admettant que votre tapisserie soit montée sur anneaux, vous voici donc à même de pouvoir la descendre et la replacer avec facilité. C'est l'instant de l'examiner de près, pour la mettre en valeur.

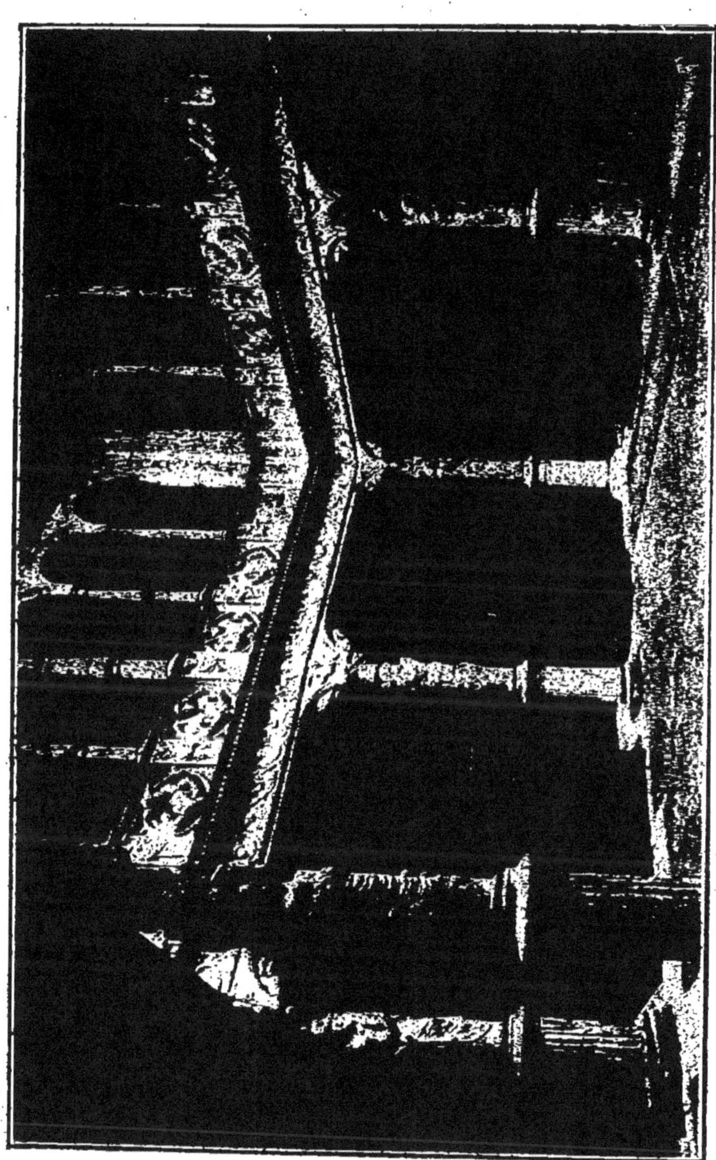

Coll. Schutz.

Fig. 33. — *Présentation de tapisseries dans un patio.*

Nettoyage des tapisseries. — On plonge la pièce, durant quarante-huit heures, dans une eau courante, si possible, mais toujours très propre. Après quoi, on la retire ; on l'étend sur une surface plane et on la frotte, à l'endroit comme à l'envers, avec de la saponaire bien cuite.

Elle est suspendue ensuite, et un rinçage abondant, à la lance de préférence (mais avec un jet sans violence), ravive normalement les couleurs et débarrasse la tapisserie de ses impuretés.

Enlever les taches subsistantes avec de la benzine ou du bois de panama. S'il s'agit de taches de graisse, en particulier, on les nettoiera avec un mélange de magnésie calcinée et de benzine. On étale la pâte obtenue sur les taches ; on laisse sécher et l'on brosse.

Un autre procédé excellent de nettoyage général à sec, consiste à frotter avec un gros morceau de craie ordinaire (craie pour tableau noir ou de billard), en insistant sur chaque emplacement, quelques secondes. On brosse ensuite, pour enlever la poussière blanche de la craie. La farine peut être aussi employée au lieu de la craie. Au cas où le séjour dans l'eau (pour en revenir à la première opération) ou même l'action de la brosse, aurait rompu les coutures de la tapisserie, les renforcer avec de la soie.

S'il s'agit d'une partie grippée, repasser l'endroit, légèrement mouillé, au fer chaud. D'ailleurs, comme un « grippé » apparaît surtout à jour frisant, il suffira d'exposer la pièce au jour ou en pleine lumière. Apercevons-nous quelque déchirure, quelque désagrégation ? N'hésitons pas à recourir aux bons offices d'une rentraiture compétente (les manufactures nationales des Gobelins, de Beauvais, notamment, ont ouvert leurs ateliers de rentraiture au public). Ne confondons point surtout, patine et malpropreté. Aussi bien, en matière de ravivage des tons d'une tapisserie, tenons-nous-en, religieusement, aux moyens inoffensifs que nous venons de dire. Toutes autres pratiques conseillées en dehors, sont redoutables ; elles relèvent soit du *potomage*, opération consistant à passer des couleurs sèches ou liquides, sur les laines, soit de grattages sur la surface du fil de laine, pour découvrir la partie dudit fil, plus ardente en dessous de n'avoir subi ni le contact de la lumière ni celui de l'air.

Au résumé, le premier de ces maquillages brûle les laines ; le second attente à leur solidité. D'où deux malfaçons touchant au truquage, dont la satisfaction n'est qu'un leurre. Aviver, enfin, au moyen d'un bain d'alun et d'acide oxalique, est de pratique fréquente mais bien délicate !

Pour l'entretien courant de la tapisserie, parfois un nettoyage à la mie de pain rassis donne de bons résultats, lorsqu'un léger coup de brosse douce (ou de plumeau, préférable), ne vient pas à bout des poussières journalières, et mieux encore : l'aspirateur électrique.

L'action du balai en paille de riz est beaucoup plus conservatrice que celle du balai mécanique, et l'emploi de la brosse est fort délicat, car trop d'énergie romprait des chaînes affaiblies par l'âge, en voie de désagrégation sous la laine qui les dissimule.

Jamais une tapisserie, en tout cas, ne devra être

confiée au battage mécanique. Ce dernier, particulièrement brutal, pour un effet désastreux !

Le battage mécanique, d'ailleurs, s'il viendrait à bout de la poussière — ainsi que de la chaîne et des laines ! — ne détruirait point complètement les insectes et les larves.

A ce propos, les poudres insecticides, la naphtaline, le camphre, non plus que l'essence de térébenthine coupée d'esprit-de-vin, et autres produits spéciaux soi-disant propres à les anéantir, sont totalement inoffensifs. En enfouissant, d'autre part, des tapisseries (et des tapis) dans des coffres hermétiques, au lieu de les protéger on enferme tout simplement le mal dans la plaie. Les œufs y ont beau jeu d'éclore et les vers de se multiplier, dans le mystère de l'air et de la lumière raréfiés, à l'abri de l'inspection fréquente !

Le plein soleil, d'ailleurs, est exigible pour l'état de conservation le plus sûr, et, sans ajouter foi excessivement à l'action lénifiante de la lune (combinée avec la fraîcheur nocturne) sur l'intensité des couleurs, sans doute peut-on admettre que les brusques variations de la température ne sont point sans apporter quelque dommage aux tissus, ainsi que le séjour dans une atmosphère surchauffée, qui les brûle.

Pour combattre la vermine — revenons-y — le seul remède radical et sans risque (en dépit de l'essence de serpolet à qui nous ne faisons guère confiance !) réside en la vaporisation à l'étuve de 120°. On ne pliera jamais une tapisserie. Des faux plis et des cassures en résulteraient. On la roule sur un cylindre de bois, à défaut de pouvoir l'étendre ou l'accrocher. C'est le seul moyen pour qu'elle ne gondole point, à condition, néanmoins, de la dérouler fréquemment.

Le gondolage, d'ailleurs, ne résisterait pas à un mouillage général au verso ; la pièce étant tendue jusqu'à parfait séchage, aux quatre coins, sur une surface plane.

N. B. — On ne doit jamais secouer une tapisserie. Sa trame, à la longue, y succomberait. Quant à la restauration des déchirures et autres ruptures de chaîne, trous, etc., nous répéterons que, comme la peinture, elle concerne essentiellement la compétence loyale. D'ailleurs l'amateur, en se contentant parfois de soutenir les parties défaillantes d'une pièce, agira sagement. Un bon morceau de vérité vaut mieux souvent qu'un rapiècement supérieur. Il est vrai que les ateliers de rentraiture des Gobelins, de Beauvais et du Mobilier National, comptent des artistes techniciens à la hauteur de toute tâche.

* * *

PRESENTATION, NETTOYAGE ET ENTRETIEN DES TAPIS

Nous ne reviendrons pas sur la logique de la présentation horizontale des tapis (1), à moins qu'il ne

---

(1) Cependant, les Romains ornaient autrefois de tapisseries leurs fenêtres et balcons, à l'occasion des fêtes, et, jusqu'à la fin du XVIᵉ siècle, ce mode de décoration subsista. On confondait d'ailleurs, à ces époques, broderies, tapis de pieds et tapisseries, et les tapisseries à personnages étaient appelées *tapis de murailles*.

s'agisse d'une pièce vénérable à qui l'on fait les honneurs du mur, afin qu'arrachée à son but, elle puisse encore se survivre.

Nous avons vu aussi, à propos du tapis de la Savonnerie, que les dessins sans modelés (auxquels il contrevint fréquemment) conviennent essentiellement à un tissu foulé aux pieds, aux poils contrariés, dont les ornements saillants ou mal choisis, entraveraient la marche, optiquement. Cela revient à dire que le tapis n'est point un tableau, et que, en dehors du canapé où on le jette, et de la porte où il fait office de portière, le tapis doit demeurer à terre. En cas d'accrochage (d'une pièce vénérable), se souvenir des moyens de suspension préconisés avec la tapisserie, et, quant au nettoyage, pareillement.

Le tapis partage encore, avec la tapisserie, le triste privilège de la teinture artificielle; aussi mettrons-nous en garde contre tous autres moyens de nettoyage pour raviver ses tons. Sans compter que le battage mécanique ne lui est pas moins funeste, à la longue; le balai mécanique, d'autre part, excellant à lui ravir ses poils...

Si, comme un tableau et une tapisserie clairs, le tapis aux tons vifs a pour but d'égayer ou de rafraîchir un coin sombre, il ne chantera pas moins dans la lumière qu'un tapis et une tapisserie au coloris éclatant. C'est le cadre qui guide le décor, en compagnie des meubles, et le rôle du tapis est de présenter avantageusement les meubles et objets que l'on pose sur lui.

La question d'harmonie entre les bois et boiseries différents, entre la discrétion des tons ou leur éclat sur le sol, oriente vers le choix du tapis. Il est bien

évident que plus un tapis sera neutre, dans une
galerie de tableaux, par exemple, plus il s'effacera,
comme il sied, devant les peintures seules impor-
tantes à voir. Un tapis à grands ramages, et, de même,
un papier de tenture, accaparant excessivement le
regard, au détriment de tout ce qui les entoure.
Pour les rideaux et autres draperies, pareillement.

De retour aux soins vulgaires, nous répéterons
qu'en matière de tapis (on en pourrait dire de
même pour tous les tissus), les poudres insecticides
et autres produits spéciaux contre la vermine, sont
aussi inefficaces. L'étuve à 120° demeure donc maîtresse de la place, et les taches de graisse disparaissent sur ses poils par les mêmes procédés que
ceux signalés pour la chaîne des tapisseries.

On roule un tapis comme une tapisserie, et seule,
la surveillance (à laquelle l'enfouissement dans un
coffre hermétique et sombre — nous l'avons dit —
s'opposerait) détourne les mites et les poussières de
leurs patients ravages.

Il nous revient, pourtant, que des journaux
entièrement graissés de pétrole et soumis, auparavant, au séchage d'une nuit, activeraient non
seulement la couleur des tapis dans lesquels on les
roule à l'endroit du tissu, mais protégeraient même
contre la vermine.

Quant au doublage, il sera toujours *en plein*, pour
préserver l'envers du tapis de l'usure à lui imposée
par le dur contact avec le sol, sous la pesée du piéti-
nement.

Cette pesée est miraculeuse cependant, pour les
tapis de prière anciens, à qui le frottement séculaire
des pieds nus donna un lustre et un prix supérieurs.

A noter qu'un tapis d'Orient, notamment, ne s'abîme jamais sur le sol et que sa fragilité est plutôt relative. L'usage le protège, tandis que les pliures (en place de roulage lui sont néfastes, occasionnant des cassures semblables à celles de la tapisserie ainsi maltraitée. Un tapis (tout comme une tapisserie encore) ne se secoue point; ses mailles et touffes de poils n'y résisteraient pas; et l'on surveillera soigneusement l'entretien de sa lisière, protectrice de l'ensemble des points de laine qui s'effiloqueraient à la longue, sous l'action du balai... ou de la tapette. La tapette, si dangereuse pour les tapis anciens! Et le bâton, encore plus redoutable! Rien ne vaut, d'ailleurs, l'aspirateur électrique pour le nettoyage des poussières d'un tapis, et, en le balayant quotidiennement avec un balai plat en paille de riz — jamais à rebrousse-poil — avec du thé (encore humide d'avoir été infusé) ou avec de la farine de froment, on obtient aussi un résultat heureux. L'humidité du thé entraîne la poussière sous la poussée du balai. Nous avons vu employer d'autre part, avec succès, la choucroute. Celle-ci, au sortir du tonneau d'expédition, s'entend, c'est-à-dire au naturel, sans graisse!

Une eau légèrement additionnée de vinaigre, dont on frotte un tapis, rend encore à ses couleurs leur vivacité sans danger pour la texture. On pourra aussi essayer de l'eau coupée d'ammoniaque, et, si le tapis est en très mauvais état, le fiel de bœuf aura des chances sérieuses de l'éclairer.

Cependant, l'humidité, sous toutes ses formes, absorbe inévitablement les poussières, et mieux vaut l'éviter, car elle nuit ainsi à l'éclat des tons. On *apprête un tapis* avec de la gomme appliquée à

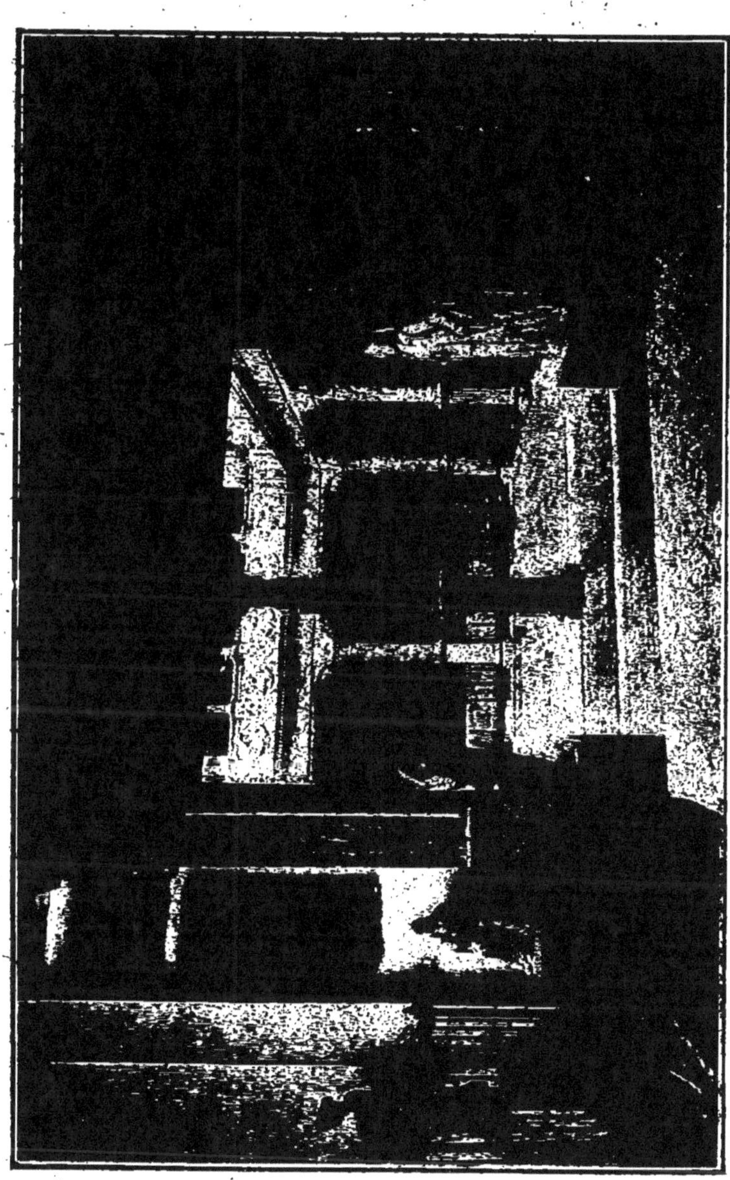

Coll. Schutz.

FIG. 34. — *Entrée du patio précédent.*

l'envers de la pièce. D'aucuns apprêtent pareillement les tapisseries.

Les *taches d'encre* s'enlèvent sur les tapis en les détrempant aussitôt, avec du lait ou de la crème. On brosse ensuite, on éponge et on rince à l'eau pure jusqu'à ce que celle-ci devienne claire.

D'une manière générale, les tapis tachés ont recours aux mêmes moyens de nettoyage que ceux que nous indiquâmes pour la tapisserie : bois de panama, benzine, magnésie calcinée.

S'il s'agit d'un tapis de *velours miroité*, on en relèvera le poil de la manière suivante. Le passer à la vapeur, et, lorsqu'il est bien humide, le brosser à rebrousse-poil, puis promener sur son envers, très tendu, un fer chaud. Insister avec le fer, en prenant garde de ne pas casser le tissu sur ses angles, et enfin, à l'aide d'une brosse douce, redresser le poil du velours.

Certains pieds de meubles modernes, mal conçus (trop pointus), écrasent aussi fâcheusement les tapis, et, dans ce cas, on pourra redresser les poils du tissu en mouillant fortement la partie flétrie, au verso, tandis qu'au recto on brossera les poils rabattus afin de les remettre dans le sens. Renouveler ce brossage après séchage.

Les diverses autres formules qui suivront, employées pour rapproprier les étoffes, ne seront point enfin, à dédaigner. On les consultera avec profit.

A similitude de matières, remèdes similaires.

CHAPITRE X

**Comment on présente, soigne et restaure les
costumes, tissus, cuirs, lingeries fines, four-
rures, etc. — Comment on présente et
soigne les armes. — Conseils et recettes
pratiques.**

Les costumes anciens, de soie, de velours, sont, en
vérité, des souvenirs vivants. Notre imagination les
anime ; et le vent, en se jouant entre les fines mousselines, parvient aussi à faire bouger les riches damas,
lampas et brocatelles du passé, jusqu'à nous donner
l'illusion de leur mobilité.

Après le vaste siège du xviie siècle qui nous fit
rêver de Célimène, après la profonde bergère du
Directoire où nous évoquâmes Mme Tallien, voici
maintenant que, sur la foi d'un costume, d'un tissu
vaporeux, nous allons ressusciter ces Femmes du
passé ! Car si les meubles vivent, les costumes res-
pirent. Ils gardent en leurs plis cette intimité émou-
vante, ce parfum de la chair, physiquement attachant.

Un habit du xviiie siècle, brodé par quelque fée,
berce notre imagination. Est-ce un François Boucher qui l'endossa ? Un Voltaire ou un J.-J. Rous-

seau ? Et voilà la raison pour laquelle les costumes d'autrefois ne devraient point s'entasser, en principe, dans des vitrines, comme de vulgaires défroques.

Des boîtes en bois et autres caisses ressemblant plus ou moins à des cercueils, ensevelissent, volontiers encore, ces parures de jadis, où, non seulement on ne les voit qu'à la dérobée, mais où elles risquent de devenir la proie des papillons... en dépit du camphre anodin et de la naphtaline nauséabonde. En revanche, les costumes se réhabilitent dans une vitrine où ils figurent sur des mannequins. D'abord parce que l'on peut les regarder sur toutes leurs faces (à condition d'avoir la possibilité de tourner autour), ensuite parce qu'ils sont rationnellement présentés, conformément à leur port.

Au reste, susceptibles d'être surveillés, ces costumes s'abîment moins ; la moindre altération restaurée étant susceptible d'enrayer une catastrophe !

La suspension sur des cercles (il en est qui n'abîment point le col des vêtements), donne à la rigueur satisfaction, malgré qu'ainsi, l'idée d'une friperie vienne à la vue de cet étalage d'ajustements vides et sans signification humaine.

* * *

Nous avons noté, dans une sacristie, la conservation de chasubles de toute beauté (de la Renaissance), dans une malle en bois de camphrier. Chaque pièce figurant entre deux feuilles d'ouate. Mais nous n'insisterons pas sur ce trésor d'avare, soustrait aux regards et conviant les mites. Je sais bien que les essences de lavande, de cannelle, d'eucalyptus et de serpolet, ainsi que des papiers de journaux (l'encre d'imprimerie déplaît fort aux insectes), eussent mieux rempli la tâche conservatrice, avec le formol et tant d'autres poudres (moins parfaitement encore que l'étuve à 120°), mais on ne saurait penser à tout. C'est ainsi que l'on ne se méfie point assez, dans ce dernier ordre d'idées (enfouissement dans un coffre), des risques courus par les étoffes que les temps ont rendues cassantes (le taffetas principalement). Le moindre repli, tout foulage, leur est préjudiciable. Elles se coupent et s'émiettent jusqu'à tomber en poussière, tant leurs tissus sont asséchés. Et il n'y a pas que le coffre qui leur soit nuisible, mais tous les modes d'entassement et d'accrochage réguliers où les plis se répètent à la même place.

Nous sommes donc pour le mouvement, l'époussetage, la mise à l'air fréquente et l'examen continu, contre l'herméticité. Nos précieux costumes, ainsi, sembleront s'animer, et, c'est la vie seule qui éloigne les vers, avec la lumière.

S'il s'agit, en tout cas, d'un sacrifice général des *parasites* (cette mesure peut être rendue nécessaire, particulièrement après un été sec), il importe de détruire ceux-ci avant l'hiver. On devra alors, sortir tous les costumes dans la salle où ils se trouvent. Les déployer, les étendre (ainsi que les lingeries et draperies), de manière à les rendre perméables à la fumigation que nous allons indiquer.

Fermer auparavant toutes les issues, coller du papier sur les joints des portes, etc. En fin de quoi, dissoudre dans un baquet ce mélange : formol du commerce (1 litre); chaux en poudre (2 kilos) ; eau chaude (10 litres).

Quarante-huit heures après, l'anéantissement total de vos ennemis est consommé. Pour se débarrasser des *mouches* et de leurs traces détestables, en dehors de la poudre de pyrèthre que l'on fera brûler, la solution suivante n'est pas moins radicale. On dispose dans une cuvette : du formol (10 gr.), de l'eau chaude (75 gr.) et du lait très sucré (20 gr.).

Si on laissait, encore, une éponge imbibée d'essence de lavande ou de serpolet, dans un coin de la salle infestée, on n'aurait qu'à s'en louer ; en outre, le commerce, avec des papiers gluants, notamment, s'est ingénié à vaincre ces bestioles, sans se préoccuper, d'ailleurs, de l'esthétique.

Les *fourmis*, d'autre part, redoutables, détestent le citron pourri...

L'humidité n'est pas moins à craindre que les vers, mais nous savons qu'elle ne s'installe point dans les tissus anciens, desséchés qu'ils sont et plutôt à la merci d'une brosse dure...

L'air seul, avec la lumière et la chaleur, combat réellement l'humidité ; les produits recommandés contre elle n'étant qu'aléatoires. Si l'essuyage fréquent de la tache d'*humidité* sur une paroi quelconque, après un chauffage au fer (si la partie attaquée est de petite dimension) ou auprès d'un poêle, était insuffisant, on pourrait néanmoins essayer la solution suivante, composée de goudron (50 parties), de résine (30 part.), de rouge d'Angleterre (6 part.), de brique pilée (12 part.) que l'on fera bouillir — en ayant soin de bien remuer — dans 1/4 d'huile de térébenthine, de manière à réussir un liquide très fluide. Appliquer ensuite sur l'endroit altéré.

Ce dernier résiste-t-il ? Veut-on en venir à *l'im-*

perméabilisation de l'étoffe ? Dissoudre alors, à parties égales, du caoutchouc, de la paraffine (ou de la stéarine) dans deux parties de benzine, et, si l'on ne peut tremper l'étoffe entièrement dans ce liquide, en enduire au pinceau les endroits menacés par l'humidité. Mais nous parlerons plus loin des étoffes, dont les taches, notamment, auront besoin de notre secours.

Pour revenir aux costumes, examinons maintenant leurs accessoires : chapeaux (voir également ci-après), ceintures, gants, chaussures, etc.

La présentation du chapeau appelle nécessairement la forme, tout au moins d'une tête, et la ceinture ne fait bien, logiquement, qu'à la base d'un buste. Quant aux gants et chaussures — il est des petits souliers de femmes qui seraient dignes d'un écrin ! — ils reposeront séparément, mais dans cette ombre discrète où, en réalité, nous nous plaisons souvent à les laisser, parce qu'ils ont épousé les contours de notre main et de nos pieds dont ils gardent le souvenir intime.

On pourrait déposer les chaussures à la base du costume de style correspondant. Chausser un mannequin n'est point à notre goût, car si l'on dit « bête comme un pied », on en fournirait ainsi une nouvelle preuve. Rien n'apparaît plus stupide que des extrémités supérieures chaussant du carton, au bout de jambes inertes...

A la vitrine donc, s'impose vite cette idée de préserver du ridicule quelque botte masculine, et surtout la personnalité plus savoureuse du gant.

Comment, maintenant, entretenir *la souplesse du vieux cuir ?* La vaseline appliquée au chiffon y réussit parfaitement; et si, en outre, des piqûres d'humidité le souillent, la vaseline encore en a raison. Après application, dans ce dernier cas, on laisse le cuir sécher pendant quarante-huit heures, assez loin d'un feu, et on le frictionne avec un morceau de laine.

On a vu, d'autre part, la *moisissure* sur des souliers de chevreau verni disparaître après un nettoyage au chiffon mouillé d'essence de térébenthine, suivi d'une application de vaseline et d'un séjour de vingt-quatre heures dans un endroit sec. Il suffisait enfin, de les traiter au cirage ordinaire pour leur rendre leur éclat total.

On a vu aussi des cuirs recouvrer, hélas! leur *brillant* évanoui, rien qu'en les vernissant, tout comme un tableau, avec un blanc d'œuf battu en neige.

On a vu encore des *cuirs* d'un jaune très clair... *remis à neuf*, au moyen de l'artifice qui suit : enduire la matière d'une bouillie d'essence de térébenthine et de terre à foulon. Laisser sécher et ensuite brosser. Passer enfin, au pinceau large, du jaune d'aniline.

Voulez-vous rendre le *brillant à un cuir* déverni ? Mélangez alors, en les faisant chauffer ensemble, de l'acide stéarique (5 parties) avec de l'huile de térébenthine (7 part.) et du noir de fumée (3 part.).

Mais que devient dans tout cela, notre patine ? Combien la vaseline, dans son rôle purement conservateur, est supérieure !

Du reste, l'ennemie de la peau comme du cuir, est la sécheresse, qui casse et annihile la matière. Plutôt que de nettoyer un gant — ce qui nuirait à la couleur de son temps, à son authenticité — on pourrait bien se contenter de lui rendre sa souplesse. A

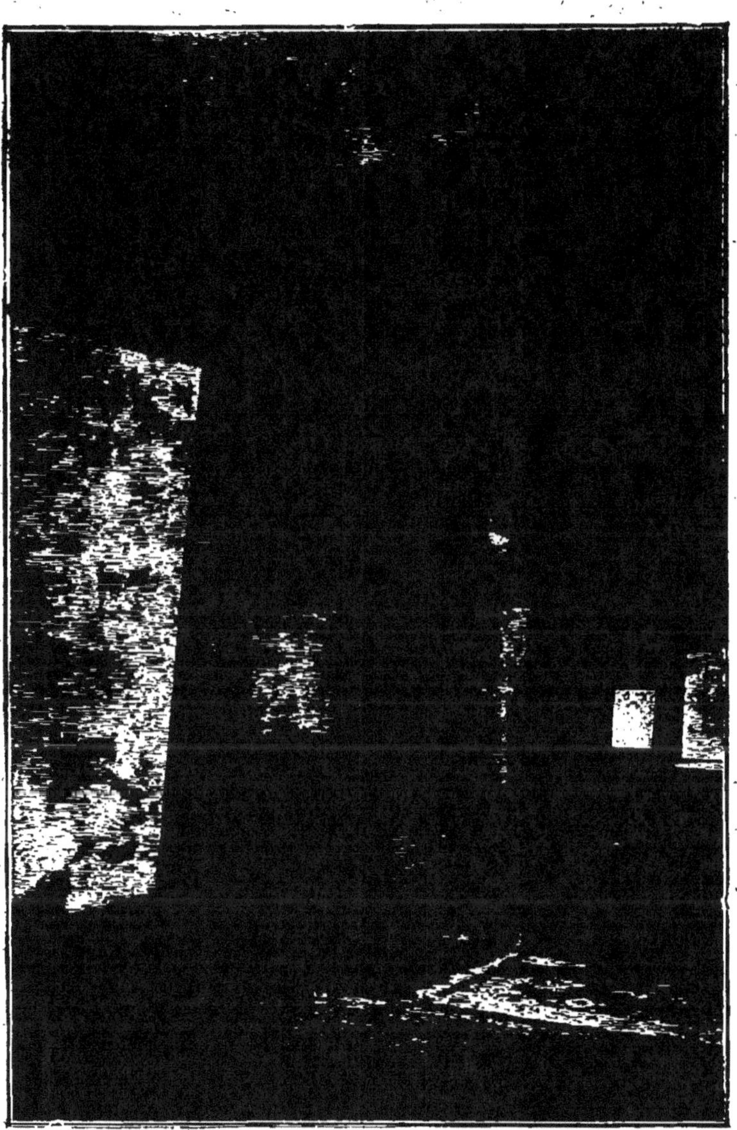

Photo E. Couronneau. — Coll. Sébastien Laurent.

FIG. 35. — Coin d'un atelier d'artiste.

cet effet, de la vaseline, de la lanoline, ou de la glycérine passées à l'intérieur du gant, conjureront les progrès du mal. D'aucuns cependant, sont attirés vers le nettoyage, moins respectueux de la patine, certainement, mais plus radical. On procède alors, à l'aide d'essence minérale (à l'abri du feu et de la lumière surtout!) et on laisse sécher à l'air libre. Comme l'essence décrasse mal dans les plis et crevasses, il s'ensuit des dégâts moindres que ceux que l'on redoutait, et néanmoins, nous préférons de beaucoup un simple frottage à la mie de pain suivi d'un autre, à l'alun. Quant au *glacé de la peau*, il lui est rendu par une friction de poudre de savon.

L'essence de pétrole, enfin, rapproprie fort bien encore la *peau blanche*. On dépose celle-ci dans un récipient rempli de ce liquide. On laisse sécher à plat et à l'air libre.

Quant aux lingeries, collerettes et fraises, guimpes et jabots, dont nous nous occuperons ensuite, ils méritent la vitrine, autant par leur richesse, souvent, que par le secret qu'ils perpétuent. Le velours sombre convient à les exalter, comme toute autre matière digne. Nous verrons plus loin les dentelles, aux délicats réseaux, réclamer pareil hommage, à l'égal de la bijouterie.

Il n'y aurait aucun obstacle encore, à distraire du regard profane, la contemplation de ces linons vaporeux où telle beauté s'enveloppa. Des cassettes parfumées sont alors indiquées, avec des sachets anti-mites. On vend au surplus, des savons de luxe qui permettent le *blanchissage* de ces tissus délicats que l'on repasse ensuite selon la mode ordinaire. Pourtant, on risque ainsi, de leur enlever leur patine légèrement dorée, si séduisante, et, en tout cas, la fréquence du blanchissage leur serait très préjudiciable. D'autre part, les poussières traversent les vitrines les mieux closes, et le soleil, de même que la lumière trop vive, brûle à la longue les lingeries (notamment !) Si l'on n'a point été au devant de ces derniers agents destructeurs, en couvrant les vitrines avec des tentures volantes, il ne faudrait surtout point les laver si leur état moléculaire n'était point tout à fait rassurant. Les étoffes brûlées par le soleil, s'effritent, tombent en poudre, tout autant que celles que nous avons vues, ravagées par les temps. En admettant la nécessité et la sécurité absolues, on pourrait alors, puisque la patine des anciennes lingeries se serait muée en malpropreté, recourir à un coulage à l'eau bouillante, qui leur rendrait et la blancheur de la neige et l'apprêt du neuf.

On ajouterait à l'eau bouillante 300 grammes de savon râpé (il en existe de spéciaux) et cinq tablettes de paraffine. Le séchage à l'air, sur le gazon de préférence, terminerait l'opération.

En cas de flanelles et de lainages salis — toujours sous condition d'un état de conservation propice — on pourrait les laisser tremper une heure environ dans un bain composé de quatre litres d'eau et de 35 grammes d'ammoniaque. Un rinçage à l'eau courante fera ensuite disparaître toute odeur, mais en rendant aussi à nos tissus... la souplesse du neuf! Un désastre! s'il n'y a point obligation de procéder ainsi.

Mais mieux vaut souvent, pallier à un désastre, que de ne pas en prévoir de pire. Voici pourquoi nous pourrons encore traiter nos broderies et mousselines, nos dentelles aussi, selon la formule innocente suivante. Plonger les tissus en question dans une eau savonneuse, puis dans une seconde, additionnée d'une cuillerée à café d'essence de térébenthine (par litre d'èau), et pourvue d'un sachet contenant une poignée de riz. Le linge chauffera dans la dernière eau, sans bouillir, et trois heures durant, environ. Enfin, frotter les tissus, les rincer à l'eau bouillante et les passer dans l'eau de riz.

N.-B. — Pour éviter que le fer n'attache à l'amidon, durant le repassage, y ajouter une pincée de sel. L'amidon, d'autre part, gagnera en blancheur.

Et puis, voici *contre les taches de rouille* : la souillure ayant été mouillée et soumise à l'action du fer chaud, la frotter au pinceau, avec un jus de citron, puis la rincer à grande eau.

Pour blanchir la toile écrue — dont nos « rustres » ancêtres surtout, apprécièrent la solidité — il suffit de la disposer dans un cuvier dont on aura garni le fond d'un lit épais de racines d'orties. On la coulera ensuite à la lessive comme à l'accoutumée, et, après rinçage, on la fera sécher sur l'herbe.

On sait que la toile écrue est une toile qui n'a point subi l'action corrosive des acides employés pour le blanchissement des autres. On connaît sa jolie tonalité bise, de l'avoir vue tant de fois émerger au-dessus du corselet de velours noir des soubrettes de Molière.

La fragilité de la lingerie fine nous amène à parler de celle, similaire, des *bas de soie*.

En admettant que les mailles ténues de ces gaines

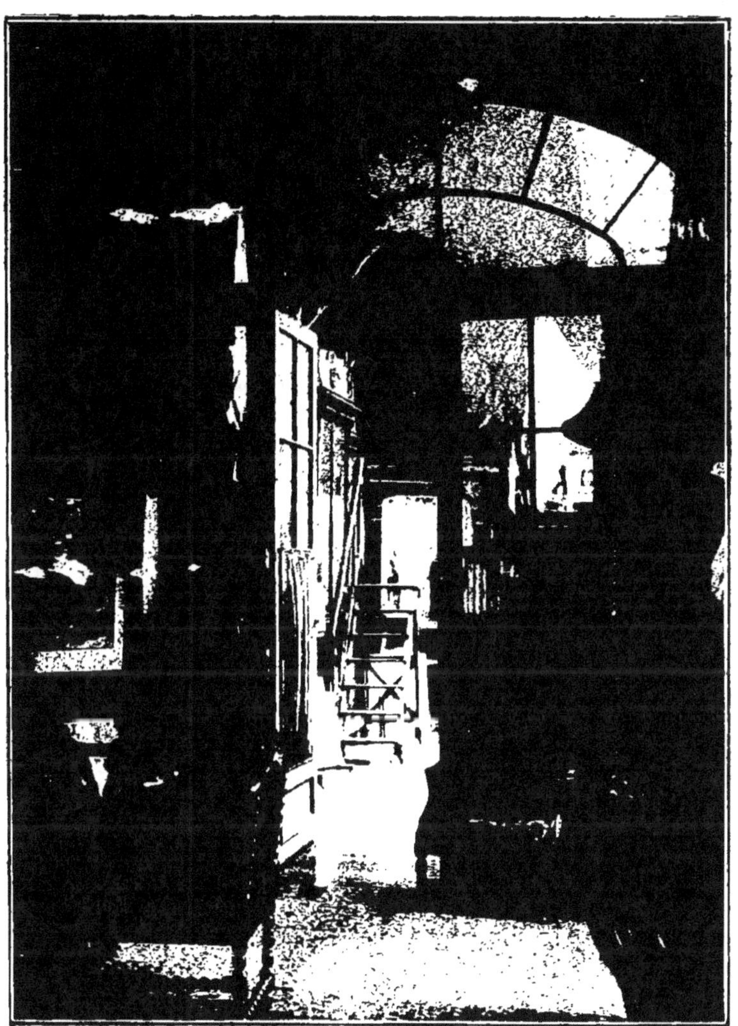

Photo E. Couronneau. — Coll. G. Scott.

FIG. 36. — *Atelier d'un peintre militaire.*

charmantes soient susceptibles d'un nettoyage des plus légers, à sec, et si elles sont blanches, on les traitera à la farine, de même que les plumes dont nous parlons plus bas. Si l'on peut les laver, profitons alors de la recette ci-jointe. Les savonner dans de l'eau tiède, et après rinçage dans l'eau claire, les tremper ensuite, sans les tordre, dans une autre eau additionnée d'un peu de vinaigre et de sel de cuisine (une poignée). Etendre ensuite, mais point au soleil ni à la grande chaleur.

Quant aux *bas de couleur*, on ravive leurs tons en ajoutant de l'eau de rouille au bain précédent.

Le chapitre des *chapeaux*, ensuite.

Pour entretenir le lustre d'un chapeau à poils de soie, on le brossera légèrement et fréquemment, après un passage à la vapeur, au-dessus d'une casserole d'eau bouillante, mais jamais à rebrousse-poil. Les feutres se soignent de même, mais avec la précaution spéciale de ne pas les casser.

Si la coiffure comporte des *plumes* blanches, on pourra savonner celles-ci ou les passer à la farine que l'on secouera ensuite pour qu'il ne reste plus de poussière. Après quoi, en soumettant les plumes à la chaleur d'un poêle, par exemple, elles se refriseront d'elles-mêmes. On pourrait aussi, profitant d'une flamme claire à laquelle on les présenterait, friser les plumes au moyen d'un couteau. On soumet chaque côte empennée, à une légère tension, puis on passe au-dessous le couteau, assez vigoureusement. Cette action a la propriété de redresser la plume en volute. Mais attention de ne casser ni de ne couper la plume !

Pour ce qui concerne les vieux chapeaux de paille,

en raviver l'éclat, — si cela est tout à fait nécessaire,— avec le jus d'un citron, et la souplesse leur reviendra, grâce à un peu d'huile passée au chiffon.

N.-B. — La souplesse d'un *chapeau de paille* le garde de la cassure, plutôt irréparable.

Tandis que les *ganses* ou bordures de soie se nettoient à la benzine ou à l'alcool, les *rubans noirs* retrouvent tout leur brillant dans de l'eau sucrée passée sur le ruban préalablement étalé à plat.

On trempe la brosse dans le liquide (que l'on change à chaque fois qu'il se trouble) et, sans rincer, on donne un coup de fer au ruban encore humide.

Pour nettoyer les galons d'or et d'argent et les empêcher de noircir, une friction au blanc d'Espagne (ou avec de l'albâtre calciné), à la rigueur, suffirait, mais la mie de pain rassis lui est supérieure. On en fait une grosse boulette et l'on frotte le galon. Changer de boulette à chaque fois que celle-ci est sale, et recommencer l'opération jusqu'à ce que la boulette ne prenne plus de crasse. Brosser enfin, pour enlever les miettes. Autres méthodes : il suffit de frotter doucement les galons avec une brosse trempée dans de l'esprit-de-vin tiède. On les sèche ensuite en les brossant à sec et non en les essuyant avec un linge. Des cristaux de sel ammoniac pulvérisés sont parfois préférés pour le frottage, et non moins celui avec une solution de fiel de bœuf dans de l'eau légèrement additionnée de carbonate de soude. Ce dernier frottage avec une brosse douce, et le séchage s'effectuant entre deux feuilles de papier buvard ou un linge fin.

Au lecteur de choisir, et, s'il lui fallait *patiner des galons métalliques, en argent et or, imitation*, il lui suffirait d'exposer ces galons à des vapeurs de soufre ou d'ammoniaque. Les vapeurs de soufre sont aussi à retenir pour décolorer et dégrader la soie. Sarah Bernhardt innova ce dernier procédé, à l'occasion des représentations de *Théodora*, où ses costumes apparurent d'une beauté étrange et supérieurement artistique.

Et puis, comme nous apercevons — en esprit — une toque de *fourrure*, nous en profiterons pour parler de la conservation de cette précieuse garniture.

Il est à noter, d'une manière générale, que la graisse, surtout, attire les vers, malgré qu'il ne faille pas croire que les tissus et autres tapis et tapisseries — nous l'avons dit — soient à l'abri des parasites s'ils sont parfaitement desséchés. Pour revenir à la généralité, nous admettrons qu'il est préférable de donner au dégraisseur une étoffe et, en l'occurrence, une fourrure (de même qu'un lainage) avant de l'enfouir dans une armoire.

Pour rendre au poil son lustre : frotter avec un chiffon de drap, dans le sens du poil, de l'essence de térébenthine, jusqu'à complet asséchement.

Pour remettre à neuf la fourrure : tout d'abord humectons-la d'eau, et étendons ensuite, sur elle, du son chauffé au four. Ne point frotter le son et attendre au lendemain pour le secouer. Battre enfin la fourrure sans brutalité, avec deux baguettes souples. Cette dernière opération, d'ailleurs salutaire en toutes occasions, puisqu'elle redresse le poil et entretient

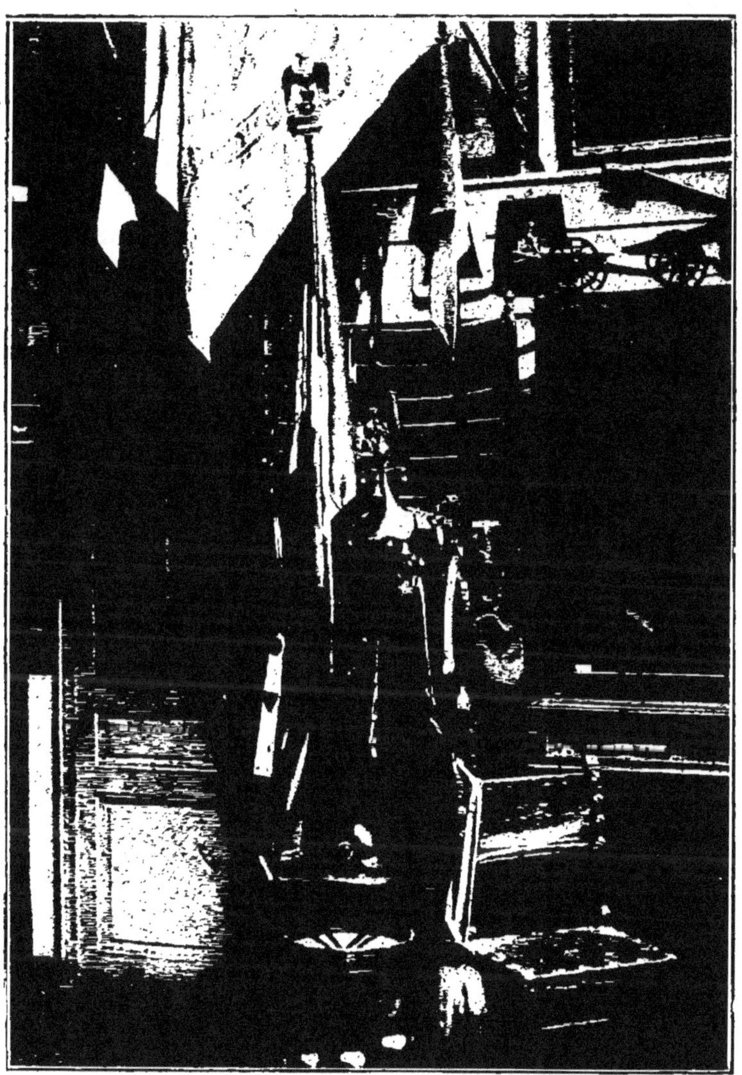

Photo E. Couronneau. — Coll. G. Scott.

FIG. 37. — Atelier d'un peintre militaire.

l'aspect du neuf, en s'opposant à l'éclosion de la vermine.

*   *   *

Nous terminerons cet aperçu par la *présentation et
l'entretien des armes*, les armes accompagnant
presque toujours le costume, au temps passé.

Nous savons que certaine ordonnance militaire,
exaspérément symétrique, doit être repoussée par
le collectionneur.

Il faut ainsi faire litière des « coupe-choux »
groupés à l'instar des rayons d'un soleil, de la panoplie constellée d'étoiles en grenades, de pyramides
en obus, de la panoplie conventionnelle enfin, — que
nous écartâmes dès le début, — inséparable des jours
de parade, à la caserne.

Pareillement, d'ailleurs, nos cérémonies civiles le
disputent encore à la banalité, avec les écussons de
drapeaux, avec les arrangements « omnibus », où les
tribunes officielles somnolent, mornes et compassées,
sans aucun autre caractère que celui de la tradition
surannée... Crépines d'or et velours rouge ; drap
vert administratif associé aux glauques cartons des
dossiers. Consécration d'usage où l'esthétique, hélas !
n'a rien à glaner.

Bref, pour la présentation de nos armes, en dehors
de la liberté supérieure qui leur échoit chez l'artiste
(fig. 37 à 42), nous nous souviendrons des méthodes
d'arrangement préconisées antérieurement, en envi-
sageant tout d'abord, dans ses grandes lignes, l'ordre
symétrique. Dessiner, préalablement, un motif central
géométrique, et l'utiliser selon les armes dont on
dispose ; les vides dudit motif étant comblés par le

mode du balancement. Les divers volumes alternant avec les diverses couleurs de l'acier (poli ou bruni), comme avec les diverses forces, longueurs et largeurs des éléments inspirateurs. On attache ensuite les armes, d'après la volonté du dessin exécuté, dans les dimensions de la paroi où elles figureront.

Renoncer à l'écusson-panoplie, si commun ! Du drap sombre, vert ou grenat tendu par des gros clous dorés ou argentés ; du velours dans ces tons aussi, s'il s'agit d'armes riches ou rares, tapisseront le mur moins bourgeoisement.

Chercher le pittoresque ; de la noblesse des épées finement ciselées, à la rudesse du casse-tête barbare. Si l'on peut grouper par ordre de styles, n'y point manquer, à condition, cependant, de varier le genre d'armes : l'épée élancée voisinant avec la dague trapue ; un casque appuyant sa masse opaque sur la transparence d'une cotte de mailles ; des crosses de pistolets cabriolant dans l'ensemble, pour rompre une ligne trop rigide, etc. La garde des sabres, encore, ponctuant des légèretés de lames, des souplesses de drapeaux. Et, s'il s'agit de « souvenirs de guerre », les exposer discrètement, car ils témoignent, tout près de nous, d'années inoubliables et douloureuses...

D'ailleurs, ces « souvenirs de guerre » à vrai dire, n'offrent généralement rien d'esthétique (1) ; leur curiosité — souvent impie — attire plutôt le commun. Ils brillent surtout par leur ingéniosité meurtrière. Nos aïeux ignoraient la guerre « scientifique », et, comme la fonction crée l'organe, le masque contre les

____

(1). — La place des canons allemands de notre Victoire, par exemple, ne serait-elle point ailleurs qu'au seuil de tant de nos musées de Province ?

gaz asphyxiants ressemble au groin d'un porc, tandis que le glaive de saint Louis, symbole sacré, avait la forme d'une croix.

Combien notre armurerie moderne s'éloigne de l'art de celle du passé qui, à force de beauté, finit par dépouiller son caractère exécrable de fanatisme ou de haine.

Nous donnerons maintenant quelques recettes relatives à l'entretien des armes. Celles que nous avons indiquées au chapitre VIII, à propos des cuivres, pouvant être consultées au surplus, et, quant aux cuirs, ceintures, baudriers, etc., nous renvoyons aux procédés énumérés précédemment, à l'entour des gants. A leur sujet, nous répéterons avec insistance que moins on les astique mieux ils valent au point de vue de l'intérêt vénérable que nous leur portons, malgré qu'il ne soit pas défendu — bien au contraire — de les préserver de la décrépitude des ans.

* * *

Pour coller les étoffes sur du métal (des doublures d'armures en drap, par exemple), voici la formule de la colle acétique de Kéghel : colle forte (45 gr.), acide acétique cristallisable (40 gr.), eau ordinaire (15 gr.). On fait d'abord gonfler la colle dans de l'eau, pendant la nuit ; puis, après liquéfaction au bain-marie, y ajouter peu à peu l'acide acétique, en la diluant à l'eau suivant la consistance désirée. La colle définitive s'obtient enfin, en mêlant 100 gr. de colle liquide à l'acide acétique et 25 gr. de résine de mélèze. Employer à chaud.

Pour coller le cuir sur le métal (voir page 284).

Pour vernir les armes (et objets de fer et d'acier). Grâce à ce vernis à froid, les armes conservent leur brillant et ne rouillent pas.

Composition : mastic en larmes (10 gr.), camphre (3 gr.), sandaraque (15 gr.), résine élémi (5 gr.), alcool 200 cc. Mais tous les vernis, en somme, jouent un rôle protecteur en pareil cas.

En dehors du papier émeri, *la rouille s'enlève sur le fer* au moyen d'une liqueur contenant, dans un litre d'huile de lin, 1 litre de vernis brun, 1 litre 1/4 d'essence de térébenthine et 45 grammes de camphre. Plonger quelques instants les objets rouillés, dans ce mélange, en les y agitant ; les rincer enfin à l'eau chaude et les laisser sécher.

La graisse d'armes employée par l'armée se compose d'huile d'amandes douces (100 gr.) et de graisse de mouton (50 gr.). On fond la graisse et on la passe à travers un linge, puis on y ajoute de l'huile, pour arriver à la consistance d'une pommade.

L'huile de pétrole rectifiée ou la vaseline préservent aussi parfaitement de la rouille.

Enfin, pour rendre à l'acier rouillé son poli : le frictionner au chiffon avec de la pierre ponce fine.

Victor Hugo a dit : « Le beau n'a qu'un type ; le laid en a mille », mais encore faut-il préserver le beau de la laideur, à laquelle tendrait sa décrépitude si on ne le défendait pas, et, Théophile Gautier déclarant que les vers d'Homère, que les statues de Phidias, que les peintures de Raphaël, ont plus élevé l'âme que tous les traités des moralistes, n'a point confondu l'art de soigner les œuvres d'art avec ces traités purement critiques ! Ce n'est d'ailleurs qu'en objectivant les chefs-d'œuvre d'un Phidias, d'un Raphaël; d'un Cellini ou d'un Ballin, pour la ciselure, d'un Bernard Palissy, pour la céramique, d'un Boulle ou d'un Riesener, pour le meuble, etc., que nous planons sur les soins vulgaires qui viennent sous notre plume... Ceci amende cela.

CHAPITRE XI

Comment on présente et soigne les pièces de monnaie, les médailles, les étoffes et les dentelles.

Les pièces, les médailles, tout un film où repassent sous nos yeux, depuis les joyaux coulés et frappés à l'image d'un Caracalla, d'un Homère, d'un Horace, d'un Salluste, jusqu'à ceux où s'épanouissent les traits d'un Louis XI, d'un Henri IV, d'un Louis XIV et tant de glorieuses commémorations !

Michel Colombe, Benvenuto Cellini, Matteo del Nassaro !... Le bronze, l'argent, l'or, appelés à servir des maîtres, à chanter des princes, à perpétuer des faits profanes ou sacrés ; le « vil métal » à l'honneur !

Mais il nous faut encore descendre de l'art et pénétrer dans la réalité. C'est la présentation seulement de la beauté qui nous convie, il est vrai que c'est en assurer le parfum.

On disposera toujours avec plus de distinction et de sécurité les médailles dans le meuble qui leur est essentiellement destiné : le médaillier. Ce meuble, en outre de sa beauté, souvent adaptée au luxe de son contenu, satisfait la commodité et la logique. Les tablettes nombreuses à tiroirs, dont il est composé, comportent chacune des petites cases de forme ronde pour recevoir confortablement les médailles.

La mobilité est absolument indispensable aux médailles ; leur avers offrant autant d'intérêt que leur revers ; leur maniabilité étant rigoureusement à la base de leur consultation, à la fois artistique et scientifique.

La symétrie convient aux médailles, dont la partie inférieure, de même que pour les tableaux, régit l'alignement.

S'il s'agit de médailles de dimension irrégulière, disposer leur centre sur la ligne horizontale où figurent les autres médailles, et, mieux : se souvenir de la disposition par balancement.

Si l'on encadre des médailles, donner, par exemple, un fond brun ou acajou aux médailles blanches, jaunes ou d'une couleur claire, et des fonds dorés ou de nuance claire, encore, aux médailles sombres.

En principe, l'ordonnance des pièces de métal est plutôt commandée par la numismatique que par l'esthétique, malgré qu'elles se réclament autant de l'art que de la science, et, les savants ont, en matière de présentation, des idées particulières, plus soucieuses, peut-être, de recueillement que d'étalage au profane... La hantise du vol devant, encore, préluder à toute autre préoccupation.

Néanmoins, nous connaissons tous les petites cases de carton vert où s'insèrent, sous des vitrines innocentes, ces pièces et médailles plus ou moins précieuses, que des étiquettes, souvent trop imposantes, couronnent, et, nous ne nous sentons point décidément le cœur d'offenser une présentation qui obéit à d'autres soucis que les nôtres.

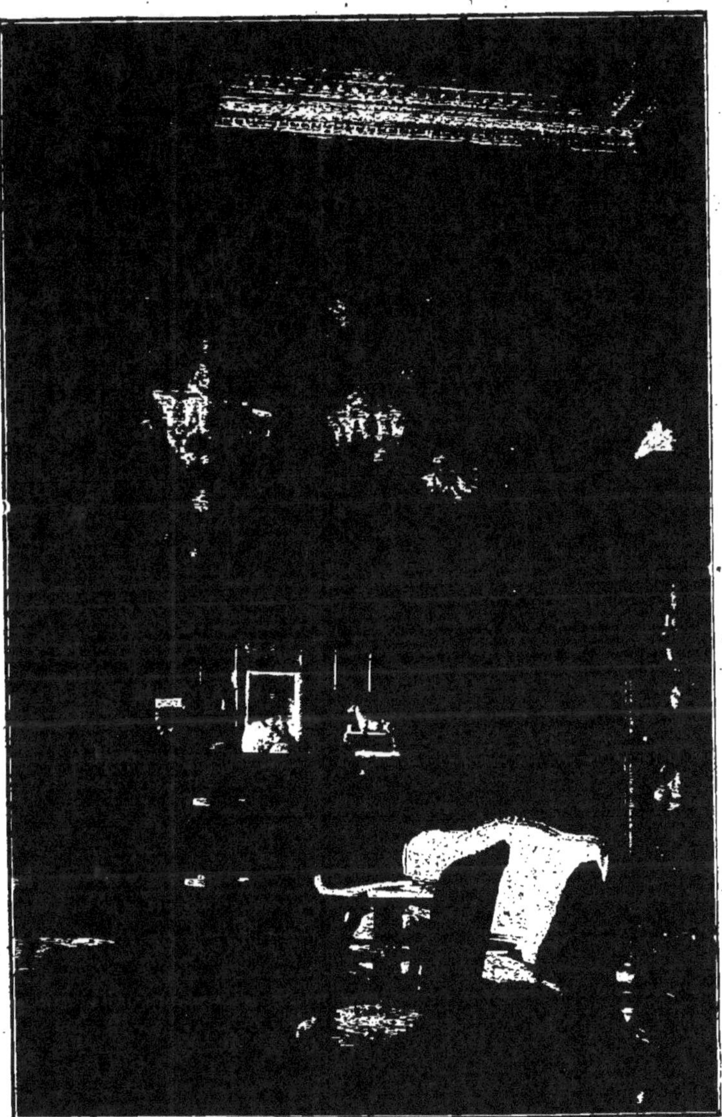

Photo E. Couronneau. — Coll. G. Scott.

FIG. 38. — *Atelier d'un peintre militaire.*

Et pourtant, le dessin, le modelé à fleur du métal, de la médaille, sa technique artistique spéciale et sa patine souveraine, clouent souvent notre admiration et bien au delà de la matière intrinsèque, d'or ou d'argent ! Bien au delà même d'une inscription grecque ou latine ! Mais prenons garde de blasphémer...

Nous tâcherons de nous faire absoudre, en indiquant enfin, un moyen de nettoyer les pièces d'argent et les médailles en cuivre. Ce moyen s'ajoutant à ceux que nous avons notés au chapitre VIII, relativement aux cuivres.

* *

Pour nettoyer les pièces d'argent et les médailles de cuivre (sous toutes réserves de leur patine !), on les plonge dans un bain d'eau de pluie additionné d'un dixième d'acide sulfurique ; on les y laisse environ dix minutes, jusqu'à ce que la matière sulfureuse qui les souille, disparaisse, puis, au sortir du bain, on les savonne à l'eau froide avec une brosse douce ou un chiffon de laine.

Au surplus, l'argent s'astique parfaitement avec du blanc d'Espagne, à sec, ou mouillé de quelques gouttes d'ammoniaque.

Autre recette : faire bouillir les pièces d'argent (seulement) dans de l'eau chaude. Les retirer au bout de dix minutes et les plonger dans de l'eau de savon chaude. Puis, les brosser légèrement avant de les rincer et de les essuyer au chiffon. Enfin, pour enlever la dernière humidité qui ternit souvent le métal, on les dispose sur une brique ou toute autre matière en terre réfractaire chaude.

Comme l'or et l'argent ont tendance à se ternir au contact de l'air, on peut y remédier en enfouissant ces métaux dans de la sciure de bois de buis qui les séchera après lavage, aussi parfaitement que précédemment.

Au cas contraire, d'un objet en argent à patiner, on se contentera de frotter le métal avec un chiffon imbibé de pétrole.

Si l'argent est très noir : employer le blanc d'Espagne délayé dans de l'hyposulfite de soude.

S'il s'agit de vermeil : mêler à de l'eau de savon, un peu de blanc d'Espagne et passer à la peau de chamois jusqu'à dessiccation complète.

Ces derniers conseils au bout desquels nous serions tenté de parler déjà des bijoux (voir la fin de ce chapitre), nous ramènent à en terminer avec le tissu dont sont composés les costumes précédents.

En matière de collections, l'amateur éclectique se sent entraîné de beauté en beauté ; il suit son rêve, et, voici que, comme lui, après avoir examiné l'habit de quelque gentilhomme du xviie siècle, nous avons suivi son épée pacifique, et, le métal nous fascinant, nous accrochâmes la rapière d'un spadassin, pour mieux contempler l'effigie d'un Alphonse d'Aragon, chef-d'œuvre d'un médailleur comme Vittore Pisano !

*
*   *

Les étoffes se présentent soit en chutes, dans le sens vertical, soit dans un chiffonnage recherché, soit flottantes — en draperie —. Leur dessin nous guide vers le sens qu'elles désirent, autant que l'esprit de leur tissu. Ce sont les mousselines de soie, les crêpes de Chine, les satins, les velours ; à la fois la plasticité de toutes les légèretés consistantes (les tulles, les gazes expriment des vapeurs plutôt que des plis) qui, pourvu que quelque fâcheux tapissier ne les torture pas dans la convention, modèlent elles-mêmes leurs cassures, leurs rides et leurs fronces, selon leur texture naturelle.

Qu'une étoffe, donc, tombe à sa guise, dirigée par le goût, soit ! mais qu'elle ne sente point le tourment. Les luisants d'un satin ont leur grâce, et la rectitude de ses plis attenterait à la liberté de ces luisants. On « choisit » la tombée d'une draperie, mais on ne l'ordonne pas. Une draperie est un serpent ; elle ondule, et, ce n'est qu'à force de la laisser choir sur elle-même (si on la désire verticale), qu'elle se crée artistique.

Une draperie ne s'invente pas ; elle favorise seulement le hasard bien conduit. On ne la fixe que lorsqu'elle s'est figée, d'elle-même, dans sa posture de repos et selon le caprice de sa trame.

Nous avons déjà parlé des moyens de réaliser un vélum, nous y renvoyons (chapitre VIII), et poursuivrons par l'exigence du dessin.

Logiquement, l'endroit du dessin conseille soit la tension horizontale, soit la verticale. Il n'empêche que nous ayons vu des grappes de glycine menacer le ciel, au lieu d'être pendantes, conformément à la vérité naturelle ! D'autre part, c'est un tort que de choisir un tissu à grands ramages pour couvrir une surface de petite dimension, et le contraire ne vaut point mieux. C'est l'échelle d'une surface qui commande au décor d'une étoffe ; ce décor, aussi bien, devant s'effacer lorsqu'il est destiné à mettre en valeur, au lieu de briller en personne.

On ne peut demander enfin, à un tissu vulgaire, de donner des plis aussi savoureux qu'un tissu riche. Et pourtant, les plis d'une bure ont leur charme tout comme, parfois, l'envers d'une étoffe. C'est, au résumé, l'exacte destination d'une étoffe qui justifie sa beauté, et le goût égalise les chances de la beauté, en dehors même de la richesse et du coût d'un tissu.

Que de somptueuses étoffes brodées, archibrodées, surbrodées, ne sont, souvent, que d'abominables erreurs, tandis que la sobriété, sans luxe même, s'impose ! Vive la fraîche cretonne aux fleurs champêtres ! Vive la toile d'emballage bien à sa place ! Mais le tact du choix, tout est là, et nous supposons que le lecteur nous suit économiquement, prudemment, risquant ainsi d'errer moins aisément dans le domaine du nouveau riche...

Ce domaine qui — pour quitter la fiction — sera tendu d'étoffe (ou de papier) claire, si on désire l'agrandir optiquement, la tenture sombre produisant l'effet contraire. Se souvenir aussi que, dans la toilette féminine, les tissus à carreaux grossissent, que les tissus à raies verticales allongent, et que les grands ramages rapetissent. De là à établir un rapport entre la tenture du corps humain et celle d'une pièce, il n'y a qu'un pas pour la logique.

Nous avons noté au surplus, en tête de notre travail, qu'une tenture rouge pâlit le teint d'un visage alors qu'une verte, au contraire, l'exalte. Toutes particularités à retenir, non moins que le miracle des glaces accroissant la dimension d'une pièce (ainsi qu'un plafond légèrement teinté, qui, badigeonné en blanc, la rapetisserait), grâce à leur réflexion prolongée, répercutée. A condition, n'est-ce pas, que ces glaces ne soient point placées de manière à ce qu'on ne puisse s'y voir ! Ne souriez point. Combien sont présentées ainsi, « décorative- ment », qui ne réfléchissent qu'au-dessus de l'échelle humaine ou qu'un plafond inutile !

Les glaces, pour être tout à fait appropriées au grandissement d'une salle, devront monter du parquet au plafond ; sans se signaler à leur base — autant que possible — par une forte bordure qui détruirait l'illusion.

* * *

Au cas d'une tenture en papier, vous plairait-il de la nettoyer sans d'autres frais que votre peine ? Confectionnez alors une grosse boule de farine légè- rement additionnée d'ammoniaque et frottez coura- geusement...

Si des *taches* de graisse offensaient l'unité de cette tenture en papier, voulez-vous vous charger de les anéantir? Il suffit d'écraser du carbonate de magnésie, d'en recouvrir complètement la place souillée, et d'épousseter délicatement, le lendemain, la poudre de carbonate.

Vos rideaux sont-ils encrassés par la poussière ou par la fumée? Disposez-les à plat et passez-les énergiquement à la mie de pain rassis. Ne point oublier aussi que la benzine dissout les matières goudronneuses.

Au surplus, voici la formule de Mullerson pour nettoyer les draperies : essence de térébenthine (264 gr. 30), ammoniaque (190. 20), alcool méthylique (250. 30), éther acétique (22. 50), eau (250. 20). Puis, les recettes étant amorcées, nous en livrerons, sans plus tarder, une nouvelle poignée.

Les *taches* s'effacent selon les divers tissus, naturellement.

D'une manière générale, l'ammoniaque enlève les taches de graisse. On glisse un linge sous l'étoffe, et, avec un autre, imbibé du liquide, on frotte. Si après séchage, la tache n'était point partie, recommencer l'opération. Essayer aussi d'un frottage avec du lard frais. Après quelques heures, on nettoie au savon et à l'eau tiède.

Sur la soie, principalement, les taches de graisse cèdent à un mélange bien agité, d'essence de citron (20 gr.) et d'essence de térébenthine.

En cas de soie de couleur, ou pourra aussi essayer la formule suivante. Nettoyer d'abord le tissu à l'eau froide et l'étendre ensuite sur une planche. Après quoi, frictionner légèrement à la brosse douce trempée dans un mélange de miel (50 gr.), de savon blanc (50 gr.) et d'eau-de-vie (12 décilitres). Rincer enfin plusieurs fois à l'eau claire et la dernière fois dans une eau additionnée de gomme (65 gr. par 10 litres d'eau). On étend le tissu sans le tordre et on le repasse avant qu'il ne soit complètement sec,

D'autre part, les feuilles de saponaire, diluées à l'eau tiède, nettoient parfaitement les tissus de soie. On les plonge dans l'eau savonneuse tiède ainsi obtenue, mais on ne les frotte point ; on se contente de les malaxer doucement dans le liquide. Le savon en paillettes, voire le savon blanc de Marseille, aboutit au même résultat, et, dans ces derniers cas, le rinçage s'effectue à l'eau tiède encore.

S'il s'agit de tentures ou d'abat-jour de soie salis par les mouches, une éponge imbibée d'alcool en a raison.

Retenir aussi ce moyen, pour enlever les traces de rouille sur le même tissu, mais on frotte l'alcool avec un chiffon de laine, et, la flanelle blanche souillée de vin, retrouve encore, de cette manière, sa virginité. La teinture d'iode également (sur presque tous les tissus), si, lorsque ses taches étant légèrement détrempées avec un peu d'alcool, on les savonne aussitôt.

La couleur fraîche disparaît sur le drap au moyen d'essence de térébenthine frictionnée avec un linge de toile (afin que les peluches n'adhèrent pas à l'étoffe). Pour les maculations de couleur ancienne, user de chloroforme en place d'essence de térébenthine ou faire précéder cette dernière, d'une goutte d'huile. Pour les *taches* de goudron (et aussi de couleur ancienne), étendre de l'huile ou du beurre sur la place salie, et, lorsque cette dernière est ramollie, on l'enlève d'abord avec de l'essence de térébenthine et enfin avec du benzol.

Les tissus de couleur trempés dans une eau ayant servi à cuire des... haricots blancs, retrouvent une nouvelle jeunesse ! Et, de même, ceux maculés de

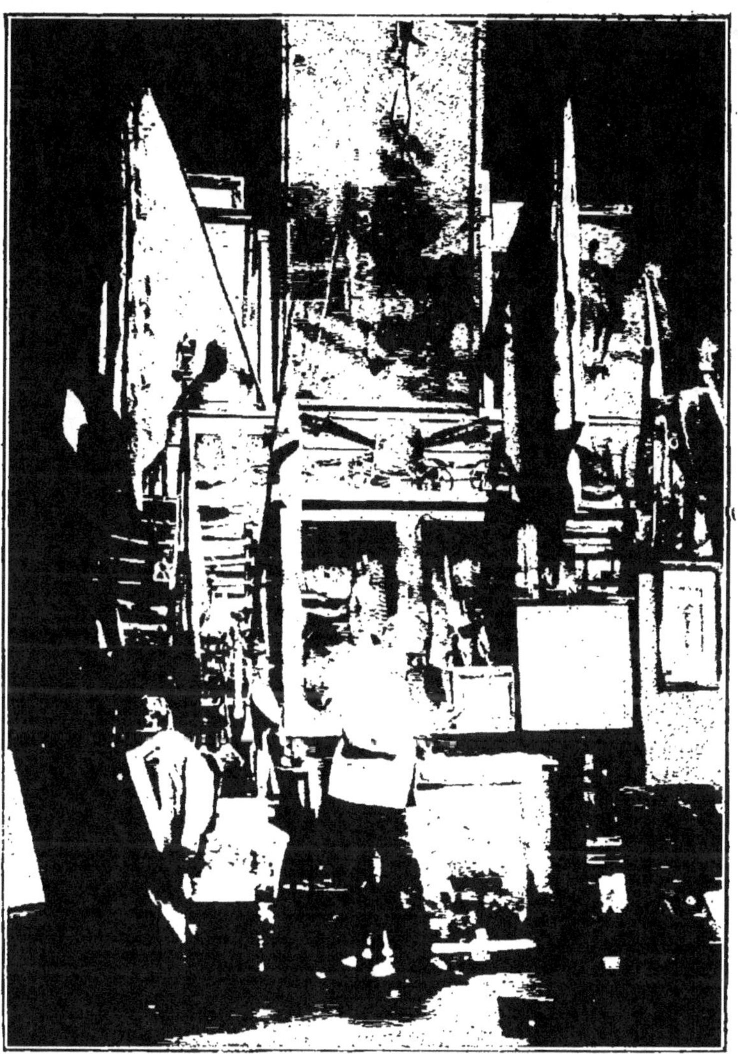

Photo E. Couronneau. — Coll. G. Scott.

FIG. 39. — *Atelier d'un peintre militaire.*

café, si, après avoir touché ou brossé la tache avec de la glycérine pure, on les rince à l'eau tiède pour les repasser enfin, à l'envers, jusqu'à ce que la *tache* soit sèche.

On ravive une étoffe noire en la plongeant dans une solution bouillante de bois de campêche (environ 75 gr.) et d'eau. Au bout d'une quinzaine de minutes on retire l'étoffe de ce bain et on l'y trempe de nouveau, après addition d'une dizaine de grammes de sulfate de fer. Laisser bouillir une demi-heure, et rincer à l'eau pure après refroidissement.

Il nous revient aussi que les soies et lainages noirs sont nettement restaurés par un bain de feuilles de lierre; que les soies blanches ne jaunissent pas, au fur et à mesure des différents nettoyages, si avant de les laver on les trempe dans du lait et qu'on les passe aussitôt au bleu léger; que le crêpe de Chine blanc abdique son ton jauni dans un rinçage au vinaigre...

... Que les *taches* de boue résistant à la brosse peuvent se laver au linge humide, voire additionné légèrement d'alcool, et que, sur la soie, la crème de tartre déposée à froid et rapidement rincée, ne réussit pas moins.

... Que les *taches* de bougie s'évanouissent grâce au frottement d'un linge mouillé d'eau et d'eau-de-vie. Procédé à retenir pour les tapis et tapisseries, bien supérieur à l'action du fer chaud qui fait pénétrer la graisse dans le tissu. Pourtant, un papier buvard intercalé entre la tache et le fer chaud, absorbe entièrement la graisse.

... Que les salissures du velours et de la peluche

sont des plus sensibles à une friction à la mie de pain rassis précédant une caresse d'essence minérale passée avec une flanelle. A moins que l'on ne préfère, après avoir humecté le velours à l'envers et son endroit ayant été soumis à la vapeur, glisser une couenne de lard sur le verso du tissu. Ce dernier maintenu à plat, durant l'opération, et repassé à fer tendu.

... Que les *taches* de fruits ont en sainte horreur le lait caillé, dont on les détrempe pendant quelques heures pour les savonner ensuite et les rincer enfin, à grande eau froide. Les tissus blancs tachés de fruits (ou de vin) pouvant aussi être nettoyés de la manière suivante : humecter la partie souillée et promener au-dessous du tissu, soit une allumette au soufre, soit une mèche soufrée dont on dirigera soigneusement les vapeurs.

... Que les *taches* de vernis sur la laine et le coton cèdent aussitôt à l'action de l'essence de térébenthine suivie d'un lavage à l'eau tiède.

... Que les *taches* d'eau (sur une étoffe de soie ou de coton) n'insistent pas si on les frotte à froid avec un cul de bouteille, et non plus que celles qui maculent le drap, repassées au fer chaud.

... Que le pétrole réclame le secours de poudres absorbantes spéciales (à condition d'être utilisées à temps !).

... Que les *taches* de sueur, sur les robes claires et les rubans, disparaissent si on les rince à l'eau froide, après les avoir frottées avec un mélange d'ammoniaque (1 cuillerée) dans 3 cuillerées d'eau. En cas de taches anciennes, remplacer l'ammoniaque par une solution très faible de sel d'oseille et rincer immédiatement.

… Que, pour le dégraissage encore, une lessive savonneuse et très chaude, légèrement additionnée d'ammoniaque, pour les étoffes de couleur, et de borax, pour les étoffes blanches, de laine principalement, fait merveille.

… Que les *taches* d'encre fraîche, aussi bien sur les étoffes les plus délicates que sur le parquet (et le tapis, nous l'avons dit) ne sauraient endurer le contact du lait chaud (ou de la crème) épongé ensuite et rincé à plusieurs eaux froides. Sans compter que les taches de cambouis se traitent de manière analogue, mais, après le lavage au lait, très chaud, on rince avec du lait encore, en tâchant de lui faire bien pénétrer le tissu, afin que le cambouis ne sèche point ni ne forme colle. Frotter enfin à la benzine, énergiquement, la tache encore humide.

A défaut de lait, employer du beurre pour enduire la tache (s'il s'agit d'une étoffe de laine), sur laquelle on passera et repassera pour adoucir le tissu, et le lendemain, user de la benzine comme précédemment. S'il s'agit de toile ou de coton, se servir plus parcimonieusement de beurre, et, le lendemain, savonner et laver à grande eau.

… Que les *taches* de moisissure disparaissent sur les étoffes si on les expose au soleil après les avoir trempées dans du petit lait.

… Que les robes de satin, de broché et de soie noirs, de faille, reviennent à la vie sous l'action de l'eau vinaigrée largement frictionnée, à condition toutefois, de repasser le satin à l'endroit et les autres entre deux linges.

Nous pourrions enfin, passer aussi, vivement, de l'essence minérale sur nos satins et velours altérés, et, quant aux soies de couleur, en dehors du moyen radical de la benzine, on essaierait de les savonner puis de les rincer dans une eau où l'on aurait fait fondre une poignée de gros sel ou jeté de l'eau de rouille, après quoi, repasser l'étoffe entre deux linges ou du papier.

... Que, pour éviter que les étoffes ne godent, ne rétrécissent ou ne se raidissent, on optera en faveur du séchage entre courants d'air ; le séchage au soleil ou au feu étant contre-indiqué.

Nous avons dit par ailleurs (page 216), comment on remédiait au miroitement des velours, et, s'il s'agit d'un velours clair, nous le nettoierons ainsi. On l'épingle à plat, à l'envers, sur les bords seulement ; on imbibe légèrement son envers avec une éponge mouillée d'essence minérale, de benzine ou de naphtaline. Puis, après l'avoir laissé sécher, on l'imbibe pareillement à l'envers, d'esprit-de-vin. On repasse enfin le velours humide et toujours à l'envers, tendu contre un fer chaud ainsi que nous l'avons déjà indiqué.

Pour la remise à neuf du velours, procéder à la façon du tapis miroité.

Sans revenir maintenant, au mode de nettoiement des lainages et flanelles (en général), auquel on se reportera, nous ajouterons, pour ce qui concerne les lainages, qu'une infusion de bois de panama leur est aussi très salutaire.

Les diverses restaurations de la lingerie ayant été pareillement envisagées, auparavant, nous nous occuperons maintenant, des dentelles.

* *

Les *dentelles* s'apparentent à la lingerie fine (de même que les broderies), d'autant qu'elles en sont, souvent, inséparables. Comme la lingerie, encore, elles aspirent davantage à l'armoire, au tiroir, qu'à la vitrine. Et cependant, en vitrine, appliquées sur du velours sombre, les dentelles offrent en beauté — moins égoïste — la ténuité de leurs fins réseaux, de leurs capricieux jours et découpures. Pour les cols et les guimpes, on les présentera supérieurement sur un cartonnage simulant le cou et l'attache des épaules. On les épingle sur le velours tapissant ce cartonnage.

Dans un coffre, dans une armoire, un sachet distribuant à la fois le parfum et le poison (pour les vers), accompagnera ces tissus arachnéens, dont nous allons examiner maintenant les divers moyens d'entretien et de nettoyage.

On nettoie les dentelles noires en les trempant durant vingt-quatre heures environ dans une solution d'ammoniaque. On les rince ensuite, sans les frotter, à l'eau froide, puis on les laisse sécher, en ayant soin de bien les étendre, leurs picots étant épinglés (voir plus loin le mode d'épinglage) ou faufilés, bien d'aplomb, sur la couverture du repassage. Jeter l'eau sale, au fur et à mesure, jusqu'à ce qu'elle devienne le plus limpide possible, et, après séchage, on obtiendra un noir brillant, supérieur à celui que donnent les lotions au thé, à la bière et au café.

Un autre moyen consiste à tremper les dentelles

dans un bain de lait fraîchement tiré et refroidi. Les immerger une dizaine de minutes, et jusqu'à ce qu'elles ne salissent plus leur bain renouvelé. Après quoi, on laisse sécher.

On nettoie les dentelles blanches en les trempant dans de l'eau où l'on a fait fondre un peu de carbonate de soude. Les comprimer entre deux linges après les avoir rincées ; les épingler ensuite. Avoir surtout bien soin d'entretenir une eau de rinçage des plus limpides.

Le procédé suivant de nettoyage à sec, est aussi à essayer. Après avoir posé la dentelle sur une feuille de papier de soie, on la saupoudre de magnésie calcinée ; puis, lorsque l'on a frotté légèrement aux endroits salis, on recouvre la dentelle d'une seconde feuille de papier de soie et on laisse, quelques heures, le tout, comprimé entre les feuillets d'un livre, par exemple.

Secouer, enfin, la dentelle, et la brosser légèrement.

Lorsque les moyens de nettoyage habituellement employés sont impuissants, et surtout lorsqu'il s'agit de *taches de rouille*, on plongera la dentelle dans une solution de 2 0/0 de permanganate de potasse. L'y laisser quelques minutes, selon l'importance de la tache, puis rincer à l'eau pure et tremper dans une solution d'acide citrique à 5 0/0 environ. Laver enfin à l'eau pure.

On nettoie les dentelles ivoire comme les précédentes, toutefois, après les avoir rincées, on les passe dans un bain de bière.

On nettoie les dentelles grises également comme les dentelles blanches, mais on les trempe dans du thé.

Autre moyen de nettoyer les dentelles ordinaires. On les enroule autour d'une bouteille, puis on recouvre le tout avec une mousseline blanche dont on facilite l'adhérence avec des points de couture. On plonge ensuite la bouteille — remplie de sable, au préalable, pour garantir sa stabilité — dans un récipient aussi profond que la bouteille est grande, pour qu'elle s'enfouisse entièrement dans l'eau. Puis on fait bouillir cette dernière après avoir pris soin d'y mettre un peu de savon blanc et de soude; cette ultime précaution au cas où les dentelles seraient très sales.   •

Avoir soin de changer l'eau le plus souvent possible, jusqu'à obtenir une eau pure. Rincer ensuite la bouteille et sa garniture, à l'eau froide, afin de la débarrasser entièrement du savon qui l'imprègne. On fait enfin sécher la dentelle après l'avoir déroulée. Si elle est tachée, on la tamponne soigneusement et à plusieurs reprises, avec un chiffon trempé dans de l'eau de Javel coupée d'eau.

Autre moyen de nettoyer les dentelles fines. — Procéder de même que précédemment, mais en prenant des précautions supérieures, nécessitées par la fragilité du tissu. Leur ton d'ivoire ou leur jaunissement exige aussi davantage d'insistance dans l'ébullition et le rinçage.

Pour enlever les taches, dégraisser les dentelles et leur rendre leur souplesse primitive : les laisser bai-

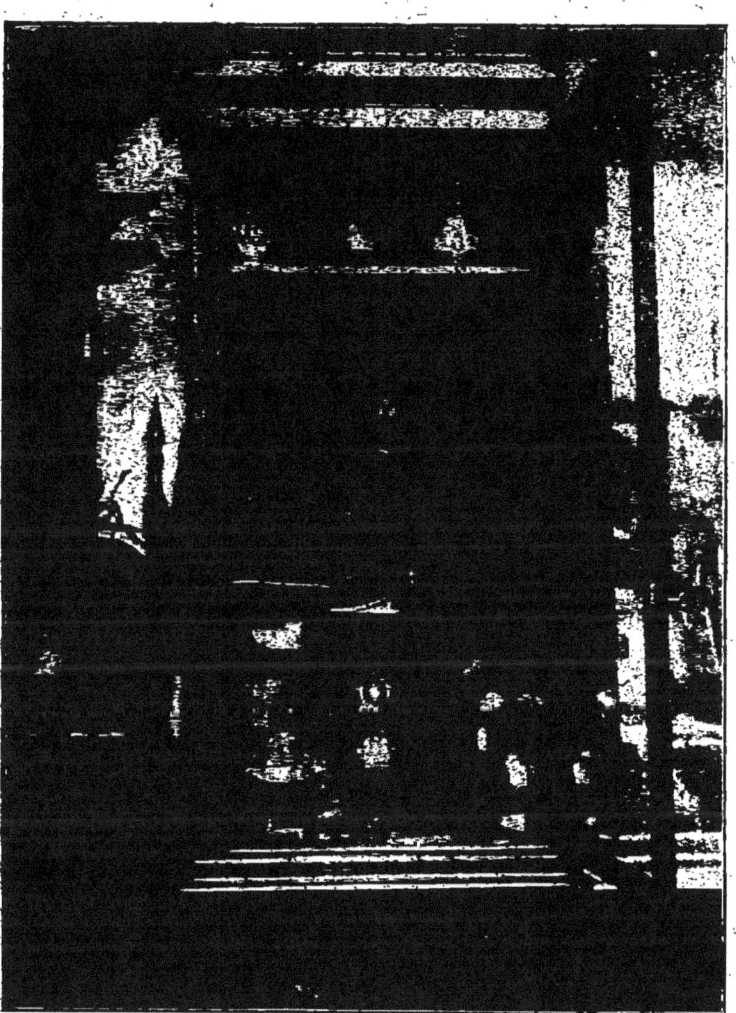

Photo E. Couronneau. — Coll. G. Scott.

FIG. 40. — *Atelier d'un peintre militaire.*

gner plusieurs heures et même plusieurs jours, selon le degré de leur maculation, dans de l'huile d'olive vierge.

Quant au mode de séchage, il ne varie pas.

Pour donner de l'apprêt aux dentelles noires et blanches, il suffit de passer, sur leur surface bien tendue, un pinceau trempé d'eau légèrement gommée. Ne pas confondre cette opération avec l'empesage dont nous parlons plus loin.

On nettoie les tulles et les guipures, celles, du moins, de fil et de coton (car les tulles de soie ne peuvent se laver), au savon blanc (en paillettes), et on les rince et les sèche à la manière du linge fin. Le séchage cependant, a toujours lieu à plat, la pièce ayant été soigneusement tirée, épinglée. L'ensemble de ces soins varie de délicatesse, naturellement, au gré de la fragilité et de la légèreté des tissus à traiter.

Les guipures peuvent être nettoyées comme les dentelles — au moyen de la bouteille — mais, le plus souvent, il suffit de les laver au savon et à l'eau pure, en les rinçant très soigneusement.

Empesage des dentelles. — Lorsqu'elles sont propres et sèches, on délaie, à l'eau froide, de l'amidon de froment pur. Puis on prend la moitié de cette préparation que l'on fait cuire, durant quelques instants, à l'eau bouillante. Retirer du feu, ensuite, et tourner jusqu'à ce qu'il ne s'échappe plus de vapeur, et laisser refroidir. Après quoi, mêler cette dernière préparation à l'eau chaude, avec l'autre moitié, délayée précédemment à l'eau froide, en ajoutant de l'eau, jusqu'à obtenir la consistance du lait.

On trempe alors les dentelles dans le lait et on exprime — sans les tordre — l'excès de liquide qui les imprègne. Les tapoter, enfin, à plat, dans les mains ou sur une toile cirée, pour faciliter l'imprégnation de l'empois.

Répéter à nouveau l'opération du trempage et du tapotage, pour terminer en enveloppant la dentelle dans un linge où on la laissera quelques instants avant de la repasser ou de la faire sécher à l'air libre, selon le genre de dentelle.

Nous savons que la mise à neuf, ou mieux : l'apprêtage, est plus sommaire, et nous conseillerons de ne point abuser de ces opérations qui fatiguent la dentelle et lui ôtent, d'autre part, la belle patine dorée dont son authenticité se réclame.

Repassage des dentelles. — La dentelle fabriquée *mécaniquement* se repasse, la *véritable* s'épingle.

Pour repasser une dentelle, on l'étend, encore un peu humide, bien à plat, en appuyant avec la tranche de la main, de façon à la tirer partout, également, dans la largeur, du talon au pied et dans la longueur. On passe ensuite le fer chaud sans excès, jusqu'à ce que la dentelle soit bien sèche.

Pour éviter de la brûler ou de la roussir, on peut aussi la repasser en intercalant entre la dentelle et le fer, un linge fin humide. En cas de faux plis, mettre un peu de la solution d'amidon précédente, sur la partie fripée, et donner un coup de fer, à la place. Un second coup de fer général sera nécessaire, d'ailleurs, mais auparavant on tirera doucement sur la dentelle, dans tous les sens, afin de lui enlever la raideur du premier repassage.

Epinglage des dentelles. — Cette opération, avons-nous dit, remplace le repassage pour les dentelles véritables. On prépare une forme circulaire ou tambour, sur laquelle devra s'enrouler la pièce de dentelle, morceau par morceau. Ce tambour sera d'une certaine importance afin qu'il puisse reposer sur les genoux, durant le travail. On le tapissera, extérieurement, de coutil sur lequel on tendra un papier bleu, bon teint. Puis, la dentelle sera retirée humide du rinçage et épinglée (avec des épingles en métal blanc) dans chacun de ses picots. Au cas où une partie de la dentelle sécherait au cours de l'épinglage, on l'humecterait légèrement. Ne pas ouvrir les picots à sec; ne pas les ouvrir s'ils sont dans la forme réelle, et les retourner s'ils ont été ouverts.

Lorsqu'on a terminé un tour de tambour, on garantit de l'air et de la poussière la partie faite, et l'on poursuit le travail.

On peut aussi accuser le relief de certaines dentelles, conformément à la vérité, à l'aide d'une sorte de crochet en os dit : *alésoir*.

N. B. — Il est nécessaire, si l'on veut obtenir un travail uni et régulier, de ne pas interrompre la série des opérations que commande l'épinglage, depuis le lavage jusqu'à la fin. Ne pas ôter du tambour la partie de dentelle épinglée avant qu'elle ne soit complètement sèche, faute de quoi elle goderait.

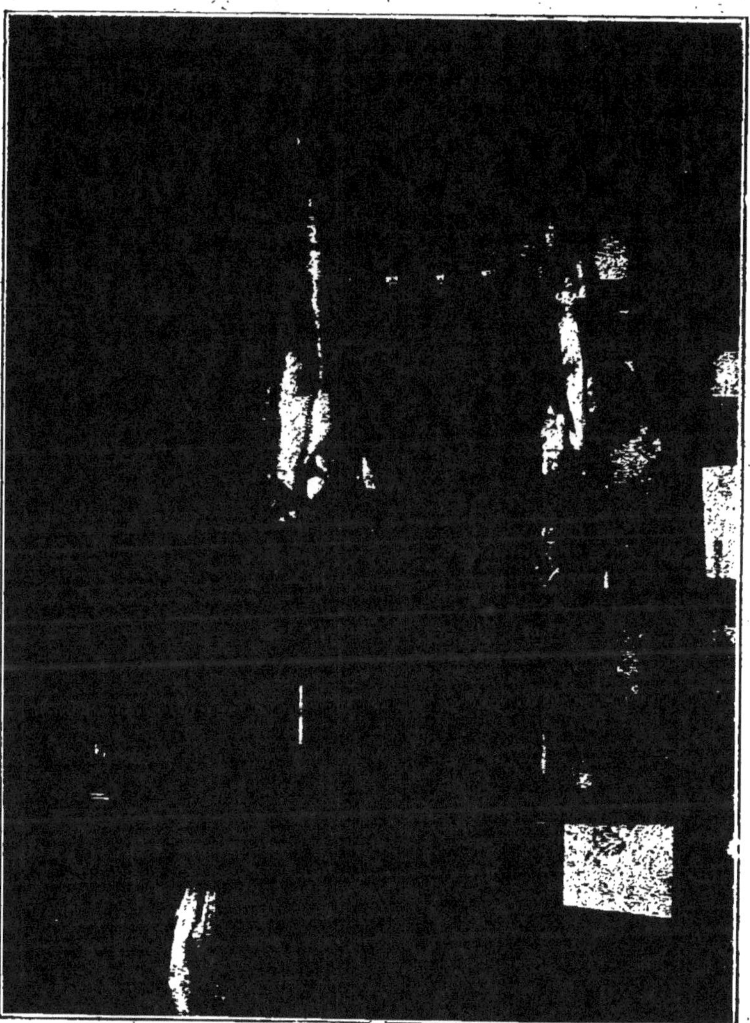

Photo E. Couronneau. — Coll. G. Scott.

FIG. 41. — *Atelier d'un peintre militaire.*

Pour patiner les dentelles qui auraient perdu leur couleur ancienne : mêler à l'eau quelques gouttes de café ou d'ocre, voire de safran, de tisane de guimauve ou de thé. Le café ou l'ocre donne une couleur légèrement brune, crème ; le thé, une teinte gris verdâtre. Échantillonner le ton de la teinture, au préalable, et, s'il fallait descendre un peu la nuance obtenue, il suffirait d'éponger avec un linge, en appuyant fortement avec les mains.

Si l'on s'est servi de chicorée (bain plutôt à réserver à l'imitation du ton de l'ancienne guipure au filet), après avoir arrêté le degré de la teinte, plonger la dentelle, protégée par une fine mousseline, dans le liquide tiède.

Pour rendre leur couleur noire aux dentelles devenues rousses : les plonger dans une décoction de bois de campêche ou dans la teinture noire dont on se sert pour teindre les chemisettes.

Nous bornerons là ces conseils, et, puisque du costume, nous fûmes aiguillé vers les armes, qui autrefois l'accompagnaient ainsi que les dentelles, les bijoux nous sollicitent maintenant, pour le couronnement supérieur des atours vestimentaires.

* * *

La vitrine, moins que l'écrin, convient à la présentation des bijoux, mais encore importe-t-il que les écrins figurent eux-mêmes, prudemment, sous vitrines, et les collections réputées (fig. 43 et 44) cumulent ces modes de présentation. La couleur ou la limpidité des bijoux commande au fond qui devra les faire ressortir. D'aucuns suspendent avantageusement certains joyaux — ceux à breloques notamment — et la solitude ajoute à leur splendeur esthétique comme à leur richesse. Les bijoux seront déposés sur des étoffes riches, velours, satins, qui se substituent à la pensée de la chair à laquelle ils s'adressent, en principe. Tissus moelleux et chauds, tendus ou chiffonnés. Des cartonnages simulant l'attache du cou et l'amorce des épaules, étant réservés aux colliers, aux pendentifs.

Les bijoux, d'une manière générale, *se nettoient* à la peau de daim, et, s'ils sont métalliques, ils seront entretenus selon les différents modes précédents. On évitera de frictionner violemment les bijoux à pierres enchassées ; celles-ci risquant d'être desserties ou ébranlées dans leur cadre.

En frottant les bijoux avec un linge humecté d'ammoniaque (1 cuillerée à café dans une tasse d'eau chaude), on obtient un excellent résultat que complète le poli au linge doux.

Retenir que l'eau de savon abîme les perles fines, et, hors cette exception, on peut nettoyer aussi les bijoux : d'abord avec un mélange d'eau et de blanc d'Espagne, frotté doucement, ensuite avec une brosse légèrement savonneuse.

En dehors de ces indications, les matières si diverses des bijoux se réclamant d'un traitement en propre, il est délicat, sinon impossible, d'entrer dans la voie des remèdes d'entretien spéciaux.

Les diamants, néanmoins, retrouvent leur éclat : soit qu'on les plonge, le soir, dans de la poussière de buis et qu'au matin, après les avoir secoués légèrement, on les brosse doucement ; soit qu'après les avoir touchés du bout d'un morceau de bois taillé, trempé dans de l'ammoniaque (qui les dégraissera), on les frotte ensuite avec la peau d'un vieux gant.

On a vu aussi des perles fines « mortes » renaître au contact de la chair...

Mais les diamants, ainsi que les perles, sont peu fréquents dans nos collections, et les autres pierres très précieuses également ; du moins avons-nous plutôt conservé les bijoux curieux que les gemmes rares, dispersées, morcelées, retaillées, disparues ou reposant dans quelque cassette privée. Ainsi en décidèrent les fortunes diverses et les révolutions.

Il est possible enfin, qu'au chapitre suivant où nous examinons les bibelots — qui sont souvent de petits bijoux — le lecteur trouve les renseignements qu'il espérait trouver ici.

CHAPITRE XII

Comment on présente, entretient et restaure la céramique et les petits bibelots. — Conseils et recettes pratiques.

La céramique, avec la joie de sa matière claire et diaphane, avec tout l'agrément de ses formes, contradictoires, opposées, nuancées, similaires, mais infiniment variées, sinon toujours différentes, apporte des suggestions auxquelles nous ne saurions maintenant, résister.

Du « Marseille » au « Rouen », du « Rouen » au « Moustiers », du « Nevers » au « Delft », autant d'étapes de sourires et de caresses, car si l'œil est ravi par le coloris de cette fraîcheur céramique, notre épiderme ne l'est pas moins, au toucher, et l'on aime aussi à rêver devant une théière en faïence de Mennecy, de la main qui versa l'infusion odorante; devant une bouquetière en porcelaine de Sèvres, des fleurs qui y embaumèrent ; devant une soupière en vieux Strasbourg, de la soupe qui y fuma.

D'avoir servi, la céramique exalte davantage notre imagination, et sa beauté en bénéficie. Qu'elle soit d'argile ou de kaolin; due à la faïence, à la porcelaine ou au grès, la céramique brille toujours avantageusement, chez nous.

La vitrine, par malheur, accapare excessivement sa fragilité. Trop souvent, c'est dans un entassement de merveilles que notre œil se noie, et il semble que ces poteries vernissées, mates ou lustrées, fraternisent mal avec ces tendres porcelaines, en leurs cages transparentes...

Certes, on les sépare en principe, mais elles aiment à se rejoindre dans notre vision d'ensemble, comme pour nous implorer !

Autant une tasse de vieux Sèvres se réjouira de la proximité d'une rose, autant un grès cérame, qui contenait autrefois du tabac, s'avantagera d'une pipe voisine ! Des bouquetières, des vases et des cornets sans fleurs, des assiettes vides, sont logiquement à plaindre de n'être point utilisés et, sans exagérer cette utilité (une saucière devant contenir de la sauce, un pot à eau, de l'eau ! etc.), on pourrait au moins animer ces bouquetières, vases et cornets, avec des plantes sèches, et aussi ces assiettes, en y déposant quelques coloquintes.

Les coloquintes ! Quelle ressource pour émouvoir la céramique ! D'un jaune si nuancé, du pâle au coloré, d'une forme si décorative, d'une dimension si variée, les coloquintes, avec les citrons et les oranges (mais ces derniers fruits si vite altérés !), sont la providence des accompagnements que nous cherchons ici. Quoi de plus nécessaire que de couper parfois, la monotonie d'une succession de marlis, de panses multipliées, de lignes droites envahissantes, par la rondeur d'une coloquinte quasi impérissable ! Et ce jaune sur un bleu, et ce jaune sur un blanc, sur un vert, sur un rouge, sur presque tous les tons, combien il les fait chanter !

Mais, dans une vitrine, la thèse de la présentation change. C'est l'ordre, l'ordonnance, la sécurité ; ce n'est point la vie, c'est autre chose. Un musée, une collection importante, ne peuvent se permettre l'intimité désirable, et, pourtant, quelques conservateurs y ont réussi dans la mesure la plus louable (fig. 45, 46 et 47). Au musée, le public est admis à passer une revue de ce qui l'intéresse. On lui dose sa joie et on la lui sélectionne. Dans la collection importante, constatation similaire, renforcée par le respect du lieu privé, entr'ouvert seulement à notre curiosité, et, enfin, chez le collectionneur moyen, c'est la beauté en liberté dans la tiédeur du *home*, celle que nous désirerions partout, mais qui n'est guère possible.

La céramique, de même que tous les bibelots, aime à communier dans la diversité des matières. Nous avons cité l'exemple des coloquintes et des plantes desséchées pour amorcer cette rupture, de notre goût; cette rupture avec la satiété de la même faïence, de la porcelaine de même famille, de la terre de même provenance, autant qu'avec la monotonie des lignes et rondeurs similaires ou identiques. Or, rien ne varie des formes et dimensions comme le contact des plus diverses matières entre elles.

Nous n'insisterons point, au reste, sur la supériorité de cette vivante présentation que nous avons généralement vantée.

Déjà la céramique a été affectée à la décoration de la salle à manger. On lui a dressé un champ d'aspect à part, et, sur le mur ou la tenture où elle figurera, on ne devra jamais lui donner la rectitude du tableau.

Les assiettes, les plats se sèment sur une paroi (fig. 45, 46 et 47) ; ils sont sensibles au décrochement d'une ligne, à une courbe, à un semis, et l'alignement militaire leur donne un aspect maussade. De même que nous verrons les bijoux épris d'un écrin de velours ou de satin, substitué provisoirement à la chair qu'ils pareront ou bien qu'ils parèrent ; de même l'émail d'une faïence, la tendresse d'une fine porcelaine, affectionnent-ils la douceur de la tenture destinée à les recevoir. Au reste, quelques pâtes délicieusement fragiles, réclament un écrin, tandis que les terres rudes, brutalement glacées, font meilleure figure sur des dressoirs rustiques.

Mais, le respect du passé qui plaça une panetière provençale, vouée à la cuisine du « mas » d'autrefois, dans une salle à manger ; mais la mode qui fit, avec le snobisme, les honneurs du salon à des escabeaux, d'antichambre naguère ; à des dressoirs, buffets ou armoires campagnards flanqués de chaises paillées du même cru, se devait d'accueillir un pichet normand dans une vitrine.

Et, somme toute, le sentiment artiste y gagna de brusquer la convention bourgeoise, en acclamant les arts « mineurs » avec autant d'enthousiasme logique que le « grand » art !

La beauté où qu'elle soit ne mériterait-elle point le salon, par hasard ? N'êtes-vous donc pas pour la promotion d'une quelconque cruche, de la salle commune à la salle de luxe, si elle est admirable ?

On sait que l'on attache les pièces plates de céramique avec des griffes quasi-invisibles. Nous avons,

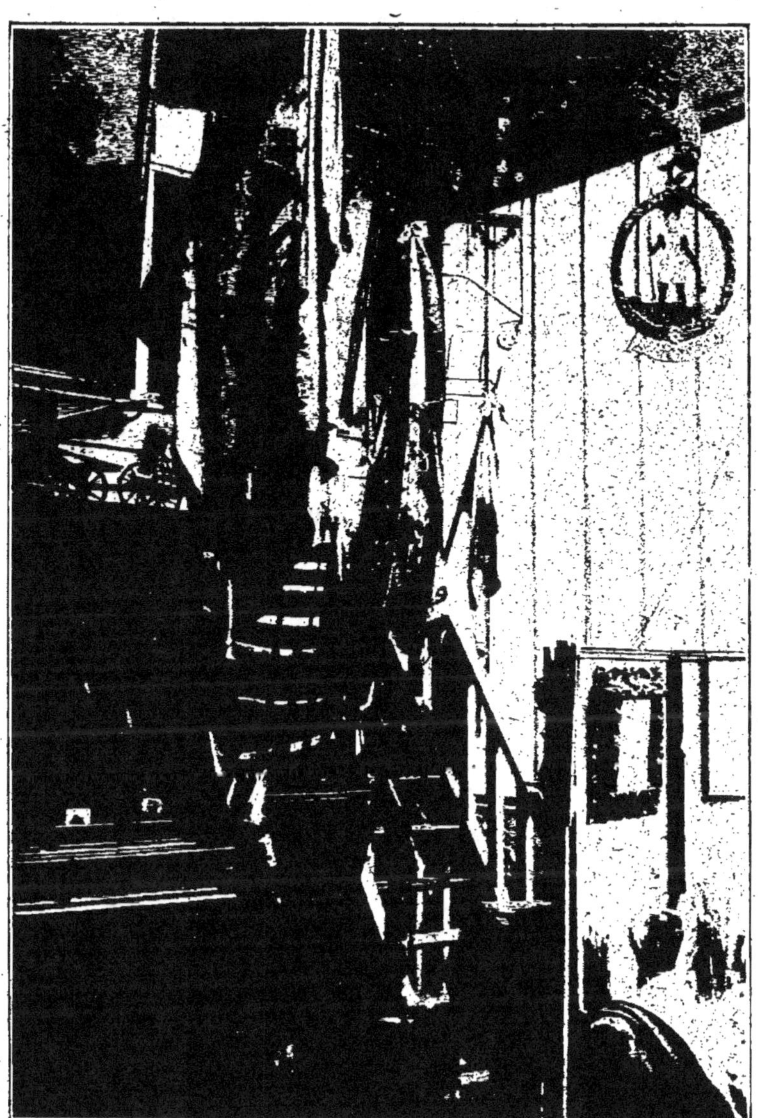

Photo E. Courbnneau. — Coll. G. Scott.

Fig. 42. — *Atelier d'un peintre militaire.*

par ailleurs, désapprouvé la présentation encadrée des plats dits « artistiques » (parce qu'ils ne sont bons à rien !), et des aiguières non moins artistiques et inutiles. Ces dernières même, que l'on ne craignit pas souvent d'enfouir dans de vastes écrins !

Quant à la présentation verticale d'un plat, d'une assiette ou d'un ravier, nous ne l'ignorons point irrationnelle, mais le vaisselier (fig. 48) pourtant, nous incite à la tolérance, de concert avec l'habitude. Et puis, il y a des décors d'assiettes, de plats et de raviers qui valent des tableaux ! Et puis, la céramique plate agrée parfaitement à la décoration figée ; elle représente déjà une concession à la vitrine, puisqu'au moins on la contemple en mangeant.

En terminant, mêlons cuivres et porcelaines, étains et faïences, petits bronzes et figurines de Saxe sur nos étagères et tous plateaux, après quoi, nous choisirons, selon l'importance de notre collection, suivant notre caractère et la somme de joie ou d'orgueil dont nous disposons.

En cette fin de chapitre, le lecteur trouvera la consolation de maints déboires matériels. Car les bibelots, souvent, se vengent en se brisant dans des mains mercenaires, et nous connaissons des amateurs qui, pour rien au monde, (et combien ils ont raison !) ne confieraient à d'autres le soin, même d'épousseter et d'essuyer leurs œuvres d'art.

* * *

Au cours d'une conférence, M. L. Bonnier renchérit, par un exemple typique, sur l'insipide « bibelot » : « J'ai lu, je ne sais où, qu'un voyageur avait découvert, en Chine, un admirable mousquet du xviie siècle, complet, avec sa grosse crosse, son rouet, ses capucines, sa sous-garde, sa baguette ; le tout précieusement orné et gravé comme on savait le faire jadis pour les armes de luxe. Très lourd, par exemple. A l'examiner de près, il s'aperçut que c'était une copie, faite à la suite de quelque naufrage. L'artiste chinois, trouvant l'original curieux d'aspect mais en ignorant l'usage, l'avait copié minutieusement et coulé en bronze d'une seule pièce...

« Cela vous semble idiot ? Messieurs, questionna malicieusement l'éminent architecte, mais, prenez garde, c'est tout le xixe siècle, et malheureusement aussi une partie du xxe siècle. *C'est l'objet de vitrine.* »

Nous emprunterons encore à la même source, cette forte conclusion : « ... Aussi bien, dans nos musées, montrerons-nous à nos élèves des objets anciens où la destination dominera le reste. Des rapières bien équilibrées, dont la fusée, les quillons, la garde, la lame, seront surtout compris pour les maintenir bien en main, favorables à l'attaque et à la défense. Des armures aussi heureusement articulées qu'une carapace de homard, en opposition avec les casques des vilains bonshommes dont Louis-Philippe a semé la grande cour de Versailles et dont la visière ne saurait s'abaisser. Des canons décorés, brodés, ciselés, chinois ou Louis XIV, mais ayant servi. Des carrosses où s'affirment contre les cahots des pavés du roi les courbes majestueuses des ressorts et les attelles des valets de pied. Des sièges où l'on peut s'asseoir, des gobelets où l'on a bu. Et nous indiquerons que ces objets n'ont pas été faits pour nos musées, mais pour l'usage journalier ; et qu'ils ne sont que plus beaux parce que plus utilisables... »

Point même de hiérarchie dans l'usage, pourvu qu'une qualité artistique s'y attache. Le vase de nuit de l'impératrice Joséphine, conservé au Palais de Fontainebleau, plane largement au-dessus de sa vulgaire destination, si délicieusement qu'il est orné par des artistes de l'époque.

Qu'importe la platitude d'un bidet décoré par Rouen ou Nevers !

Pourquoi s'indigner d'un crachoir artistique ? M. G. de la Fouchardière, pourtant, a flétri un ustensile « dégoûtant » de ce genre, que le prospectus d'un faïencier de Nevers lui vantait récemment.

L'inspiration de ce crachoir remonterait à celui que M. de Challuy aurait fait exécuter au lendemain de la première représentation du *Malade imaginaire* à laquelle il se serait fort réjoui, et dont le spectacle fut interrompu, la semaine d'après, par la mort de « M. de Molière ».

M. de Challuy fit tourner et décorer par des potiers une amphore ou plutôt un pot à cracher, en terre cuite émaillée, par le procédé des Italiens établis dans sa province nivernaise, au début du xviiᵉ siècle. A son retour, il en fit cadeau au comédien La Grange, pour jouer Argan, lorsque le *Malade imaginaire* fut joué à la cour, en juillet 1674.

Ce pot, au dire du duc de..., illustré de devises de la Cérémonie, sur l'un de ses médaillons, portait dans l'autre, la légende de l'Amour mouillé ; y figuraient aussi le serpent et le coq d'Esculape, la seringue et la lancette, ainsi que le fatal *Juro* dans

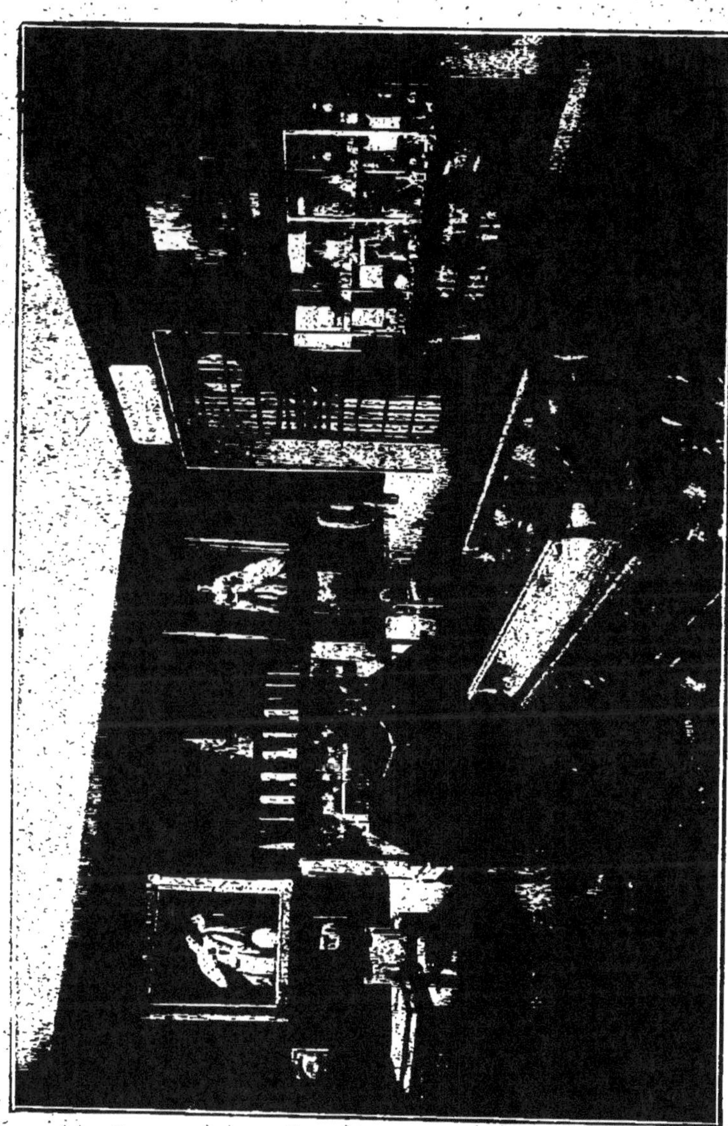

FIG. 43. — *Salle de bijoux*; Collect. G. CHAPSAL. (Musée Masséna, Nice).

lequel M. de Molière avait croûlé, en crachant tout le sang de son corps...

D'après cette ingénieuse affabulation, le faïencier nivernais moderne qui offusqua M. de la Fouchardière, s'est appliqué à « rendre utilisable et élégant » un crachoir dont la décoration est classique, mais renouvelée, avec une pointe d'humour... Reste à savoir la valeur artistique de ce pastiche qui, seule, l'absoudrait ; or, nous l'ignorons, et, néanmoins, le spirituel chroniqueur nous déconcerte à son tour, lorsqu'il sermonne ainsi, l'industriel et son œuvre : « ... M. E. G. affirme que son crachoir artistique est utilisable. De deux choses l'une : ou bien il est utilisé, et alors ce n'est pas un objet à montrer... Or, un objet d'art est fait pour être montré. Ou bien c'est uniquement un bibelot d'étagère... Alors, pour Dieu, donnez n'importe quelle forme à un bibelot d'étagère, excepté celle d'un crachoir.. »

Pour quelle raison un objet artistique *utilisé* ne serait-il point à montrer ? Qu'il s'agisse même d'un crachoir. Quelle singulière conception du *bibelot d'étagère* susceptible de recevoir *n'importe quelle forme !* Et combien sans le vouloir, l'écrivain distingué que nous réfutons, se rencontre avec nous pour accabler et définir, en propre, le bibelot d'étagère ou de vitrine !

Nous avons dit le charme d'une salière répondant « gauloisement » à son but, avec accompagnement d'art, et M. de la Fouchardière, d'ailleurs, s'incline devant « la tradition de gauloiserie plaisante » du récipient nocturne de la première épouse de Napoléon, mais pour d'autant incriminer « l'objet triste » où l'on expectore, « qui évoque les misères d'une affreuse maladie et qui ne prête ni à l'art, ni à l'humour ».

Sur ce point encore, différons-nous d'avis avec notre auteur, d'autant qu'un crachoir ne répond en propre, à aucune forme spéciale, et qu'il est peu probable que l'ustensile moderne en question, en innova une ! Autrefois et toujours, la céramique ne réserva, à cet usage, que des bols, coupes et écuelles, au reste délicieusement ornés, et l'étain avec le cuivre, ne s'offrirent pas moins généreusement qu'esthétiquement à soulager « les misères d'une affreuse maladie », sans caractéristique particulière.

Nombre de chaises percées anciennes, enfin, s'avèrent dignes de notre salon, tant s'évanouit devant leurs lignes souveraines, leur rôle dépoétisant de jadis ; et, quantité d'autres objets du temps passé, non moins rebutants, trouvent encore grâce devant nous, à force de séduction.

Velasquez, Goya, Murillo, ont réalisé des chefs-d'œuvre d'après des modèles souvent hideux ou vulgaires. Rembrandt avec un quartier de bœuf sanguinolent, Chardin avec un simple chou, ont su nous émouvoir, et vive même un récipient où l'on cracha, si sa forme, si sa couleur ou son décor nous enchantent !

Après la magistrale définition de L. Bonnier et notre légère controverse avec M. de la Fouchardière, nous en arrivons au mode de rangement, non moins logique, du bibelot. Nous voulons dire que si, dans son ancienne destination, il se présentait à plat, mieux vaut ne point le disposer verticalement, et ainsi de suite pour toutes les positions que son utilité autrefois réclamait. Une fleur dans un vieux vase de

Rouen anime sa matière et la fait revivre. Pourquoi ne pas restituer à une antique cassette, les bijoux qu'elle renfermait jadis ? Le bibelot pour le bibelot n'existe point, et, les personnes qui encadrent une assiette, un plat, un médaillon statuaire, etc., desservent encore la beauté en la stérilisant.

Mettre un objet sous globe, une pendule ou tout autre « souvenir », constitue une faute de goût, à moins, cependant, qu'il ne s'agisse de quelque « garniture de cheminée » signée Louis-Philippe, située alors, comme il sied, dans son atmosphère.

Attention à la qualité des « souvenirs » ! On donne fâcheusement ce nom, souvent, à des brimborions naïfs ou stupides. Les « souvenirs » ont tendance à encombrer excessivement les étagères, n'ayant d'autre excuse que d'être des « souvenirs ».

Et puis, il est passé dans la manie et l'habitude de recéler les bibelots dans un fouillis aussi inextricable qu'inabordable à la vue. Nombre de personnes s'imaginent qu'il suffit de mettre en prison des objets — dont peu importe la valeur ! — pour se montrer collectionneuses *comme tout le monde*. Il s'agit simplement pour ces simples, de justifier le contenant par le contenu. C'est la vitrine qui joue son rôle dans le salon (un salon qui se respecte, doit comporter une vitrine, n'est-ce pas ?), le pavillon qui couvre la marchandise. Et quelle marchandise !

Voici des verreries minuscules, d'une inutilité appliquée. Impossible d'y glisser la tige d'une fleur, par exemple, et, d'ailleurs elles ne sauraient rien contenir. Voici des coupes incapables de se tenir debout, tant leur base est faible, etc.

On se persuadera donc bien, avant tout, que seuls

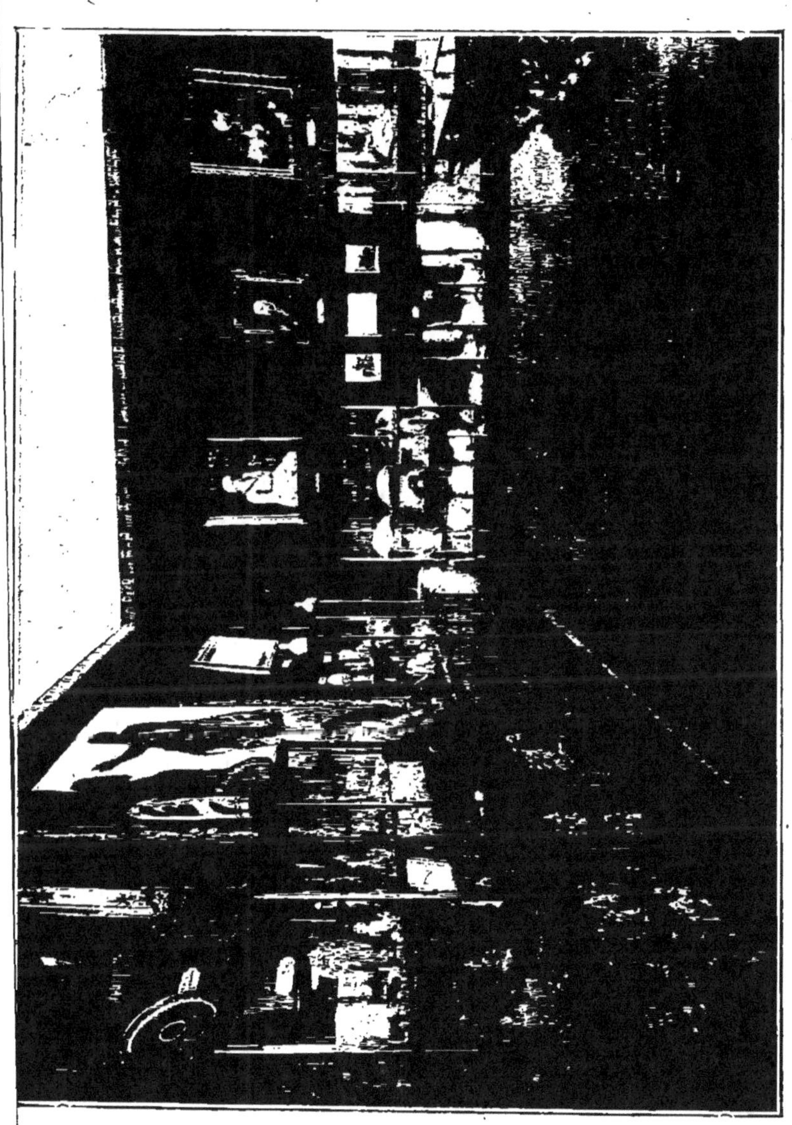

Fig. 44. — *Salle de bijoux* ; Collect. G. CHAPSAL. (Musée Masséna, Nice).

sont dignes d'une vitrine, d'une étagère, les pièces de choix. Ne pas entendre ce choix, surtout, dans le sens du luxe ou de l'abondance décorative. Non point ; la beauté doit être sobre de couleur, de lignes et de formes. Un vulgaire pichet en grès, un moutardier campagnard, un rouet rustique, un modeste réchaud en cuivre, etc., peuvent intrinsèquement, constituer de purs bibelots, au grand dam de tant de porcelaines surdorées, sans signification, de tant d'émaux et bijoux coûteux qui représentent la prétention dans le ridicule.

Lorsque certaines personnes prononcent le mot « original », c'est comme pour trouver une excuse flatteuse à quelque chose de laid ! Au nom de l'originalité incomprise, le commun béatifie la hideur ou l'illogisme. A quand « l'originalité » d'un tableau lapon et d'une danse chinoise ! En Laponie où il n'existe point de peintres, en Chine où l'on ne danse pas...

On a bien collectionné des vieux lits chinois, alors que les anciens Chinois ignoraient ce genre de couche !

Certain orientalisme (les arts algérien, tunisien, turc, surtout !) mal assimilé ou économiquement choisi, incite à des réunions d'objets de bazar qui évoquent plutôt les arcades de la rue de Rivoli que l'Arabie et l'antique Byzance ! Il est vrai que cet orientalisme de pacotille où sombre volontiers le goût, trouve son dédommagement dans l'art japonais, d'un orientalisme toujours distingué, même dans ses créations les plus infimes et les moins coûteuses...

Pour l'arrangement des bibelots, le lecteur se reportera aux ordonnances déjà indiquées, en n'oubliant point que si la couleur et la dimension, comme la matière d'un objet, guident pour la disposition, la grâce équilibre aussi, avantageusement, la puissance d'un sujet. Le dosage de ces différents facteurs, commande ainsi à une présentation choisie, soit que l'on ait adopté le moyen symétrique ou celui des balancements, dont nous avons parlé.

A la portée de la main seront les bibelots. Tout bonheur que la main n'atteint pas n'est qu'un rêve, et les bibelots demandent non seulement à être vus mais à être palpés, caressés.

Nous avons souvent entendu protester — alors que nous manifestions quelque étonnement devant une « horreur » égarée parmi des choses intéressantes — qu'elle était là *pour garnir !* Erreur fondamentale ! Pas davantage qu'il ne faut, au nom de la symétrie d'une bibliothèque, coller des dos de volumes sur une planchette, pour simuler quelque édition de Xenophon en... quinze in-8° ! pas davantage un trou ne saurait-il être bouché, sur une étagère, par quelque fâcheux remplissage.

Un bibelot rare, fêlé, dont il manque une pièce, etc., s'il a perdu sa valeur « marchande », garde néanmoins son intérêt, tout comme un beau morceau de tapisserie. Mais encore un minime fragment d'amphore, insuffisant pour restituer une forme, concerne-t-il davantage l'archéologie que l'art. Nous savons qu'il ne faut point se pâmer sur un débris pour le débris, non plus que rêver d'esthétique sur une simple pierre vénérable. L'archéologie relève de la science ; elle vit, le plus souvent, de joies indifférentes à l'art.

Rappelons qu'il est tout à fait exceptionnel de placer des bibelots sous verre, et, à ce propos, nous évoquerons une dernière fois le spectre risible de la garniture de cheminée — les deux candélabres surdorés flanquant la pendule non moins surdorée — qui étouffait sous des globes bordés de chenille rouge... ou verte, à leur base, chez nos arrière-grands-parents...

Faut-il, d'autre part, revenir sur l'équilibre indispensable entre l'objet et son support? Une haute aiguière semblant prête à choir de la basse table orientale sur laquelle il figure. Un vase de petite dimension reposant, écrasé, sur un socle démesuré. Un objet en verre limpidement présenté, en revanche, sur des rayons en même matière.

Aussi bien, si nos collections sont domiciliées à Paris, n'importe-t-il point de mettre en garde le lecteur contre la proximité du chemin de fer Métropolitain qui ébranle fâcheusement nos bibelots, jusqu'à les briser ?

Que de tableaux encore, dont la corde finit par céder, sciée par la trépidation continue! Que de clous relâchés dans leur solidité, pour la même cause !

Ne manquez pas de faire vérifier, au moins une fois l'an, vos supports de cadres et de glaces !

Et puis, enfin, combien souffrent nos pianos d'être étouffés en leur sonorité par les bibelots qui les encombrent trop souvent! S'il est fort attrayant de suivre, — tandis que l'on joue par cœur, quelque sonate, — les contours frémissants d'une nudité en marbre, sans doute notre émoi — comme l'accent de notre jeu — ne s'en trouverait-il pas plus mal de provenir de plus loin...

Les pianos enfin, ne sont point des étagères, et,

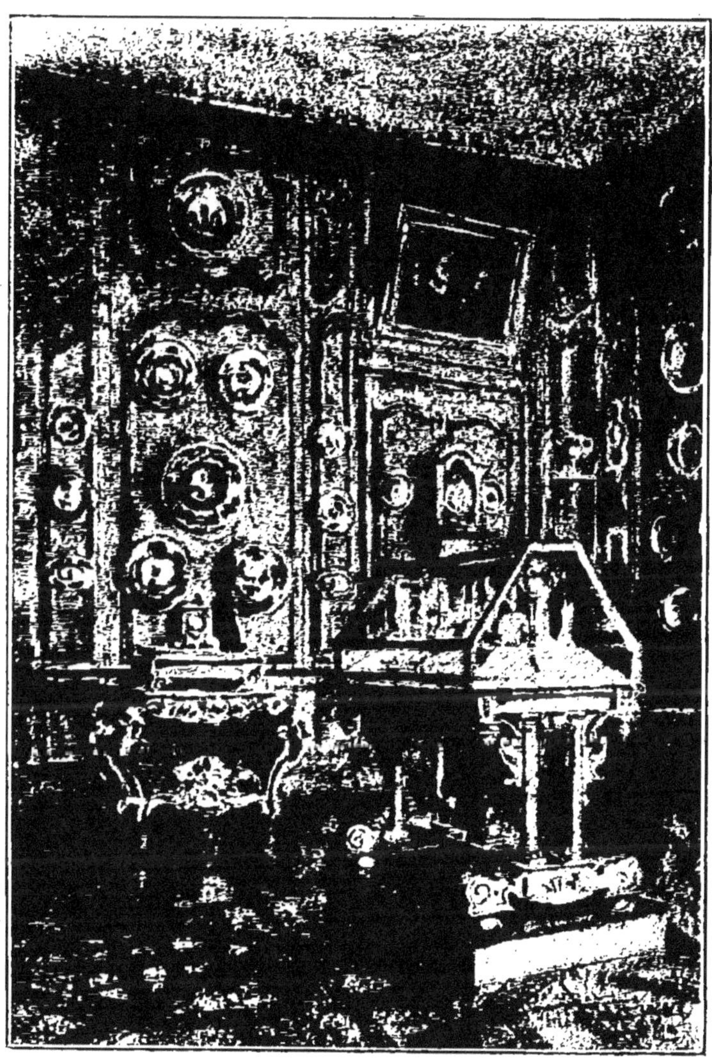

Fig. 45 — *Vue d'une des salles de céramique
du Musée de Nevers.*
(Aquarelle de L. Mohler).

les bibelots que nous plaçons dessus, n'ont d'autre excuse que de cacher la laideur morne de leurs caisses en palissandre.

Nous donnerons maintenant, quelques recettes relatives à la réparation des bibelots, et, à l'exemple de leur multiplicité, nous avons été contraint de renoncer à un ordre d'exposition.

*   *

Pour recoller des statuettes en biscuit : frotter les deux faces de la cassure avec une gousse d'ail, et remettre les deux morceaux en place. Le suc d'ail rapidement sec, colle parfaitement et sans épaisseur. Si la partie brisée est volumineuse, la maintenir en place, avec des fils, pendant quelques minutes. Le silicate de potasse et le blanc d'Espagne dilués à l'eau, composent aussi une excellente colle qui, teintée avec de l'ocre assortie à la couleur d'une terre cuite, servira particulièrement à réparer cette dernière (voir plus loin).

Pour coller l'os et l'ivoire : fondre au naturel (sans eau ou avec un peu d'eau) de l'alun concentré à chaud, jusqu'à obtenir une substance sirupeuse. Appliquer le liquide obtenu, encore chaud, sur les deux faces de la cassure. Remettre les morceaux en place, serrer et laisser sécher. Après quoi, gratter l'alun qui a « bavé » sur les jointures.

Un mélange de poix commune et de gutta-percha, en parties égales, réussit aussi fort bien, pour racommoder les objets en ivoire. On applique une légère couche de cette composition encore tiède, comme précédemment.

Pour ramollir l'ivoire : un bain de quatre jours environ, dans une solution de 5 parties d'eau et d'une partie d'acide azotique. *Pour polir l'os et l'ivoire :* frotter avec une éponge enduite d'un mélange un peu épais de blanc d'Espagne et d'eau. Passer ensuite un chiffon légèrement gras de suif.

Pour polir l'écaille : frotter au linge fin, avec une pâté composée de 2 parties de glycérine et de 3 parties de pierre ponce très fine ; continuer ensuite la friction avec une autre pâte formée d'une partie de glycérine, de 3 parties de tripoli, et d'une partie d'huile d'olives. Astiquer enfin, au chiffon sec enduit de tripoli fin.

Pour coller la corne : après avoir suffisamment fait chauffer la corne au-dessus du feu, on gratte soigneusement l'extérieur des deux parties à réunir, de façon que les surfaces puissent reposer exactement l'une sur l'autre, en biseau, sur un chanfrein d'environ 5 millimètres. Les deux parties étant ainsi préparées, saisir des pinces chaudes et les appuyer le long du bord des deux parties que l'on a soin de présenter réunies et légèrement humectées. Après un fort coup de pince, suivi de deux ou trois autres plus faibles, pour régulariser la prise, les deux parties se trouvent parfaitement recollées. Gratter enfin, légèrement, pour enlever les aspérités et passer la jointure au tripoli.

Pour redresser un objet en corne déformé : le présenter au feu à certaine distance. La chaleur rend la matière malléable et l'on peut, ainsi, en restituer la forme avec les doigts.

Pour raccommoder l'ambre. On admettra que la cassure de cette matière sera très nette, ainsi que cela arrive généralement. Réunir les parties entre elles, au moyen d'une solution, très concentrée, d'eau et de potasse caustique (pierre à cautère), en petite quantité, pour cette dernière. Puis, appliquer exactement les morceaux à souder, que l'on aura enduit, sur chacune des faces de la cassure, du liquide en question, en maintenant le tout à la chaleur d'un foyer. Aussitôt sec, notre ambre est solidement réparé. L'huile de lin employée seule, donne également des résultats parfaits.

Pour coller le celluloïd : badigeonner d'acide acétique les morceaux cassés, les unir fortement ; la soudure est presque immédiate. Mais le celluloïd n'était point, que nous sachions, en usage dans le passé !...

Pour réparer le marbre : composer un ciment avec de la gomme arabique pulvérisée (1 partie) et du gypse (4 parties) trituré à froid avec une solution de borax. On peut assortir ce ciment au ton du marbre endommagé, par addition de poudres de couleur. Le silicate de potasse mélangé avec du blanc d'Espagne (voir plus loin), réussit bien, encore. Et, *pour boucher les trous dans le marbre,* employer la gomme laque (assortie à la couleur), que l'on débarrassera de son excès en grattant la partie soignée, et que l'on polira avec la lame chauffée d'un couteau.

Pour souder le verre : faire fondre 95 parties d'étain, et, au métal en fusion, ajouter 5 parties de cuivre, en agitant le mélange avec une baguette en bois. On coule l'alliage et on le fait fondre à nouveau. On durcit l'alliage, à volonté, en l'additionnant de 1/2 à 1 °/₀ de zinc ou de plomb. Voir aussi la formule de notre colle forte liquide, page 285.

On colle aussi très bien le verre (sans presque laisser de trace), avec du silicate pur.

Voici, d'autre part, la formule que l'on pourra employer pour coller : faïence, cuivre, marbre, albâtre, grès, etc. Broyer finement dans une soucoupe une petite quantité de blanc d'Espagne, en former un petit tas au milieu duquel on versera quelques gouttes de silicate de potasse (3° aréomètre Baumé), malaxer jusqu'à obtenir un mastic assez épais.

Pour souder le verre (et les métaux), autre formule : faire dissoudre de la colle de poisson (préalablement trempée dans de l'eau, jusqu'à ce qu'elle gonfle et fonde) avec de l'eau-de-vie, pour la proportion d'une soixantaine de grammes environ de liquide. Ajouter au mélange deux petits morceaux de gomme de galbanum pilés et bien fondus. Faire chauffer enfin le tout, pour obtenir un amalgame complet.

Pour fixer le verre sur du verre : mélanger 3 parties de résine et une partie de cire. Mais ce mélange ne résiste pas à la chaleur, et on ne l'adoptera que pour la réparation des verreries hors service.

En revanche, *pour coller du verre* (de la porcelaine et autres matières solides) susceptible de contenir des liquides chauds, on pourra essayer d'une solution composée de 200 parties de colle blanche (dissoute à l'eau froide), de 50 parties de colle de poisson, de 3 parties de gomme arabique pulvérisée, de 3 parties de gomme adragante (dissoute dans l'eau), de 24 parties de céruse et d'une partie de laque en écaille blanchie (dissoute dans l'alcool). Ajouter enfin, à ce mélange, 12 parties de glycérine de première qualité et environ 200 parties d'alcool.

Pour dépolir le verre : le badigeonner, en dedans, avec un vernis composé de sandaraque (30 parties), de mastic (90 parties) et d'éther (500 parties).

Pour coller le cuir : faire fondre les produits suivants : amidon (100 parties), eau (10 parties), colle forte ordinaire (50 parties) et térébenthine (2 parties). Bien remuer la colle avant usage.

On obtient aussi une excellente soudure du cuir avec cette composition : faire fondre 50 grammes de colle de poisson de Russie dans un vase, avec 50 grammes de petit-lait additionné de 50 grammes d'acide acétique. Le tout est mis au bain-marie. Faire dissoudre ensuite, à chaud, 100 grammes de gélatine Coignet (n° 2), dans 100 grammes de petit-lait. Mélanger les deux solutions et y ajouter 50 grammes d'alcool à 90°. Filtrer, ensuite, si le liquide est par trop troublé. On étend cette colle au pinceau et l'on maintient les pièces soudées jusqu'au séchage complet.

Pour coller le cuir sur le métal : 1° laisser macérer, durant plusieurs heures, de la noix de galle en poudre grossière, dans huit fois son poids d'eau distillée ; puis passer à travers une toile. 2° associer à égalité de leur poids, de la colle et de l'eau distillée dont on laissera reposer le mélange environ vingt-quatre heures.

Pour l'application, on donne, sur le cuir, une couche au pinceau et à chaud de la première solution, et ensuite une couche de la seconde, également à chaud, sur le métal. Enfin, après avoir placé le cuir contre la surface du métal dont on désire le revêtir, on presse fortement et on laisse sécher à l'air.

Colle forte liquide (collant toutes matières, même le verre) : faire fondre, au bain-marie, 12 parties de colle forte concassée dans 24 parties d'eau. Ajouter, après quelques heures, 2 parties d'acide chlorhydrique et 3 parties de sulfate de zinc. Maintenir le tout, pendant une douzaine d'heures, à une température modérée. Autre recette composée : de gélatine transparente (4 parties), d'acide acétique fort (4 parties), d'alcool fort (1 partie) et d'un peu d'alun ; le tout fondu au bain-marie.

Colle de pâte : délayer à froid, de la farine de seigle avec très peu d'eau — pour éviter les grumeaux — puis, ajouter de l'eau, au fur et à mesure, afin de réaliser une bouillie très claire. Chauffer ensuite à feu doux et au bain-marie (on peut, tout simplement encore, ajouter au mélange froid, progressivement, de l'eau bouillante), en remuant continuellement. La farine d'amidon traitée comme celle de seigle, fournit, d'autre part, une colle de pâte excellente. Et, pour obtenir une *colle blanche transparente*, la farine de riz, délayée d'abord à froid (comme la farine de seigle), puis, plus ou moins additionnée d'eau chaude suivant la force désirée et enfin un instant bouillie dans un récipient très propre, donne toute satisfaction. On peut y ajouter quelques grammes de gélatine. Quant aux *colles demi-fortes*, on les réussit en faisant fondre, au bain-marie, de la gomme arabique. On ajoute de l'eau suivant la force désirée et proportionnellement à la quantité de gomme arabique.

Les préparations commerciales vont souvent, d'autre part, au devant de nos désirs, et, la colle dite « seccotine », non moins que ses imitations, colleraient... même le fer.

Pour rendre les colles imputrescibles : y ajouter de l'essence de térébenthine, lorsqu'elles sont refroidies. Quelques gouttes suffisent pour le contenu d'un bol, par exemple. S'il s'agit d'une colle de riz, le voisinage, dans une boîte, d'un bol contenant de l'esprit-de-vin, remplira le même but.

Pour recoller la porcelaine : on mêle ensemble, en parties égales, de l'eau pure et de l'eau-de-vie ordinaire. On y délaie 60 grammes d'amidon et 100 grammes de craie finement pulvérisée. Quand la pâte est bien délayée, ajouter 30 grammes de colle forte, faire chauffer jusqu'à ébullition, et, à ce moment, ajouter 30 grammes de térébenthine de Venise.

Autre moyen, plus simple : réaliser un précipité épais, au moyen de lait caillé par de l'acide acétique.

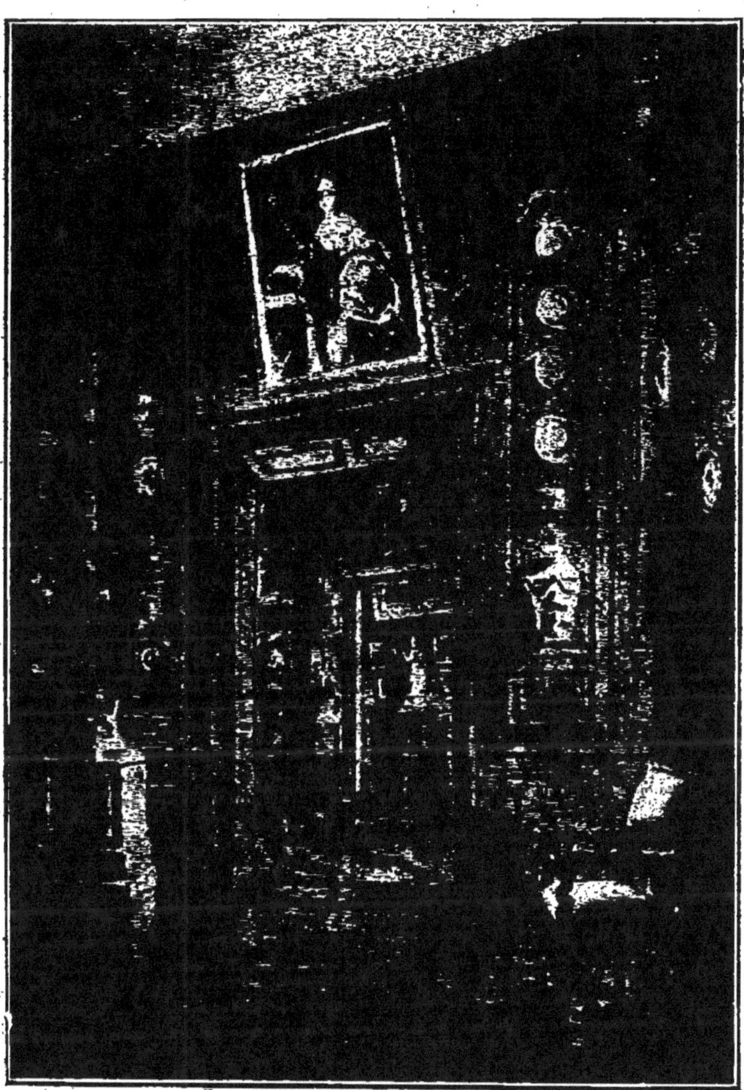

FIG. 46. — *Autre vue d'une des salles de céramique du Musée de Nevers.*
(Aquarelle de L. MOLHER).

Laver plusieurs fois ce précipité à l'eau pure et le dissoudre ensuite dans une solution de borax saturée à froid. On obtient ainsi un liquide clair et épais supérieur — étant incolore — à toute autre colle forte, et, si l'on veut le convertir en mastic, il suffit d'y ajouter de la chaux vive en poudre. Enduites de ce mastic, les parties de la cassure, fortement réunies ensemble, sont chauffées ensuite légèrement, et aussitôt refroidies, sont parfaitement collées.

La faïence et la porcelaine se recollent aussi bien, grâce à un simple mélange de blanc d'œuf et de blanc d'Espagne. Au besoin, le silicate pur ou mélangé de blanc d'Espagne, suffit (voir page 283).

Autre mastic pour autres objets brisés : dissoudre 1 partie de succin dans 1 partie 1/2 de sulfure de carbone. Appliquer au pinceau, joindre étroitement les surfaces à souder. Le mastic sèche aussitôt.

Pour remédier à la fragilité des faïences et des porcelaines — plutôt quand elles sont neuves — on n'aura qu'à les faire bouillir à l'eau froide, pendant environ deux heures, dans une lessive de cendres ordinaires.

En cas d'une fêlure, sans que le morceau ne soit détaché, on chauffe simplement le dessous de la pièce et l'endroit crevassé pour qu'il s'ouvre, et, en écartant le plus possible la fêlure, on y introduit du silicate pur. On assure enfin l'adhérence, en serrant la pièce avec une corde, et, aussitôt sèche, elle est réparée.

Colle forte résistant à l'eau : faire tremper dans l'eau froide de la colle forte ordinaire, jusqu'à ce qu'elle commence à se déformer. La retirer alors, et la chauffer à petit feu avec de l'huile de lin ordinaire. Le produit est insoluble dans l'eau.

Autre moyen similaire : la litharge bouillant avec de l'huile de lin siccative, progressivement ajoutée, dans le volume d'eau le plus réduit, avec de la colle forte ordinaire.

Pour fixer le verre sur le métal : amalgamer par fusion, à température très basse, de la gomme laque avec de la ponce, à égalité de poids.

Pour conserver la souplesse du caoutchouc : placer l'objet dans un récipient où l'on disposera un tampon d'ouate hydrophile fortement imbibé d'essence de girofle. On peut aussi ramollir le caoutchouc en disposant au-dessous une soucoupe contenant un peu d'ammoniaque.

Pour coller l'ébonite ou autres matières de caoutchouc vulcanisé : faire fondre du galipot ou résine blanche (200 parties environ), avec de la gutta-percha (100 p.). N'ajouter cette dernière substance — par petits morceaux — que lorsque, à l'ébullition du galipot, se dégagent de fortes vapeurs. Plonger les parties brisées dans ce liquide, les serrer vigoureusement l'une contre l'autre, et essuyer le surplus du liquide.

Pour fixer du caoutchouc sur le métal ou sur le bois : faire fondre 1 partie de gomme laque dans 10 parties d'ammoniaque. Cette dissolution, d'abord visqueuse, devient liquide au bout d'un mois, et c'est alors seulement, que l'on peut l'utiliser.

Pour réparer le caoutchouc : nettoyer la crevasse qui s'est produite, avec un grattoir, de manière à en aviver les parois et à en chasser les poussières, remplir ensuite, avec la composition suivante :

Sulfure de carbone	30 grammes.
Gutta-percha	4 —
Caoutchouc râpé	8 —
Colle de poisson	2 —

Bien lisser le mastic ainsi obtenu, avec une lame de couteau légèrement chauffée, puis maintenir l'adhérence, au moyen d'un fil peu serré, durant quarante-huit heures. Après quoi, gratter les bavures résultant de l'excédent de mastic et égaliser enfin la place.

Pour souder le fer à froid : recouvrir les extrémités à réunir, d'un mastic formé de 6 parties de soufre, de 6 de céruse et de 6 de borax dilués dans de l'acide sulfurique concentré, et presser fortement les deux pièces l'une contre l'autre. Laisser reposer pendant cinq à sept jours, la soudure, qui devient assez résistante pour que l'on ne puisse plus séparer les deux pièces, même en frappant au marteau le point de jonction. Autre moyen : composer un mastic de la façon suivante :

Soufre	6 parties.
Borax	1 —
Céruse	6 —

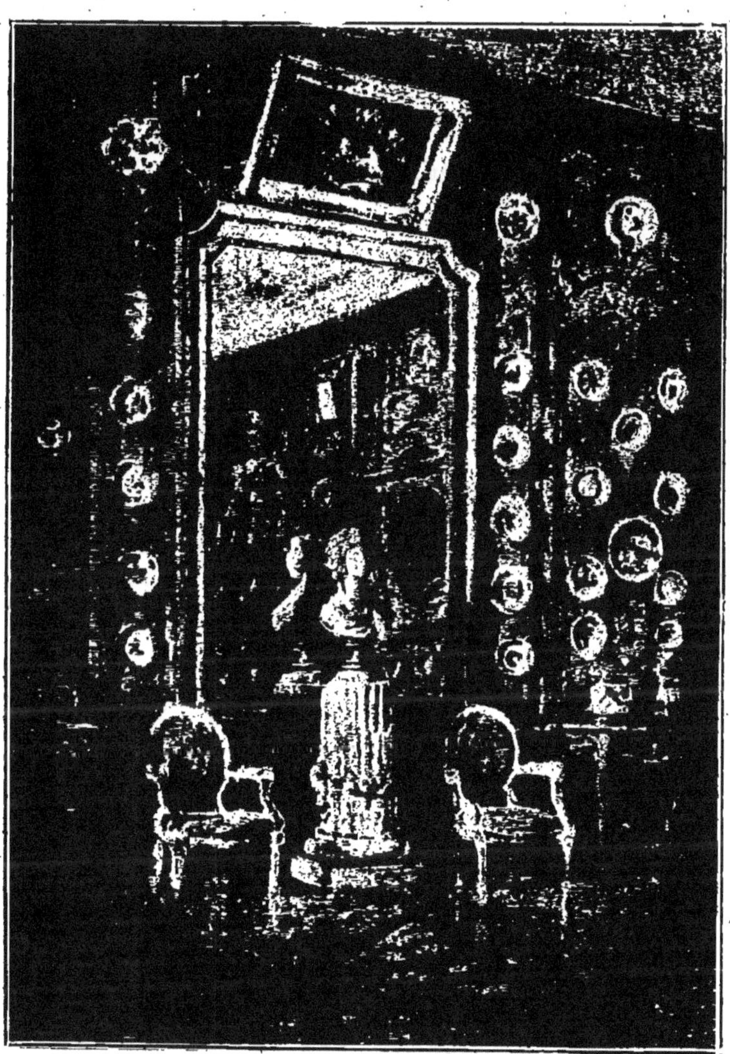

FIG. 47. — *Autre vue d'une des salles de céramique
du Musée de Nevers.*
(Aquarelle de L. MOLHER).

S'il s'agit d'*objets à défendre contre l'humidité*, on les badigeonnera largement avec les produits suivants, délayés dans de l'huile de lin, pour un mélange fluide :

Argile cuite tamisée.	10 parties.
Porcelaine pulvérisée	10 —
Sable fin	1 —
Litharge.	1 —

Pour nettoyer les objets en ivoire (et en celluloïd) : frotter les taches avec du jus de citron, le laisser séjourner, et, après essuyage, rincer à l'eau oxygénée. Quant au celluloïd, sa matière moins résistante se réclame du même traitement, mais beaucoup plus accéléré. Un mélange de poudre de charbon, de talc et de borate de soude employés à parties égales, rend le poli à ces matières.

Pour nettoyer les vieux grès : les enduire d'une légère couche de blanc d'œuf battu dans une petite quantité de gomme en poudre, après les avoir savonnés avec une brosse douce.

Mais un simple époussetage est encore préférable.

Pour nettoyer les éponges : les laisser tremper toute une nuit dans un récipient rempli d'eau où macèreront des citrons. Une forte poignée de sel de cuisine dissoute dans l'eau, suffit, à la rigueur. On rince ensuite, et les éponges sont comme neuves.

Pour nettoyer la peau de chamois : la frotter avec du savon de Marseille, sans eau, pour que ses pores en soient bien pénétrés ; la plonger ensuite pendant une heure environ, dans une solution légère et tiède de cristaux ; après un frottage minutieux, la rincer dans une eau additionnée de quelques gouttes d'ammoniaque et enfin, dernier rinçage à l'eau tiède colorée de savon jaune d'iris. Après quoi, séchage à l'air libre et étirage de la peau préalablement tordue dans un linge.

Pour nettoyer les bijoux en acier : les plonger dans l'eau bouillante pendant une heure environ ; après quoi, les essuyer soigneusement avec une peau.

Pour fixer le caoutchouc sur le métal et sur le bois : faire dissoudre 1 partie de gomme laque dans 10 parties d'ammoniaque. Cette dissolution, d'abord visqueuse, devient liquide au bout d'un mois, et c'est alors que l'on peut l'utiliser.

Pour rendre aux étoffes leur glacé : ce glacé disparaît lorsque les étoffes sont mouillées ; pour réparer le dommage, les mouiller à nouveau et les repasser à chaud.

*
* *

On choisira, parmi ces conseils épars, les derniers atouts en faveur de cette multitude de matières que la vétusté détruit autant que les accidents, et auxquelles s'attache l'amour que nous leur portons, à plus ou moins bon escient.

Si l'on s'étudie souvent, à trouver dans les ouvrages des anciens, des beautés qu'ils n'ont pas prétendu y mettre, c'est que le temps apporte aux choses du passé une auréole attendrie, qu'il s'agisse de respect idéal ou, — concrètement, — d'un palper savoureux que la patine séculaire procure, à la fois aux chefs-d'œuvre et aux œuvres ingénues des précurseurs, même aux mille riens de jadis honorés de poussière.

La Nature a mis à la disposition des hommes la lumière qui colore et révèle les formes ; l'Art a créé ces formes et ces couleurs d'après les fleurs sous le ciel, d'après les arbres et les lacs, d'après les créatures humaines et animales qui passent. Dans la trace des disparus, les générations recueillent et ressuscitent l'œuvre, l'exaltant parfois jusqu'au chef-d'œuvre, sous les yeux de la Nature, modèle éternel et impassible.

Mais, glaner parmi ces restes, avec discernement, impose le devoir du goût, d'autant que la beauté est une lettre de recommandation que la nature donne à ses favoris et qu'il importe de compter parmi ses favoris... On a dit qu'il fallait avoir de l'âme pour avoir du goût, nous pensons qu'il faut aussi éduquer le goût pour en avoir l'âme.

CHAPITRE XIII

Les principes élémentaires du goût. — Observations-critiques sur nos gravures. — Brève technologie.

Il semble donc que notre travail ne serait point achevé s'il n'effleurait le chapitre délicat du goût.

Pourquoi ce chapitre n'est-il point liminaire ? C'est que sa conclusion implique un retour sur soi-même, un examen de conscience dont les objets d'art ancien guettent l'aboutissement. Au bout du fossé la culbute ! On n'admettrait guère que des collections lamentables s'égalent aux plus remarquables, et mieux vaut décourager l'apprenti-collectionneur des mille et un soins dont relèvent les mille et une œuvres d'art, en lui en énumérant seulement quelques-uns. Il jugera du reste... et s'abstiendra si son goût n'est point éclairé, s'il n'a point la foi.

La prétention ne fait pas le goût. La maxime simpliste : « Du goût et des couleurs il ne faut pas discuter » a propagé une lourde erreur. Elle a prétendu inculquer le goût à tous, selon la fantaisie de chacun. Elle a permis à la sottise d'égaler l'intelligence, à l'originalité suffisante et mal instruite de se dégager des lois rationnelles. Elle a enfin rompu avec cette logique : que la perfection de l'homme consiste à vivre selon sa raison, dans les limites du savoir qui ne s'improvise pas.

Si « la clarté, selon Vauvenargues, orne les pensées profondes », jugez de l'obscurité des autres ! Et ce serait folie que de mettre sur un pied égal la science et l'ignorance.

Certes, le goût parfois, est fonction de l'instinct ; parfois aussi une qualité de distinction naturelle, un avantage de l'atavisme, mais jamais il n'est en rapport fatalement avec l'intellect supérieur. Que de personnes intelligentes totalement dénuées d'esprit ! Que de personnes intelligentes à qui le goût fait entièrement défaut ! Non plus, d'ailleurs, le goût n'est-il un privilège de la richesse, et ses prémices ne relèvent point essentiellement de leur valeur marchande.

Combien en connaissons-nous de ces « amateurs d'art » qui vivent, inconsciemment, dans une atmosphère de goût abominable et qui pérorent d'esthétique au milieu d'une laideur laborieusement réunie ! Que de purs génies n'attachèrent aucune attention prévenue et compétente au décor où ils œuvraient ! Goûtez l'étendue du trouble apporté dans telle opinion « distinguée », si vous déclarez préférer au vase hideux qu'elle vous montre — un vase aussi coûteux que surdoré — un vase commun que vous payâtes deux liards !

Or, le goût s'éduque. Il s'aiguise au contact des artistes et de leurs œuvres. Il procède par comparaisons avec la Nature. La fréquentation des grands musées lui est non moins salutaire que la visite d'hôtels particuliers, d'intérieurs de haut luxe. L'initiation au goût s'avère tout un programme d'études, d'observations, de déductions. Le goût n'est point à la merci de l'individu et de son caprice, si spirituel soit-il. Il obéit à des lois qui ignorent la Mode et ses lubies, il possède ses bases, et en dehors de l'impression subtile qu'il dégage à la vue du Beau, il peut se raisonner. Qu'importe la boutade de Voltaire : « le Beau pour le crapaud, c'est sa crapaude », et Balzac, en déclarant que le mauvais goût c'est, inéluctablement, le goût de l'époque précédente, a non moins spirituellement fait le jeu des non-connaisseurs qui prétendent tout ramener à leur ignorance ou bien encenser *ab abrupto* la vogue de leur temps.

Voyez la réfutation majestueuse des styles du passé ! Ne seraient-ils point tous de bon goût, par hasard, en dépit des contradictions séculaires, et malgré qu'il y eut toujours... des crapauds ? La mode représente le goût d'un moment ; le style est une cristallisation séculaire reposant sur les bases solides de la consécration.

« ... Si, écrit H. Havard, nos ancêtres des siècles précédents sont parvenus à imprimer leur cachet à tous les ouvrages sortis de leurs mains, s'ils sont arrivés, sans se mettre à la remorque de fournisseurs plus ou moins bien inspirés ou à la discrétion d'ouvriers parfois maladroits, à créer, sans effort apparent, un art répondant toujours à leurs besoins, conforme à leur caractère, en harmonie parfaite avec leurs aptitudes, encore existe-t-il une raison pour qu'ils aient pu réaliser ce problème dont nous poursuivons vainement la solution. C'est cette raison qu'il s'agirait de rechercher avant toute chose, afin de profiter de l'expérience et des faits acquis... »

Cette expérience et ces faits acquis résultent d'une épuration consommée ; ils ne consacrent point une loi mais attestent une sélection, une élimination où le goût eut la meilleure part, moins instinctive que réfléchie.

« Les Beaux-Arts, a dit La Harpe, veulent être plus sentis que discutés », soit ! mais encore La Rochefoucauld a-t-il gain de cause lorsqu'il pense que « le bon goût vient plus du jugement que de l'esprit ». Or, le jugement s'acquiert ; il confère progressivement le goût ; il faut mériter le goût pour le saisir, pour le formuler et pour le collectionner. C'est, enfin, Albert Dürer qui aura le dernier mot, en estimant que « l'art (le maître allemand aurait pu tout aussi bien dire le goût) est vraiment caché dans la nature ; et que celui qui peut l'en tirer le possédera ».

Du goût et des couleurs... Allons donc !

*\
* *

Nos gravures nous inspirent les quelques critiques et réflexions d'ordre pratique suivantes (page 301). Nous devons à la vérité de dire que, pour l'éloquence et la clarté de celles-ci, nous avons souvent dérangé, « avec soin », nos modèles, ordonnés de manière impeccable chez l'amateur où nous les choisîmes.

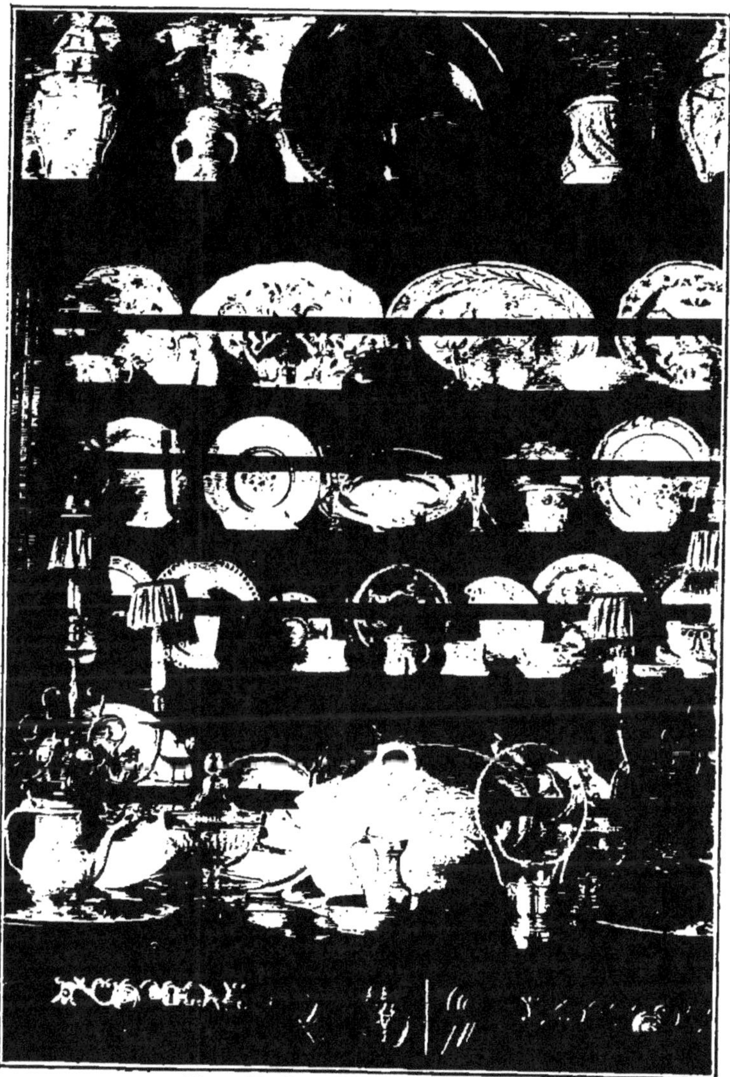

Photo E. Couronneau. — Coll. L. Barbut-Davray.

Fig. 48. — *Vaisselier.*

OBSERVATIONS-CRITIQUES

sur nos gravures

Fig. 1. — Quelque nudité de grand air se dégage de cette symétrie. La pendule et les vases Empire représentés ici, sont bien dans l'atmosphère froide et hautaine de leur style.

Fig. 2. — Excellent arrangement où l'on ne pourrait critiquer que l'abondance des bibelots réunis. Le plateau de cuivre disposé derrière la soupière, soude harmonieusement la partie de droite à celle de gauche. Cette soupière médiane constituant le pivot de la composition bien balancée.

Fig. 3. — Mauvaise répartition des matières entre elles. La carafe et le sucrier en verre eussent dû — au lieu de figurer à part dans la composition — se mêler aux objets de porcelaine pour en varier la matière, et, de la sorte, combattre la monotonie présente.

Fig. 4. — Une erreur de composition se relève à partir de la cinquième cruche : la chute, à droite, par ordre de taille, de la panse des cruches suivantes. Il eût fallu placer la cinquième cruche à côté de la troisième, et rompre encore la chute critiquée, en substituant la dernière cruche à l'avant-dernière. Tels quels, ces récipients rustiques malgré que présentés sur une seule et même ligne, se divisent en deux tableaux : l'un allant de la première à la quatrième cruche inclusivement; l'autre de la cinquième cruche à la dernière.

Fig. 5. — Quelques erreurs à droite : le vase, l'encrier et le livre faisant, de face, l'effet d'un seul objet, par suite de leur alignement vertical, malencontreux. La coupe, placée devant le grand coffret, figurant trop au milieu de ce dernier. La matière du petit coffret de gauche, semblable à celle du grand coffret, eût gagné à être brusquée par de la porcelaine ou du verre. En revanche, on prit soin que les fleurs n'atteignissent fâcheusement, en pendant, la hauteur de l'extrémité de la statuette de gauche.

Fig. 6. — Deux échelles montantes, déterminées : l'une par la lanterne et les vases en céramique, l'autre par les trois plus grands récipients en métal. Le soufflet et la petite bouilloire ne parviennent pas à corriger ces deux lignes parallèles, discordantes, accusées encore par la couleur différente de leur matière. Le récipient placé verticalement au dessous du grand vase blanc, est aussi trop au milieu.

Fig. 7. — Par suite de leur manque de liaison, la masse comportant l'aiguière (à gauche) et celle où figure la corbeille de fruits, forment deux tableaux. Autre erreur : la superposition (à gauche) des deux récipients supportant l'aiguière. Ceci représente de l'entassement, non de la composition.

Fig. 8. — Ensemble vaporeux, agréablement rompu par deux notes sombres (à gauche). Cette double vigueur fait vibrer un arrangement qui, dès lors, n'est plus monotone. Mais cette double vigueur pouvait être mieux répartie (une seule suffisait), et les deux éventails sont bien également déployés !

Fig. 9. — Symphonie orientale dont les diverses matières, judicieusement ordonnées, réalisent un heureux balancement. On saisit moins, sur la gravure que sur le modèle, l'intérêt de la draperie claire de droite qui répond à souhait aux porcelaines claires de gauche. La photographie ne saurait exprimer que par des valeurs en noir, plus ou moins justes, les colorations subtiles. Le jeu des ors et du cuivre avec l'éclat des blancs, des roses, des bleus et des jaunes, bellement exprimés par le modèle, est ici défaillant.

Fig. 10. — Assez bonne composition. Pourtant, les marguerites eussent gagné à mordre davantage sur le grand plat du fond, et, la ligne du couvercle du sucrier, à gauche, est fâcheusement dans le mouvement de celle du grand plat ; la tasse à café se trouvant au surplus, trop au milieu du groupe de Clodion et, celle de gauche, point assez sur le côté, à droite.

Fig. 11. — Désordre pittoresque et non arrangement. Effet divisé.

Fig. 12. — Le décor hallucinant du fond déroute l'œil et désaxe la composition qui, cependant, est harmonieuse. Les lumières des meubles (dans la photographie !) luttent avec celles des bronzes.

Fig. 13. — L'ensemble est agréable, mais l'alignement, pièce par pièce, des trois porcelaines blanches (qui eussent aussi gagné à être alternées avec un objet d'une autre couleur de matière), le dépare ; d'autant que ces porcelaines figurent sur le prolongement de l'écuelle à oreilles et du vase, formant au surplus, une ligne presque parallèle à celle du plateau du meuble.

En revanche, le dossier du siège et l'amorce du paravent (sur la gauche) corrigent la symétrie de la composition en dirigeant son balancement, et, le bouquet de « monnaie du pape », dont les rameaux légers du haut coupent la ligne monotone du cadre du tableau, apporte une note claire savoureuse dans la masse d'ombre.

Fig. 14, 15, 16, 17, 18 et 19. — Ces diverses salles, récemment innovées au Musée de Peinture de Rouen, résolvent le problème des intimités harmonieuses, aussi parfaitement, du moins, qu'elles peuvent être proposées au public, pour son agrément et son instruction, avec les trésors dont on dispose.

Le goût de ces arrangements, dans l'atmosphère d'un style adéquat jusque dans sa lumière discrète, met en valeur les tableaux et les meubles, conformément au rite de l'intérieur. Lors d'une promenade à travers ces « petits appartements », l'œil se repose de voir des tableaux en regardant un fauteuil, une commode ; ainsi s'efface l'impression morne des successions de toiles ou des entassements d'ébénisterie, trop fréquents dans nos musées. Aussi bien, la salle ne comportant que des tableaux, se présente judicieusement aérée ; elle ne bouscule point la vue par des décrochements trop brusques, ni ne la dessert par des alignements rectilignes ou trop haut placés...

Fig. 20 et 21. — Qui se douterait que cette photographie (et celle qui suit) a été prise dans un bureau d'Enregistrement ? Excellent fonctionnaire, doublé d'un homme de goût, M. L. a justement estimé que le cadre de ses rigides occupations pouvait rompre avec la monotonie surannée du décor administratif, sans nuire — bien au contraire — au service qu'il dirige aux environs de Paris. Et, depuis de longues années déjà, le public apprécie la compensation de débourser dans une atmosphère d'art.

En dehors des qualités de leur arrangement, ces documents prêchent l'exemple, malgré que l'on aperçoive, en haut à droite de la fig. 21, un fâcheux appareil électrique ; mais l'implacable progrès l'exige. Il y a lieu de regretter enfin, qu'une épée (sur la même gravure) s'accroche stupidement dans le fond... juste sur l'épaule droite de la jeune employée !

La photographie, hélas ! est responsable de ces méfaits qu'un œil d'artiste ne commettrait pas.

Fig. 22. — Ensemble très harmonieux, d'un effet de lumière séduisant.

Fig. 23. — Bon ensemble, spirituellement coordonné. Il est dommage seulement, que la commode soit accompagnée, sur la gauche, d'une table qui lui dispute son intérêt. La suppression de cette table s'imposerait, d'autant qu'au surplus, elle bouche un décrochement du mur, très avantageux pour la composition générale.

Fig. 24. — Bon arrangement normal. Pourtant, le bandeau de peluche ajouté à la cheminée de marbre, contredit la pureté d'un ensemble plutôt Louis XVI.

Mais ne semble-t-il pas que c'est là la contribution « bourgeoise » des sièges de la Restauration que nous voyons dans ce petit salon ? Effet de glace avantageux pour l'agrandissement de la pièce.

Fig. 25. — Excellente composition.

Fig. 26. — Cette belle chambre à coucher moderne figurait dans le stand d'une exposition d'art décoratif, d'où son arrangement succinct, sans intimité. Si la psyché appartient à ce mobilier, elle ne s'accorde point ici, avec lui, faute de place sur la marche qui l'exhausse. L'intérêt de cette salle à manger est mis en valeur plutôt commercialement, sans d'autre souci que la réunion de chacune de ses pièces dont le spectateur imaginera l'effet qu'elles feraient chez lui.

Fig. 27. — L'art moderne a fort logiquement fait litière des pièces catégoriquement et banalement consacrées à la salle à manger, au salon, etc. Voici un exemple séduisant d'une salle à manger devenant salon et bibliothèque à la faveur d'un simple rideau sur tringle.

Fig. 28, 29 et 30. — Vues prises dans un atelier d'artiste, pittoresques et imprévues, pour la joie de l'œil diversifiée. Réservé à une inspiration moins précise, l'atelier en question est à comparer avec celui du peintre militaire (fig. 36, 37, 38, 39, 40, 41 et 42).

Fig. 31. — Il faut louer cette décoration improvisée. La présentation des tapisseries, notamment, est malaisée dans un escalier, et, celles que nous voyons ici, sont parfaitement en vue. Des tapis d'Orient (à gauche) réchauffent de froides balustrades ; le volume de la cheminée, sur le palier du bas, est à l'échelle des lignes de l'architecture ; les bustes, statues et petits tableaux qui jonchent l'ensemble, se présentent, encore, justement proportionnés à l'effet général. Des plantes vertes coupent et égaient, çà et là, la rigidité des colonnes.

Fig. 32. — L'emplacement d'un lit dans un vestibule, et sous un escalier, ne choque point ici. La multiplicité des meubles interdit à l'antiquaire l'ameublement logique des pièces d'un appartement. L'antiquaire doit plutôt chercher des dispositions saisissantes, des points d'admiration marqués de repos, pour tenir en haleine et stimuler la convoitise du client. Le chaos chez l'antiquaire est, en réalité, un somptueux et habile arrangement.

Fig. 33 et 34. — On ne pouvait rêver plus fastueuse présentation de tapisseries que dans un *patio* ! L'antiquaire qui eut l'idée de faire transporter et reconstruire en plein Paris, le *patio de la maison de l'infante de Saragosse*, a fait œuvre de goût luxueux, d'autant que les peintures en matière textile exposées, ne cèdent en rien à la beauté de leur cadre, qu'animent au surplus, des tableaux, des statues, des boiseries rares.

Fig. 35. — Dans l'intimité d'un atelier d'artiste, les tapisseries anciennes apportent une chaleur et une préciosité favorables. Le fond corsé sur lequel les meubles et objets se silhouettent, n'est pas moins avantageux.

Fig. 36, 37, 38, 39, 40, 41 et 42. — Beau désordre, effet de l'art, où l'imprévu le dispute à une ordonnance voulue, pour aboutir à un résultat spirituel. Semé de documents vrais, l'atelier du peintre militaire fleure la poudre et la mêlée ; il vit d'encombrement dans une atmosphère à la fois technique et héroïque.

Fig. 43 et 44. — Cette collection de bijoux exemplaire, fut arrangée par son généreux donateur, en personne. Des meubles rares, des tableaux, corrigent tout ce qui risquait d'apparaître banal et monotone dans une salle où les joyaux et gemmes dominent. On ne peut juger, malheureusement, dans ces photographies, du goût déployé pour faire valoir encore ces colliers, ces diadèmes, ces bracelets, ces bagues, rangés par pays d'origine et par époques.

FIG. 45, 46 et 47. — Excellente installation de céramique, nivernaise en l'occurrence. On profita ingénieusement de la forme et de l'emplacement des panneaux où ces plats et assiettes sont accrochés. Des meubles de style rompent la monotonie de l'ensemble, préparant des repos à l'œil et faisant valoir ainsi, parfaitement, l'esprit de la fameuse faïence.

FIG. 48. — Bon arrangement d'un vaisselier. Des étains, des cuivres, apportent l'accent de leur couleur respective dans la symphonie des blancs, des roses, de tout une palette céramique choisie. Le désordre n'est ici qu'apparent ; l'attrait de la gamme des tons échappant à la traduction en noir qui uniformise les valeurs, parfois jusqu'à la confusion.

TECHNOLOGIE

A

Académisme, inspiration théorique, servile et froide, d'après l'antique, par opposition à l'art personnel et affranchi.

Alésoir, sorte de crochet en os servant à accuser le relief de certaines dentelles.

Alternance, mode de composition où les motifs se succèdent et reviennent tour à tour, tantôt l'un, tantôt l'autre, pour établir un équilibre.

Apprêter, donner l'apprêt, quelque rigidité favorable à la présentation d'un tapis, d'une tapisserie, etc.

Arrangement, ou composition harmonieuse d'un sujet, d'objets, etc.

B

Balancement, équilibre d'une composition, obtenu non par la symétrie, mais par des masses, des valeurs, qui donnent à l'œil une satisfaction de régularité équivalente.

C

Cale, petit morceau de bois, allant en s'amincissant, que l'on pousse sous un objet, du côté aminci, pour assurer son aplomb. On coupe ensuite la partie de la cale débordant à l'extérieur.

Capitel, mélange de lessive de cendre et de chaux vive.

Careil, sorte de lampe romaine en cuivre roux, martelé et incisé à la main, dont les paysans de la Gascogne se servaient autrefois.

Chancis, trace de moisissure sur un tableau.

Châssis, cadres en bois, supportant, au verso, la toile à peindre. Ils sont pourvus ou non de clés qui permettent de tendre plus ou moins la toile.

Clés (Châssis à, voir *Châssis.*

Complémentaires (Théorie des couleurs), théorie scientifique de l'accord harmonieux des couleurs simples, de leur exaltation entre elles ou de leur diminution d'intensité comparative.

Composition ou **arrangement,** recherche et présentation d'un sujet dans une répartition des masses et un effet se balançant agréablement.

Contraste, effet opposé à un autre. Contraste n'est point disparité (voir ce mot). Encadrer *par contraste*, signifie rehausser la valeur d'un tableau par la richesse objective du cadre (voir *Similitude*).

Couvet, couvé, etc., récipient en métal dans lequel des charbons entretenus allumés sous la cendre, servent à allumer la pipe et la cigarette. On dit *couvé* en Flandre, *couvet* en Picardie et *couvot* en Lorraine.

Craqueler, se fendiller sous l'action du temps, et, en peinture, à cause de la réaction de certaines couleurs comme le bitume (voir *Retrait*). Un *craquelé*, en céramique, est une imitation décorative de cette action.

Déroulage, mode de dévernissage des tableaux, à sec, à l'aide du doigt.

Dessiccation, action de sécher.

Dinanderie, ensemble de récipients et ustensiles domestiques en cuivre jaune (du nom de Dinant, ville de Belgique).

Disparité, différence dans l'égalité.

Doublage, action de coller au verso d'un tableau déchiré une toile neuve ou un panneau de bois. On double aussi les tapis et les tapisseries pour les protéger, avec une toile.

E

Échelle (Etre à), c'est-à-dire en proportion relative avec un ensemble.

Effet, recherche des jeux de la lumière pour rendre les sujets, objets, etc., saisissants à voir.

Elémi, substance gommo-résineuse.

Embu, brouillard des couleurs, partiel ou général, qui cède au vernis.

Encoller, préparer à la colle. Encollé, qui a été revêtu de colle. Un papier non encollé boit.

Engrêlure ou **pied,** petit point serré et étroit ajouté en bordure à une dentelle.

Enlevage, mode de rentoilage qui consiste à transporter la pâte de couleur d'une toile abîmée sur une neuve.

En plein (Doubler une tapisserie), la doubler entièrement, par opposition à la *garniture* par bandes indépendantes et espacées, qui constitue le doublage *libre*.

Épidermé (Tableau), dont une restauration défectueuse a découvert le grain de la toile ou le fil du bois. Le *dérou-lage* (voir ce mot) risque d'épidermer un tableau.

Épinglage, action d'attacher, de fixer avec des épingles une dentelle ancienne, pour aider à la reprise de sa forme lorsqu'elle sera sèche.

Exécution ou *technique* (voir ce mot).

Expression, éloquence, qualité d'émotion dont témoigne subjectivement une œuvre.

F

Flûte de Pan. Cet instrument de musique champêtre était formé de roseaux assemblés par ordre de hauteur, et, si l'on aligne des objets de cette façon, on évoque cet instrument.

Fluide, liquide peu chargé en pâte, transparent et liquide.

G

Galbanum, sorte de résine.

Galipot, résine blanche.

Gamme, échelle montante ou descendante du ton des couleurs aux divers degrés de leur intensité.

Gauchissement (d'un meuble), son adossement irrégulier contre une paroi verticale.

Glacis, application légère et transparente d'une couleur très diluée sur une surface sèche.

Glaçure, enduit vitrifiable dont on recouvre les poteries.

Grain (Toile à), dont la surface préparée spécialement est plus ou moins grenue.

H

Hygromètre, appareil de précision destiné à mesurer la quantité de vapeur d'eau contenue dans l'air.

J

Juxtaposition, mode de composition consistant à placer un objet à côté d'un autre sans rien qui les sépare.

L

Ligne, pureté harmonieuse et simple d'un contour, d'une silhouette, d'un arrangement.

Lustrée (Poterie), dont la terre est polie au moyen d'un corps dur.

M

Magenta, couleur cramoisi foncé.

Marli, bord d'une assiette, d'une soucoupe.

Maroufler, coller une toile au mur.

Masses. Les masses constituent l'abstraction des détails dans les plans d'ombre. En clignant des yeux, on voit les masses, c'est-à-dire que l'on aperçoit un ensemble et non des détails.

Matières, nature, composition d'un objet. Le bois, le fer, le marbre, etc. sont des matières.

Meubler, combler des espaces vides, dans une composition.

Morceau, fragment isolé d'un corps, d'une chose.

Motif, sujet ou prétexte inspirateur.

O

Orcanette, plante tinctoriale, d'une couleur rouge foncé.

P

Patine, coloration avantageuse donnée par les ans aux tableaux, aux meubles, etc.

Pendant, objet s'équilibrant avec un autre. Des objets peuvent se faire pendant et n'être point symétriques.

Picot, petite engrêlure (voir ce mot) au bord d'une dentelle.

Pièce, chaque sorte d'objet appartenant à une collection. Une belle tapisserie est une belle *pièce.*

Pied (Donner du), pencher en arrière un objet, sa partie haute portant seule contre le mur où il doit s'adosser après

l'avoir écarté du mur. Cette opération précède le calage.

Plafonner. Une peinture plafonne lorsque les personnages, l'architecture, qui la composent, sont vus en perspective, en raccourci, conformément à la nature, et regardés par en dessous.

Plans. On modèle en peinture et en sculpture, par larges plans d'ombre et de lumière. Une figure *sur ses plans* est une figure bien construite.

Plat, un dessin ou une touche de couleur, sans relief.

Poncer, dépolir.

Pornier, ancien récipient tourangeau, en étain, en terre ou en bois, pour porter la soupe aux travailleurs des champs.

Potée (d'émeri), poudre recueillie sur les meules ayant servi à tailler les pierreries (voir *terre pourrie).*

Potomage, opération qui consiste à maquiller les tapisseries, à l'aide de couleurs sèches ou liquides, sous prétexte de raviver ou de calmer leurs tons.

Prendre. Un liquide est pris lorsqu'il poisse légèrement ou lorsqu'il se fige.

Q

Quinconce (Composition en), c'est-à-dire observant en principe le dispositif d'objets par cinq (quatre en carré et un au milieu).

R

Rentoilage, voir *Enlevage* et *Doublage.*

Rentraiture. Un atelier de rentraiture est celui qui s'occupe de la réparation des tapisseries.

Repeint, partie d'un tableau qui a été peinte à nouveau, surchargée.

Reprendre, revenir avec le pinceau, sur un tableau, le modifier, y ajouter, le continuer.

Retrait (des couleurs), action de la pâte qui se resserre et produit les craquelures.

Restauration, action de réparer un tableau, une statue, etc. pour qu'ils ne s'abîment point davantage et pour en restituer la beauté, dans une certaine mesure matérielle.

Retouche, partie corrigée ou reprise.

Rhabillage, remise à neuf d'un tableau.

Rompu, ton dont on a corrigé, par l'addition d'une couleur ou de plusieurs autres, la couleur primaire.

S

Saponaire, genre de plante employée au nettoyage de la tapisserie, dont la tige et la racine donnent à l'eau une qualité savonneuse.

Saturation. On dit d'un liquide, qu'il est *saturé* d'un produit, lorsqu'il contient tout ce qu'il a pu dissoudre de ce produit.

Similitude. Composer par similitude signifie grouper des bibelots par espèces ou par matières, par équivalence d'aspect. Encadrer *par similitude,* signifie encadrer dans l'esprit d'un sujet, en harmonie avec lui (voir encadrement par *contraste*).

Siccatif. Certaines couleurs sont siccatives, de même que certains produits spéciaux, vernis, etc., c'est-à-dire qu'ils prennent ou sèchent vite.

Symétrie, disposition plus régulière que par *pendants* (voir ce mot), c'est-à-dire par parties semblables et semblablement arrangées dans un ensemble.

T

Technique ou métier d'un art.

Terre pourrie ou **potée de montagne,** tuf calcaire d'une couleur gris sale.

Trésallé, tableau ridé, fendillé.

Tradition, transmission séculaire d'une expression d'art résumée par des chefs-d'œuvre. La tradition d'un art est souple ; l'académisme et le snobisme constituent les deux écueils entre lesquels elle doit s'énoncer.

Tuf, substance blanchâtre qui se trouve dans certains terrains, sous la terre végétale.

V

Valeur, qualité plus ou moins accentuée; rapport d'un ton vis-à-vis d'un ou de plusieurs autres.

Verdure, tapisserie représentant du feuillage, des arbres, des paysages; généralement où les tons verts dominent.

Vernissage, action de passer un vernis sur un objet afin d'en vivifier l'éclat.

Voilé, vernis dont l'altération fait l'effet d'un brouillard.

Volume, proportion, étendue comparative de dimension entre elles.

TABLE DES MATIÈRES

CHAPITRE V

CHAPITRE VI

CHAPITRE VII

CHAPITRE VIII

CHAPITRE IX

CHAPITRE X

CHAPITRE XI

CHAPITRE XII

CHAPITRE XIII

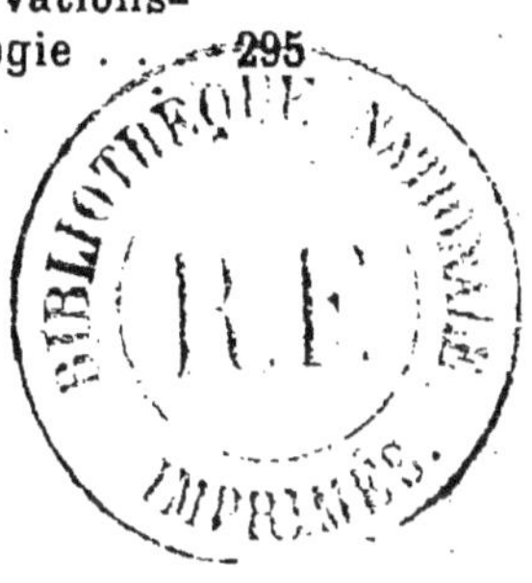

EN VENTE A LA MÊME LIBRAIRIE

BÉNÉZIT. — **Dictionnaire critique et documentaire des Peintres, Dessinateurs, Graveurs et Sculpteurs,** 3 volumes (3.038 p.), brochés. . .   **300 fr.**

Le même ouvrage, relié 1/2 chagrin pleine toile, vert ou rouge. . . . .   **405 fr.**

VIOLET-LE-DUC. — **Dictionnaire d'Architecture française du XIe au XVIe siècle,** 10 volumes brochés. . . . .   **450 fr.**
10 volumes reliés, dos plats et ornés, têtes dorées ébarbées. . . . .   **750 fr.**

VIOLET-LE-DUC. — **Dictionnaire du Mobilier français, de l'époque Carlovingienne jusqu'à la Renaissance.**
6 volumes in-8° brochés. . . . .   **300 fr.**
6 volumes reliés, têtes dorées ébarbées. . .   **480 fr.**

Bibliothèque de l'Enseignement des Beaux-Arts, environ 22 volumes, chaque broché . . .   **18 fr.**
Cartonnage artistique chaque. . . . .   **24 fr.**

Grosse quantité de livres neufs en nombre

Envoi franco sur demande : d'un Catalogue de livres neufs chaque année ; six Catalogues par an de livres d'occasion.

Paris. — Imp. PAUL DUPONT (Cl.), 3.11.27.